AN INTEGRATED APPROACH TO
INTERMEDIATE
JAPANESE

中級の日本語

Akira Miura &
Naomi Hanaoka McGloin

The Japan Times

First edition: June 1994
41st printing: May 2005

Editorial assistance : Shizuko Matsumoto
Illustrations : Seiji Okada
Photographs : Kyodo Photo Service (p. 101, 144, 188, 265); Chunichi Shinbun (p. 228)
Layout & Cover art : Hiroshi Ueda+Zebra

Published by The Japan Times, Ltd.
5-4, Shibaura 4-chome, Minato-ku, Tokyo 108-0023, Japan
Phone: 03-3453-2013
http://bookclub.japantimes.co.jp/

ISBN4-7890-0741-3

Printed in Japan

はしがき

　アメリカの大学では、現在、何種類かの日本語中級用教科書が使用されている。ウィスコンシン大学でもいろいろ使ってみたが、どうもぴったりするものがない。具体的に言うと、内容が古すぎるもの、内容的には新しいがステレオタイプ的すぎるもの、読み物ばかりで、会話や文法の説明や練習問題のないもの、内容が途中から急に難しくなりすぎるもの、会話があっても、それが不自然で教えがたいもの、練習問題がついていても、機械的な、または役に立たない busy work にすぎないもの、などが目立つ。そして何よりも、あまり内容の面白くない教科書が多すぎるというのが、我々二人の日頃の印象であった。そこで我々は、まず自分たちに使いやすい教科書、そして学生たちにも喜んでもらえる現代的な教科書を作ろうと考えて、これを書き始めたのだが、完成までに、まる二年かかった。1992年の夏から二年のクラスで使ってみているが、比較的評判がいい。使いながら、助手の人々や学生たちからのフィードバックを加味して少しずつ手を入れた結果、だいたい今の形に落ち着いた。そこで、これをひとまず出版し、ほかの先生方にも使っていただければ、と考えた次第である。

　この教科書は、まず著者二人で教科書全体の構成を考え、その後、仕事を分担して執筆に当たった。お互いの原稿は絶えず見せ合って直し合い、二年間毎週のように意見の交換を行ないながら書き続けた。その結果、この教科書は本当に「共著」の名にふさわしいものとなった。会話と読み物は、三浦の執筆したものが多いが、マグロインの貢献も少なくない。第11課からの読み物に使った生教材は、二人の協力によって選ばれた。その他は、三浦が Culture Notes、漢字リスト、運用練習、聞き取り練習、速読を、そしてマグロインが各課のタイトルページ、単語表、文法ノート、文法練習、さらに巻末の各種索引を担当した。

　この本が完成したのは多くの方々のおかげだが、特にジャパンタイムズ出版部の関戸千明さんには、本の形に整えるうえで、何から何までお世話になった。そのほか、この原稿の前半を使って意見を述べてくれた山田人士氏(現立命館大学助教授)、ウィスコンシン大学の日本語助手をしながら細かい指摘をしてくれた高橋直美、森純子、吉村和美の諸氏、さらに索引作成を援助してくれた藤本亮氏(現大阪市立大学法学部大学院生)には、心からお礼を申し上げたい。テープ録音に関しては、アメリカ・カナダ大学連合日本研究センターの立松喜久子助教授のお世話になった。そして最後に、この本は財団法人国際文化フォーラムとウィスコンシン大学の財政的援助なしには生まれなかっただろうということを、深い感謝の念と共に付け加えたい。

1994年5月

三浦　昭
マグロイン花岡直美

iv

目次

本書に
ついて

● この教科書のレベル

　この教科書は、受け身形、使役形までを含む基本文法と100字程度の基本漢字の習得を終え、初級レベルの四技能を一応身につけた学生を対象としている。ウィスコンシン大学でいうと、一年のコース（240時間）を終えた者ということになる。ウィスコンシン大学は割合恵まれていて、一、二年の日本語が週8時間のコースなので、この教科書を二年の初めに始めて、各課に2週間かけると、だいたい一学年（30週）で全15課がちょうど完了する。一、二年のコースが週5時間しかない大学では、この教科書を二年の後半から使って下さってもよく、また第三学年にかかっても止むを得ないと思われる。

● この教科書のねらい

1. この教科書の基本的な目標は、**中級レベルの学生の聞・話・読・書の四技能を並行的に伸ばす**ことにある。その目標に従って、次の諸点に心がけた。

a. 各課の中心に会話と読み物とを置き、また各課の最後には、速読用の読み物も設けた。

b. 書く練習としては、文法練習以外に作文も含めた。

c. 各課に、聞き取り問題を入れた。

2. 第二に、この教科書は、**現実的な内容と機能、そして自然な日本語を教える**ことを目指し、そのために次の諸点に留意した。

a. 各課で、コミュニケーションに必要と思われる機能（紹介する、あいさつする、など）を導入した。

b. 会話を自然なものとするように（例えば、書き言葉で会話が行われたりしないように）気をつけた。また会話のスタイルも、「デス・マス体」のほか、「ダ体」、男女の言葉、敬語などを適宜混ぜてある。

c.「文法練習」は、置き換えドリルなどの機械的なものを避けて、考えて答えるものを中心とし、会話練習的なものも多く含めた。

d. authentic な日本語を示すという意味で、最後の5課分（第11課〜第15課）の読み物には生教材（エッセイ、新聞記事など）を使用した。

e. 各課に、「運用練習」の名で communicative な練習をつけ、ペアワークや小グループワークにより、学生が積極的にコミュニケーション活動に参加できるようにした。

3. 第三に、この教科書は、**これを使う外国人学生の日本に対する理解を深める**ことを目標とし、そのために次の諸点に心がけた。

a. 初めの3課を除き、残りの12課は、留学生の日本での生活を題材とし、特に最後の2課では、現代日本の社会問題を扱った。

b. 各課に英語で Culture Notes をつけた。

c.「速読」では、原則として、広い意味での日本文化（日本人の考え方、習慣など）を題材にした。

d. 各課の終わりに、ことわざや俳句をつけた。

◗漢字使用について

　漢字の使用は、比較的自由なものとした。中級の教科書には、教育漢字を全部導入することを目的とするものが目立つが、そのやり方は意識的に避けた。教育漢字と言っても、使用頻度の高いものから低いものまであるし、教育漢字を全部公平に導入するという立場を取ると、そのために無理な単語を導入したり、不自然な文を入れてしまったりする羽目に陥る。現に、現在市販されている中級教科書の中には、その例が多く見られる。また、大学生の生活に関係の深い漢字や日本文化に密着した漢字ならば、たとえ教育漢字に含まれていなくても、当然導入すべきだと考えられる。そもそも日本の漢字は、一つの字に一つ以上の読み方があるのが普通

だから、漢字をいくつ導入したという考え方は、あまり意味がない。したがって我々は、漢字の使用に関しては、常識と柔軟性を第一として、数には捉われないようにした。また、導入漢字のすべてが書けるように要求するのも、無謀かつ無意味に近いと考えられるので、各課の導入漢字は、「書くのを覚える漢字」と「読めればいい漢字」とに分けた。この教科書は、アメリカの大学の日本語の学生が二年のコースを取りはじめる際に、一年度で習って覚えている漢字は多分100字程度であろうという前提に立っている。そして、二年のコースでは、そのほかに、書ける漢字と読める漢字を合計数百覚えてもらえば十分という立場を取っている。

❏この教科書の使い方

1. Culture Notes

Culture Notes は、各課に入るに当たって読ませておく。その内容については、教室で質問して理解度をチェックするとよい。

2. 会　話

会話はテープで聞かせ、クラスでも練習させる。比較的長い会話が多いので、全部を暗唱させるのは難しいと思われる。暗唱させたい場合は、会話をいくつかに切って覚えさせるか、一番役に立ちそうなところ (例えば、各課のポイントとなっている機能に密着した箇所) だけを覚えさせるのがいいだろう。要は、どういう場合にどう言うか、相手にどう言われたらどう答えるか、ということであって、会話の人物と一言一句同じ発言をする必要はない。教師は学生の言葉をよく聞いて、誤りのない限り、ある程度の variation は許容すべきだろう。

3. 読み物

単語表を使って予習してこさせる。クラスでは音読させ、意味を説明し、問答によって理解を確認する。内容に関する質問を書いたワークシートを用意し、宿題として解答を書かせるのも、いい練習になる。

4. 単　語

単語表には、各単語にふりがながつけてあり、アクセントも示してあるが、会話や読み物に入る前に、そこに出てくる単語の発音練習をさせておくとよい。

5. 漢字リスト

「書くのを覚える漢字」は、漢字シートを作って配り、書く練習をさせる。「読めればいい漢字」は、その名の通り、読めるようになればよい。書く漢字も、読む漢字も、教師は教室でフラッシュカードを使って読ませながら、意味の理解の定着をはかる。時間の許す限り、漢字テストをするのがよい。ただしテストでは、個々の漢字が書けたり読めたりすることだけを調べても、あまり意味がない。漢字テストの問題は、漢字の意味が分かっているかどうかを調べる問題にすべきである。例えば、「大学の先生のオフィスは○○室という」という文を与え、○○の中に「研究」と書かせるようにする。こういう問題を作るのは、けっこう時間がかかるが、学生には親切だろう。

6. 漢字の部首

この本では、基本的な部首を導入するに留めたので、このくらいは学生に覚えさせてもいいだろう。「『待(つ)』という漢字はどう書きますか」と聞いて、「ぎょうにんべんに『てら』です」と答えさせる程度の練習をするといいと思う。

7. 文法ノート

文法ノートは、自習用に作られている。原則として、次回に教える予定の会話または読み物の範囲に出てくる文法項目を予習させる。また、クラスで例文を音読させて、問答により学生の理解を確かめる必要もあろう。紙面の関係上、例文は一項目あたり３つぐらいに留めたが、少ないと思われる場合は、クラスでの練習の際に適宜補っていただきたい。

8. 文法練習

文法練習は、文法ノートの項目中、特に練習させたいものを中心としている。クラスでカバー

した本文の範囲に合わせて、口頭練習をさせたのち、宿題として課し、別紙に答えを書いて提出させる。

9. 運用練習

運用練習には、いろいろな教室作業が出てくるので、それを全部同じ日にするのは避け、本文でカバーした内容や機能に合わせて、少しずつ行うようにするとよい。ロールプレイや小グループワークをする場合には、まず質問の練習などをさせてからの方が効果があがる。作文も同様で、例えばアルバイトについて書かせるなら、クラスで話し合いをしてから、宿題として出す。

10. 聞き取り練習

これは、宿題としてテープを聞かせ、問題をやらせておく。クラスでは、答え合わせをするだけでよい。だいたい○×式なので、答え合わせには時間をあまりかけないで済む。○×に関して学生の意見が分かれた時や、内容について質問が出た場合などは、クラスでもう一度テープを聞かせてもよいが、それが癖になると、学生は当然のことながら、宿題をやってこなくなってしまうので、学生を信頼して、クラスでは原則として答え合わせだけにするのがいいだろう。

11. 速 読

これは、試験や成績に関係なく、ただ読んで楽しむためのものなので、宿題として読ませ、聞き取り練習の場合と同様、教室では答え合わせをするだけに留めるのが原則である。教師は学生の質問には答えるが、教室で音読させるなどの必要はない。

12. ことわざと俳句

ことわざも俳句も、意味を説明して音読の練習をさせ、暗唱させるのがよい。これを試験の範囲に入れるかどうかは、全く担任教師の自由だし、この本のことわざや俳句が気に入らない方は、適当なものと置き換えて下さってもよい。

第 **1** 課

▽

紹介
しょう かい

初めて人に会う
はじ

C U L T U R E N O T E S

Meeting Someone in Japan

──

When you meet someone in Japan for the first time, you bow as you say either はじめ
まして or どうぞよろしく, or both. You also exchange 名刺 (cards) if you have them. In
Japan, everyone other than children, students or full-time housewives is expected to
carry them. Sometimes even university students choose to carry them for prestige.

How low you should bow depends on who you are as well as whom you meet. In
general, women tend to bow lower than men, and if you meet a person whose status
is higher than yours on the Japanese social scale, you should bow lower than the other
person, e.g., your teacher, a friend's parent, etc.

Introducing Oneself or Others

──

Self-introductions occur quite frequently in Japan. At a reception for new students, for
example, you may be asked to introduce yourself in Japanese. State your name, the
name of your home institution, your major, and end it all with どうぞよろしく and a
bow.

When you introduce two people to each other, the rule of thumb is to introduce the
person of lower status to the person of higher status. It would be nice to also add a
comment or two about each person, as Ikeda does in 会話 2 of this lesson.

How to Address Someone

──

The most common way to address an adult is "last name plus さん," but don't overuse
さん! To address people who have titles such as 課長 (section chief), 部長 (department
chief), 社長 (company president), etc., use the titles instead of さん. To address
teachers, always use 先生. Above all, avoid using あなた. It could be quite insulting.
The use of first names is limited in Japan: they are used within a family, by higher-status
members addressing lower-status members (e.g., parents addressing children, or older
siblings talking to younger siblings), or they are sometimes used among close friends.

復習用の漢字

1. 一　　　2. 一つ　　　3. 二　　　4. 二つ　　　5. 三
6. 三つ　　7. 四　　　　8. 四つ　　9. 五　　　10. 五つ
11. 六　　12. 六つ　　13. 七　　14. 七つ　　15. 八
16. 八つ　17. 九　　　18. 九つ　19. 十　　　20. 百
21. 千　　22. 万　　　23. 円　　24. 日よう日　25. 月よう日
26. 火よう日　27. 水よう日　28. 木よう日　29. 金よう日　30. 土よう日
31. 四月　32. 九月　　33. 大きい　34. 小さい　35. 古い
36. 白い　37. 早い　　38. 高い　　39. 安い　　40. 忙しい
41. 今　　42. つくえの上　43. へやの中　44. いすの下　45. 少し
46. 好き　47. 一年　　48. 時間　　49. 五分　　50. あの人
51. 日本人　52. 日本語　53. 英語　54. 東京　55. 男
56. 女　　57. 子　　　58. 父　　59. お父さん　60. 母
61. お母さん　62. 高校　63. 大学　64. 勉強　65. 先生
66. 山田　67. 名まえ　68. 車　　69. 会社　70. お金
71. 天気　72. 元気　73. 毎月　74. 毎年　75. 行く
76. 来る　77. 来年　78. 食べる　79. 日本食　80. 飲む
81. 見る　82. 読む　83. 書く　84. 話す　85. 聞く
86. 思う　87. 入る　88. 入れる　89. 出る　90. 知る
91. 言う　92. 休む　93. 使う　94. 会う　95. 買う
96. 作る　97. 持つ　98. 待つ　99. 習う　100. 住む
101. 何　　102. 友だち

（読みかたは次のページにあります。）

1. いち	2. ひとつ	3. に	4. ふたつ	5. さん
6. みっつ	7. よん/し	8. よっつ	9. ご	10. いつつ
11. ろく	12. むっつ	13. なな/しち	14. ななつ	15. はち
16. やっつ	17. きゅう/く	18. ここのつ	19. じゅう/とお	20. ひゃく
21. せん	22. まん	23. えん	24. にちようび	25. げつようび
26. かようび	27. すいようび	28. もくようび	29. きんようび	30. どようび
31. しがつ	32. くがつ	33. おおきい	34. ちいさい	35. ふるい
36. しろい	37. はやい	38. たかい	39. やすい	40. いそがしい
41. いま	42. つくえのうえ	43. へやのなか	44. いすのした	45. すこし
46. すき	47. いちねん	48. じかん	49. ごふん	50. あのひと
51. にほんじん	52. にほんご	53. えいご	54. とうきょう	55. おとこ
56. おんな	57. こ	58. ちち	59. おとうさん	60. はは
61. おかあさん	62. こうこう	63. だいがく	64. べんきょう	65. せんせい
66. やまだ	67. なまえ	68. くるま	69. かいしゃ	70. おかね
71. てんき	72. げんき	73. まいつき	74. まいとし	75. いく
76. くる	77. らいねん	78. たべる	79. にほんしょく	80. のむ
81. みる	82. よむ	83. かく	84. はなす	85. きく
86. おもう	87. はいる	88. いれる	89. でる	90. しる
91. いう	92. やすむ	93. つかう	94. あう	95. かう
96. つくる	97. もつ	98. まつ	99. ならう	100. すむ
101. なに	102. ともだち			

会話 1

◯ 高校で二年間日本語を勉強して大学に入ったばかりのキャロル・ベーカーが、日本人会のパーティー
　　1
　　で日本語の石山先生に初めて会う。

キャロル：　あのう、失礼ですが、石山先生でいらっしゃいますか。

石　山：　ええ、石山ですが。

5　キャロル：　キャロル・ベーカーと申します。

石　山：　ベーカーさんですか。どうぞよろしく。

キャロル：　どうぞよろしく。先生、いつからここで教えていらっしゃるんですか。

石　山：　十五年前からですよ。

キャロル：　その時に日本からいらっしゃったんですか。

10　石　山：　ええ、そうです。

キャロル：　先生、日本はどちらからですか。

石　山：　東京です。ベーカーさんは日本へ行ったことがありますか。

キャロル：　いいえ、まだです。でも留学したいと思っています。

石　山：　日本語の学生ですか。

15　キャロル：　はい、日本語は高校で勉強したので、ここの二年のクラスに入れていただ
　　　　　　きました。

石　山：　そうですか。今年の二年のクラスは三田先生ですね。

キャロル：　はい、そうです。

石　山：　あのクラスは宿題が多いですよ。
　　　　　　2
20　　　　　　がんばってください。

キャロル：　はい、がんばります。

会 話 ②

◯大学院生の池田が、友達のトム・ブラウンをほかの大学院生に紹介する。

池　田：　加藤さん、こちらは、僕の友達のトム・ブラウン君。ブラウン君、こちら
　　　　　九月からここの大学院で電気工学を専攻（せんこう）している加藤まゆみさん。

加　藤：　加藤です。どうぞよろしく。

5　ト　ム：　はじめまして。トム・ブラウンです。学部の二年生です。

池　田：　ブラウン君、君もテニスが好きだけど、加藤さんもテニスが趣味なんだ
　　　　　よ。

加　藤：　でも上手じゃありませんよ。

ト　ム：　今度一度やりましょうか。

10　加　藤：　ええ、ぜひお願いします。ところで、ブラウンさんはどうして日本語が話
　　　　　せるんですか。

ト　ム：　一年高校留学してましたし、日本語が専攻ですから。

加　藤：　上手ですねえ。

ト　ム：　いいえ、まだまだです。

15　加　藤：　日本に興味を持ったのは、留学した時からですか。

ト　ム：　実は、中学のとき、隣に日本人の家族が住んでいて、そこの一郎君ってい
　　　　　う男の子といつも遊んでいたんですよ。

加　藤：　それで日本に興味を持つ³ようになったんですか。

ト　ム：　そうなんです。日本語も少し教えてもらったし、日本のビデオもたくさん
20　　　　見せてもらったし。

池　田：　だからブラウン君は、日本文化についても知識豊富（ちしきほうふ）なんだ。

ト　ム：　「ちしきほうふ」って何ですか。

池　田：　いろいろなことを知っているっていうこと。

ト　ム：　そうでもないけどなあ。⁴

4

会 話

3

●アメリカ人ベティー・ピーターソンが、日本へ行く飛行機で隣に座った日本人女性に話しかける。

ベティー：　日本へお帰りですか。

前　田：　ええ。

ベティー：　ベティーです。どうぞよろしく。

5　前　田：　前田ゆみです。どうぞよろしく。ベティーさんは大学生ですか。

ベティー：　先月卒業したばかりです。前田さんは。
　　　　　　　　　　　　　 1

前　田：　ニューヨークにある日本の会社に勤めているんですけど、二週間休暇を
　　　　　　取って日本へ帰るところなんです。

ベティー：　日本はどちらですか。

10　前　田：　京都です。生まれたのも育ったのも京都なんですよ。

ベティー：　私も京都へ行くんですよ。

前　田：　えっ、お仕事ですか。

ベティー：　ええ、京都で英語を一年教えることになっています。
　　　　　　　　　　　　　　　　　 5

前　田：　そうですか。日本は初めてですか。

15　ベティー：　前に一年間留学しました。京都はその時一晩だけ泊まりましたけど、とて
　　　　　　も気に入りました。

前　田：　私がいる間に一度うちへお遊びにいらっしゃいませんか。両親の所ですけ
　　　　　　どどうぞ。この名刺に両親の家の電話番号を書いておきますから。

ベティー：　どうもありがとうございます。

読み物 ▶ 日本人留学生青山弘の日記
あお やま ひろし

八月二十六日(木)

　今日の午後四時ごろ成田を出て、今日の午後四時ごろこの町に着いた。日本から十数時間かかったのに、日本とアメリカの間には日付変更線というものがあるので、同じ日の同じ時間になってしまったのだ。

5　空港には、Friends of International Students というグループのメンバーのルーカスさんという人が、迎えに来てくれていた。アパートが見つかるまで、ルーカスさんの家に泊めてもらうことになった。ルーカスさんは、自分をファースト・ネームで呼んでもらいたいと言うけれども、三十も年上の人なので、どうも「トム」とは呼びにくい。

10　八月二十七日(金)

　ゆうべは、時差ボケでよく眠れなかった。きょうは、ルーカスさんが車でアパートさがしに連れていってくれた。キャンパスの近くには、安くていいアパートがなくて、結局大学から歩いて二十分ぐらいの所に適当なのを見つけた。月曜日に引っ越すことにした。

15　八月二十八日(土)

　今晩は、ルーカスさんの知人の家のパーティーに連れていってもらった。着いたらすぐ若い男性が話しかけてきた。「ハリスと申します。学部の二年生で、専攻は日本語です。どうぞよろしく」などと、とてもていねいな日本語で、ペラペラ自己紹介されて、びっくりしてしまった。去年日本語のクラスで自己紹介の仕方を習ったの

20　で、使ってみたかったのだそうだ。よさそうな人なので、そのうちまた会うことにして、電話番号をもらっておいた。それから、中年の女性と英語で話した。お互いの家族について話していたら、その人が "I have three beautiful daughters." と言ったのでびっくりした。日本人は「私には美しい娘がいます」なんて、英語でもとても言えないと思う。日本語と英語は、文法だけでなくて、考え方もずいぶん違

25　うらしい。アメリカに着いて初めてのカルチャーショックだった。

単語
たんご

会話1

紹介 しょうかい	introduction	
初めて はじめて	for the first time	
1 Vたばかり	have just done 〜 (●文法ノート1)	
2 石山 いしやま	(family name)	
3 失礼ですが しつれい	Excuse me [, but ....]	
〜でいらっしゃる	(honorific form of です)	
5 申す もうす	(humble form of 言う)	

7 教える おしえる	to teach
8 〜年前から まえ	since 〜 years ago
13 留学する りゅうがく	to study abroad
17 三田 みた	(family name)
19 宿題 しゅくだい	homework
多い おおい	there is/are a lot
20 がんばる	to do one's best; to try hard

会話2

1 大学院生 だいがくいんせい	graduate student
池田 いけだ	(family name)
友達 ともだち	friend
2 加藤 かとう	(family name)
僕 ぼく	I (used by male speakers toward equals or someone lower in status)
〜君 くん	(a form attached to a name in addressing someone. It is generally used by male speakers toward someone equal or lower in status.)
3 大学院 だいがくいん	graduate school
電気工学 でんきこうがく	electrical engineering
[〜を]専攻する せんこう	to major [in 〜]
まゆみ	(female given name)
5 学部 がくぶ	college

6 君 きみ	you (informal for men)
趣味 しゅみ	hobby
8 [〜が]上手[な] じょうず	good [at 〜]
9 今度 こんど	one of these days
一度 いちど	once
10 ぜひ	by all means
お願いします ねが	Please. (lit., I request.)
ところで	by the way
14 まだまだです	[I am] not good yet.
15 興味 きょうみ	interest
16 実は じつ	actually; in fact
中学 ちゅうがく	junior high school
隣 となり	next door; next to
家族 かぞく	family
一郎 いちろう	(male given name; often

	given to the oldest son)	21 知識（ちしき）	knowledge
17 遊ぶ（あそぶ）	to play	豊富[な]（ほうふ）	bountiful; plenty
21 文化（ぶんか）	culture		

会話 3

1 飛行機（ひこうき）	airplane	10 [〜で]生まれる（う）	to be born [in/at 〜] (v.i.)
[〜に]座る（すわ）	to sit [in/on 〜]	[〜で]育つ（そだ）	to grow up [in 〜] (v.i.)
女性（じょせい）	woman	13 〜ことになっている	It has been arranged that (●文法ノート5)
話しかける（はな）	to talk to	15 一晩（ひとばん）	one night
2 帰る（かえ）	to go home	泊まる（と）	to stay [over night] (v.i.)
3 前田（まえだ）	(family name)	とても	very [much]
ゆみ	(female given name)	16 [〜が]気に入る（き い）	to like 〜; to be fond [of 〜]
6 先月（せんげつ）	last month	17 間に（あいだ）	while; during the time when
[〜を]卒業する（そつぎょう）	to graduate [from 〜]	両親（りょうしん）	parents (lit., both parents)
7 [〜に]勤める（つと）	to work [for 〜]; to be employed [at 〜]	所（ところ）	place
〜週間（しゅうかん）	〜 week[s]	18 名刺（めいし）	[name] card; business card
休暇（きゅうか）	vacation	電話番号（でんわばんごう）	telephone number
8 取る（と）	to take		
帰るところ[だ]（かえ）	to be returning home		

読み物

0 青山（あおやま）	(family name)	3 かかる	it takes (with respect to time or money) (v.i.)
弘（ひろし）	(male given name)	日付変更線（ひづけへんこうせん）	International Date Line
日記（にっき）	diary	4 同じ（おな）	same
2 成田（なりた）	Narita [International Airport]	5 空港（くうこう）	airport
町（まち）	town; city	6 迎える（むか）	to welcome; to meet; to greet
[〜に]着く（つ）	to arrive [at 〜]	見つかる（み）	〜 is found (v.i.)
3 十数時間（じゅうすうじかん）	ten plus a few hours		

7 泊める	to have ~ stay [over night] (*v.t.*)	
~ことになる	it has been decided/arranged that ~ (●文法ノート5)	
自分	oneself	
ファースト・ネーム	first name	
8 [~を…で]呼ぶ	to call ~ by ...	
年上	older	
どうも	somehow; no matter how hard one may try	
9 ~にくい	hard to ~; difficult to ~ (●文法ノート6)	
11 時差ボケ	jet lag	
眠る	to sleep	
アパートさがし	apartment hunting	
12 連れていく	to take someone to	
近く	nearby; in the neighborhood	
13 結局	finally; in the end	
歩く	to walk	
適当[な]	appropriate; suitable	
見つける	to find ~ (*v.t.*)	
引っ越す	to move to a new place of residence	
14 ~ことにする	to decide to ~ (●文法ノート7)	
16 今晩	tonight	

16 知人	acquaintance	
17 若い	young	
男性	man; male	
18 ていねい[な]	polite	
ペラペラ	fluently	
自己紹介	self-introduction	
19 びっくりする	to be surprised	
去年	last year	
仕方	way [of doing something]	
20 そのうち	before long	
21 それから	and then; after that	
中年	middle-aged	
お互い	each other	
22 Vたら	when V (●文法ノート8)	
23 美しい	beautiful	
娘	daughter	
24 とても~ない	can't possibly ~ (●文法ノート9)	
文法	grammar	
考え方	way of thinking (●文法ノート10)	
ずいぶん	quite a lot	
違う	to differ; to be different	
25 らしい	it seems that; evidently (●文法ノート11)	
カルチャーショック	culture shock	

漢字リスト
(かんじ)

書くのを覚える漢字
読み方を覚えましょう。また、書けるようになるまで練習しましょう。

1. 石山　2. 初めて　3. 失礼　4. 申す　5. 教える
6. 前　7. 留学　8. 今年　9. 三田　10. 多い
11. 大学院生　12. ブラウン君　13. 電気工学　14. 専攻　15. 学部
16. 君も　17. 上手　18. 今度　19. お願い　20. 時
21. 実は　22. 中学　23. 文化　24. 女性　25. 帰る
26. 取る　27. 生まれる　28. 私　29. 仕事　30. 泊まる
31. 気に入る　32. 間　33. 家　34. 所　35. 電話
36. 日記　37. 成田　38. 町　39. 着く　40. 同じ
41. 自分　42. 近い　43. 歩く　44. 月曜日　45. 男性
46. 去年　47. 仕方　48. 美しい　49. 文法　50. 考え方

読めればいい漢字
読み方を覚えましょう。

1. 紹介　2. 友達　3. 加藤　4. 宿題　5. 池田
6. 僕　7. 趣味　8. 興味　9. 隣　10. 家族
11. 一郎　12. 遊ぶ　13. 知識豊富　14. 飛行機　15. 座る
16. 卒業　17. 勤める　18. 週間　19. 休暇　20. 京都
21. 育つ　22. 一晩　23. 両親　24. 名刺　25. 番号
26. 今日　27. 午後　28. 十数時間　29. 日付変更線　30. 空港
31. 迎える　32. 呼ぶ　33. 時差　34. 眠る　35. 連れる
36. 結局　37. 適当　38. 引っ越す　39. 若い　40. 自己
41. お互い　42. 娘　43. 違う

漢字の部首
1
にんべん
イ

This radical comes from 人 and is used for characters representing human conditions, activities, etc.
「休」「作」「使」など

文法ノート
_{ぶん　ぽう}

1 ◯ V(plain past) ばかり ＝ 'have just done something; have just finished doing something'

[会話1/ℓ.1：大学に入ったばかり]

a) 大学に入ったばかりだから、十八歳_{さい}でしょう。

(Since she has just entered college, she is probably 18.)

b) 食べたばかりだから、おなかがいっぱいです。

(I have just eaten, so I am full.)

c) 日本へ行ったばかりのころは、日本語がわからなくて困_{こま}りました。

(When I was a newcomer to Japan, I had trouble understanding Japanese.)

[会話1/ℓ.19：あのクラスは…]

2 ◯ あの

> Both あの and その can be used with the meaning 'that 〜' when an item you are referring to is not in sight. あの is used when both the speaker and the hearer are (or are assumed to be) familiar with a person or thing in question. When only the speaker or the hearer is familiar with an item, その should be used. In this passage, the use of あの indicates that both 石山先生 and キャロル are familiar with the class.

a) A：私が生まれたのは高山という町_{まち}です。

(The town I was born in is called Takayama.)

B：その町はどんな町ですか。

(What kind of town is that?)

b) A：きのう去年_{きょねん}日本語のクラスにいたライルさんに会いましたよ。

(Yesterday, I met Lyle-san, who was in our Japanese class last year.)

B：ああ、あの人、どうしていますか。

(Oh, how is he [＝that person] doing?)

[会話2/ℓ.18：興味を持つようになった]

3 ◯ V(plain) ようになる

> This pattern indicates a change which has taken place or will take place. Just as い-adjective changes to -く (*e.g.*, 安くなる) and な-adjective to -に (*e.g.*, しずかになる), when a verb occurs with なる, ように is inserted.

a) 日本へ行ってから、日本に興味_{きょうみ}を持つようになりました。

(I came to have an interest in Japan after I went to Japan.)

b) 漢字_{かんじ}を勉強しなければ、日本語の新聞_{しんぶん}が読めるようにはなりません。

(Unless you study kanji, you won't become able to read Japanese newspapers.)

c) このごろアメリカ人もさしみやとうふを食べるようになりました。

(These days Americans also eat sashimi and tofu [and this is a change].)

4 ○〜なあ

[会話2/ℓ.24：そうでもないけどなあ]

This is a sentence-final particle of exclamation. Its use is generally restricted to men in informal conversation, but it is also used by women in monologues. In conversation, women would use 〜(わ)ねえ.

a) しばらくだなあ。

(It's been a long time since I last saw you.)

For **a)**, women would say しばらくねえ.

b) 一度アフリカへ行ってみたいなあ。

(I wish I could go to Africa once!)

Women would say 行ってみたい(わ)ねえ if addressing someone in conversation. However, women will often say **b)** in expressing their own desires or feelings without addressing anyone in particular.

5 ○ V(plain)ことになる＝'It has been decided/arranged that〜'

[読み物/ℓ.7：泊めてもらうことになった]

V(plain)ことになっている＝'be expected/supposed to; 〜it is a rule/custom that〜'

[会話3/ℓ.13：教えることになっています]

ことになる indicates that a certain decision has been made for the speaker by outside forces. It is often used when a situation has been arranged or when one is scheduled to do something. ことになっている, on the other hand, is used to describe a rule, regulation or social custom.

a) 日本で英語を教えることになっています。

(I am to teach English in Japan.)

b) 日本の会社で仕事をすることになりました。

([It has been arranged that] I will be working at a Japanese company.)

c) 日本の家に上がる時は、くつをぬぐことになっています。

(When you enter a Japanese house, you are supposed to take off your shoes.)

6○V(stem)にくい
[読み物/ℓ.9：「トム」とは呼びにくい]

[V(stem of ます-form) にくい] means that something is difficult to V.

a) ステーキは、おはしでは食べにくい。

(Steaks are difficult to eat with chopsticks.)

b) 難しい漢字は、書きにくい。

(Difficult kanji are hard to write.)

cf. [V(stem) やすい] means that something is easy to V.

c) きれいな字は、読みやすいです。

(Nice handwriting is easy to read.)

7○V(plain)ことにする＝'decide to do 〜'
[読み物/ℓ.14：引っ越すことにした]

Compared with ことになる, this pattern indicates active decision making by the person involved.

a) 来年日本へ行くことにしました。

(I have decided to go to Japan next year.)

b) 毎日テープを聞くことにしました。

(I have decided to listen to tapes every day.)

8○S₁たら、S₂＝'When S₁, S₂'
[読み物/ℓ.22：話していたら、…]

When たら clause is followed by a sentence (=S₂) in the past tense, it means 'when.' The second sentence usually expresses an event or state you did not expect.

a) きのう図書館へ行ったら、先生に会いました。

(Yesterday, when I went to the library, I saw my teacher.)

b) 日本の家族へのおみやげを買ったら、'Made in Japan'と書いてあった。

(I bought a present for my Japanese family, and I found that it was made in Japan [, and I was surprised].)

9○とても〜ない＝'can't possibly'
[読み物/ℓ.24：とても言えない]

This phrase expresses a very strong sense of impossibility. The verb is usually in potential form.

a) たくさんあって、とても食べ切れません。

(There is so much that I can't possibly eat it all.)

b) 東京ではとても家なんか買えません。 (I can't possibly buy a house in Tokyo.)

10 ○ 考え方 ='way of thinking'
［読み物/ℓ.24］

> [V (stem of ます-form) ＋ 方] expresses 'the way of doing something.'

a) 漢字は、一つのものにも**読み方**がたくさんあるので、難しい。

(Kanji are difficult because [even] one kanji [often] has a number of readings.)

b) おはしの**持ち方**を教えてください。

(Please teach me how to hold chopsticks.)

11 ○ ～らしい ='evidently; it seems that'
［読み物/ℓℓ.24-25：違うらしい］

> ～らしい expresses one's conjectures. It can be attached to nouns (*e.g.,* 日本人らしい), stems of な-adjectives (*e.g.,* しずからしい), plain forms of い-adjectives (*e.g.,* 安いらしい) and plain forms of verbs (*e.g.,* 行くらしい). It tends to be used when one's conjecture is based on what one has heard.

a) 日本人は、熱いおふろが好きらしい。

(It seems that the Japanese people like hot baths.)

b) 東京は、物価が高くて、住みにくいらしい。

(It seems that Tokyo is a difficult place to live in because everything is expensive.)

c) アメリカでは、学生が先生をファースト・ネームで呼ぶらしい。

(Evidently, students call teachers by their first names in America.)

12 ○ Vて初めてのN ='the first N after V-ing'
［読み物/ℓ.25：着いて初めての…］

a) アメリカに着いて初めてのカルチャー・ショックだった。

(It was my first culture shock after arriving in America.)

b) 学校が始まって初めてのピクニックで、先生やほかの学生におおぜい会った。

(I met many teachers and students at the first picnic of the semester.)

> When a verb occurs instead of a noun, this expression takes the form of V₁て初めて V₂, meaning 'When V₁ happens, then for the first time V₂ happens.'

c) 日本へ行って初めて、一日中日本語だけで話しました。

(When I went to Japan, I spent a whole day speaking only in Japanese, for the first time in my life.)

d) 大学に入って初めて、日本人に会いました。

(When I entered college, I met a Japanese for the first time. [*i.e.,* I had never met a Japanese until I entered college.])

文法練習
ぶん ぽう れん しゅう

---

1 ⸺⸺ Vばかり ▶文法ノート1

◯「V(past)ばかり」を使って次の会話を完成(to complete)しなさい。

[例] 日本人：漢字がたくさん読めますか。

アメリカ人：いいえ、去年始めたばかりですから、まだ少しだけです。

a) A：ケーキでもどうですか。

B：ええ、でも、今＿＿＿＿＿＿で、おなかがいっぱいなので。

b) 先生：この漢字は読めるでしょう。

学生：ええ、きのう＿＿＿＿＿＿ですから。

c) 学生：アメリカへはいついらっしゃったんですか。

先生：先週＿＿＿＿＿＿なんです。

---

2 ⸺⸺ Vようになる ▶文法ノート3

A ◯「V(potential)ようになります」を使って、文を完成しなさい。

[例] ひらがなはやさしいから、すぐ書けるようになります。

a) 日本語を一年勉強すれば、漢字が少し＿＿＿＿＿＿。

b) 日本に留学すれば、日本料理が＿＿＿＿＿＿。

c) 21歳になると、バー（bar）に＿＿＿＿＿＿。

d) アメリカでは、16歳になると、車が＿＿＿＿＿＿。

e) 日本語のワープロは使いやすいから、すぐ＿＿＿＿＿＿。

B ◯ Make three sentences about what you were unable to do before but are able to do now, using ようになりました, as in the example.

[例] 前には日本語が話せませんでしたが、このごろ話せるようになりました。

3 .... Vことになっている ▶文法ノート5

A ○次の絵を見て、「Vことになっている」を使って、文を完成しなさい。

a) 映画館の中では、＿＿＿＿＿＿＿＿＿＿＿＿。

b) 教室では、＿＿＿＿＿＿＿＿＿＿＿＿。

c) 日本では、家に上がる時＿＿＿＿＿＿＿＿＿＿＿。

d) アメリカでは、クリスマスに＿＿＿＿＿＿＿＿＿＿＿。

e) 日本語の学生は、毎日＿＿＿＿＿＿＿＿＿＿＿。

B ○「Vことになっている」を使って、次の会話を完成しなさい。

a) 先生：あした二時に私の部屋へ来てください。

　学生：すみませんが、あしたの午後は、田中先生に＿＿＿＿＿＿＿＿＿

　　　　んですが。

　先生：じゃ、あさってでもいいですよ。

b) 先生：スミスさんは来年はどうするんですか。

　スミス：日本で英語を＿＿＿＿＿＿＿＿＿＿＿＿。

　先生：そうですか。それはいいですね。

4 .... Vことになる ▶文法ノート5

○「Vことになりました」を使って、次の会話を完成しなさい。

a) 田中：来年の三月に＿＿＿＿＿＿＿＿＿＿＿。

　山田：そうですか。それは、おめでとうございます。

b) 先生：ホワイトさん、奨学金（scholarship）がもらえたんですってね。

ホワイト：ええ、おかげさまで。それで、来年の四月から東京大学で＿＿＿＿＿＿

＿＿＿＿＿＿＿＿＿＿＿＿＿。

先生：それは、よかったですね。

5 ……… Vにくい／Vやすい ▶文法ノート6

○「Vにくい」か「Vやすい」を使って、次の文を完成しなさい。

［例］ ・きれいな字は読みやすい。

・あまり字の小さい辞書は使いにくい。

a) あまり大きい車は＿＿＿＿＿＿＿＿＿＿＿＿＿。

b) 漢字がたくさん使ってある本は＿＿＿＿＿＿＿＿＿＿＿。

c) やさしい漢字は＿＿＿＿＿＿＿＿＿＿。

d) 病気に＿＿＿＿＿＿＿人は、たくさん寝た方がいいです。

e) あまり熱いピザは＿＿＿＿＿＿＿＿＿＿。

6 ……… Vことにする ▶文法ノート7

○「Vことにしました」を使って次の会話を完成しなさい。

a) 先生：スミスさんは来年日本へ留学するんですか。

スミス：いいえ、＿＿＿＿＿＿＿＿＿＿＿。

先生：どうしてですか。

スミス：お金がないんです。

先生：それは、残念ですね。

b) 先生：ブラックさん、今度の冬休みはどうするんですか。

ブラック：友達といっしょに＿＿＿＿＿＿＿＿＿＿。

先生：それはおもしろそうですね。

c) 先生：みなさん、今学期もがんばってくださいね。

クーパー：はい。私は、毎日＿＿＿＿＿＿＿＿＿＿。

ブラウン：私は、なるべく＿＿＿＿＿＿＿＿＿＿。

7 ……… 〜らしい
▶文法ノート11

○次の会話を完成しなさい。

a) 先生：ミラーさんはクラスに来ていませんね。どうしたんでしょう。

スミス：ミラーさんは＿＿＿＿＿＿＿＿＿＿＿らしいです。

先生：そうですか。それは、いけませんね。

b) 山田：ブラウンさん、来年三年の日本語のコースを取るんですか。

ブラウン：ええ、でもあのコースは＿＿＿＿＿＿＿＿＿らしいんです。

山田：ブラウンさんなら、だいじょうぶですよ。がんばってください。

c) 川村：ジョーンズさんという学生は、日本語が上手ですね。

加藤：ええ、日本に＿＿＿＿＿＿＿＿＿らしいんですよ。

川村：なるほどねえ。

8 ……… Vて初めて
▶文法ノート12

○「Vて初めて」を使って、次の会話を完成しなさい。

[例] 石山：ジョンソンさんは高校で日本語を勉強したんですか。

ジョンソン：いいえ、大学に入って初めて勉強を始めました。

a) 先生：日本へ行く前に日本料理を食べたことがありましたか。

ジョンソン：いいえ、＿＿＿＿＿＿＿＿＿＿食べたんですが、今は大好きです。

b) スミス：黒沢の「羅生門」という映画を見たことがありますか。

山口：ええ、でも、日本で見たんじゃなくて、アメリカに＿＿＿＿＿＿＿

＿＿＿＿＿＿見たんです。

c) A：先生の説明 (explanation)はよく聞いた方がいいですね。

B：そうですね。＿＿＿＿＿＿＿＿＿＿わかることがよくありますからね。

運用練習
うん よう れん しゅう

1 ‥‥‥‥‥ 自己紹介
じ こ しょうかい

クラスの人に自己紹介しなさい。自己紹介には、次のことを忘れないこと。
わす

a) 名前

b) 学年

c) 日本へ行ったことがあるか、ないか（あるなら、いつ、どうして）

d) 専攻
せんこう

e) 趣味
しゅ み

f) 終わりの言葉
お ことば

[例]　ハリスと申します。学部の二年生です。日本へはまだ行ったことがありませんが、

来年留学したいと思っています。専攻は日本語です。趣味はテニスと音楽です。
おんがく

どうぞよろしくお願いします。

2 ‥‥‥‥‥ ペアワーク

a) ほかの人とペアになって、お互いにどうして日本に興味を持つようになったかを聞き
たが きょうみ

なさい。

b) 聞いたことをクラスの人たちに報告（report）しなさい。
ほうこく

3 ‥‥‥‥‥ ロールプレイ

ペアになりなさい。一人は日本語の学生、もう一人は日本語の先生で、大学のパーティー

で初めて会いました。この課の会話1のような会話をしなさい。学生になった人は、自己
はじ じ こ

紹介をしながら、先生のことも、いろいろ聞きなさい。
しょうかい

4 .... 書く練習

次の名刺のサンプルをよく見てから、自分の名刺を作りなさい。次のことを入れるのを
忘れないこと。

```
北海道大学文学部
文部省奨学生

ジェイムズ・ブラウン

研究室　北 海 道 大 学 文 学 部
〒060　札幌市北区北９条西７丁目
　　　　電　話　(011)716-2111 内線3043
　　　　自　宅　(011)７４７-００９９
```

a) 大学の名前
b) 学部の名前
c) 自分の名前
d) 住所（address）
e) 電話番号

5 .... 作 文

自分を紹介する作文を書きなさい。長さは百字ぐらい。

○ .... 聞き取り練習

○アメリカ人学生が自己紹介しています。テープを聞いて、次の文が正しければ○、間違ってい
れば×を入れなさい。

（　　）a) この人は大学院生です。

（　　）b) 日本語を専攻しています。

（　　）c) 日本へ行ったことがあります。

（　　）d) 高校のとき、日本に留学しました。

（　　）e) 大学に入ってから、日本に興味を持つようになりました。

(　　) **f)** 卒業したら日本へ行くでしょう。

(　　) **g)** 黒沢(くろさわ)(name of a Japanese film director)の映画(えいが)はたくさん見ました。

(　　) **h)** 日本語を勉強したことはありません。

(　　) **i)** 日本語はやさしくないと思っています。

(　　) **j)** 日本語は覚(おぼ)えられると思っています。

速読（そくどく）

「ノー・サンキュー」

（単語表はありません。知らない単語があっても、だいたい意味が分かるはずですから、読んでみてください。）

　これは、日本から来たばかりの留学生山下君が、初めてアメリカ人の家へ行った時の話です。ケラーというそのアメリカ人は、山下君のお父さんの友達で、山下君はお父さんから頼まれた手紙と小さなプレゼントを届けに行ったのです。その日は、八月の末で、ずいぶん暑い日でした。大学から十分ぐ
5 らい歩いて、ケラーさんのアパートに着きました。ケラーさんに「どうぞお入りなさい」と言われて、山下君は部屋に入りました。自己紹介が終わって、手紙とプレゼントを渡すと、ケラーさんは「コカコーラかなんかどうですか」と聞きました。山下君はのどがかわいていて、何か冷たいものを飲みたかったけれど、「はい、飲みたいです」と答えるのは失礼だろうと思ったので、"No,
10 thank you." と答えました。もちろん、ケラーさんがもう一度聞いてくれるだろうと思ったからです。ところが、ケラーさんは「オーケー」と言っただけで、すぐ山下君のお父さんのことをいろいろと聞きはじめました。家族のことや、自分の勉強のことを一時間ぐらい話してから、山下君はケラーさんのアパートを出ました。のどは、まだかわいたままでした。山下君はその日、
15 アメリカでは「ノー」は「ノー」なのだ、ということを知ったのです。

●次の文を読んで、正しければ○、間違っていれば×を入れなさい。
（　　）a) ケラーという人は、山下君の友達です。
（　　）b) 山下君のお父さんがケラーさんに書いた手紙は、山下君が日本から持ってきたのでしょう。
（　　）c) 山下君がアメリカに着いたのは、夏でした。
（　　）d) 山下君は、ケラーさんの家まで、車で行きました。
（　　）e) ケラーさんは、「コカコーラかなんかどうですか」と二度聞きました。
（　　）f) ケラーさんは、コカコーラを出してくれました。

ことわざ
1
失敗は成功のもと
(*lit.*, Failure is the basis for success.)

第 2 課

▼

あいさつ言葉

あいさつの例

C U L T U R E   N O T E S

Greetings

Never assume that Japanese greetings and their English "equivalents" correspond exactly to each other. For example, although おはようございます means "Good morning!," the two expressions are different in that おはようございます is not normally used in the late morning. おはようございます also has an informal equivalent おはよう, which can be used when you are talking to children or close friends, but never to a 目上 (= higher status) person. Another good example would be さよなら. さよなら indeed means "Good-by!" but it is never used to people one is living with; also it is a rather informal expression and is therefore incompatible with *keigo* (=polite speech). When parting with a 目上 person, it is safer, and less juvenile-sounding, to say 失礼します. The best strategy for Japanese greetings would be to observe how native speakers use them amongst themselves and emulate them.

Another thing students of Japanese should bear in mind is the fact that once a relationship has been established between two people in Japan, such as teacher-student, it does not break down. In America, you might call your professor "Professor so-and-so" in the beginning, but as the relationship grows closer, you might start using his/her first name. That is not the case in Japan, however. Your teacher, even after you graduate, remains 先生, *i.e.,* a 目上 person, and your speech must continue to reflect that. In other words, you cannot all of a sudden switch from おはようございます to おはよう！

会 話 1

●キャロル・ベーカー、朝キャンパスで日本語の三田先生に会う。

キャロル：　おはようございます。

三　田：　おはようございます。

キャロル：　いいお天気ですねえ。

5　三　田：　そうですねえ。

●同じ日の午後、キャンパスでまた三田先生に会う。

キャロル：　こんにちは。

三　田：　ベーカーさん、今「こんにちは」って言うのは少しおかしいんですよ。

キャロル：　どうしてですか。

10　三　田：　私たちは、もうけさ一度会っているでしょう。そういう時は「こんにちは」っ
　　　　　　て言うとちょっと変なんです。

キャロル：　じゃあ、何て言えばいいでしょうか。

三　田：　何も言わないで会釈すればいいでしょう。

キャロル：　「えしゃく」ってどういう意味ですか。

15　三　田：　(会釈をして見せながら) こういうふうに、ちょっと頭を下げておじぎをするっ
　　　　　　ていう意味ですよ。

キャロル：　分かりました。

三　田：　じゃまた。

キャロル：　失礼します。

会　話

2

●朝八時に目覚まし時計が鳴って、キャロルが寮の部屋で目を覚ますと、同室の日本人留学生ゆりが
　話しかける。

　　ゆ　り：　　おはよう。

　　キャロル：　（眠そうな声で）おはよう。

5　ゆ　り：　　眠そうね。

　　キャロル：　うん、ゆうべ二時半まで勉強していたから。

　　ゆ　り：　　もっと早く寝ればいいのに。

　　キャロル：　日本語の宿題がたくさんあったし、それに難しくて、なかなか終わらなかっ
　　　　　　　　たのよ。

10　ゆ　り：　　（時計を見て）あっ、大変だ。早く行かないとクラスに遅れちゃう。

　　キャロル：　私もよ。

　　ゆ　り：　　外、見た？

　　キャロル：　どうして。

　　ゆ　り：　　雨よ。

15　キャロル：　雨？

　　ゆ　り：　　そう。しかもザーザー降りなのよ。

　　キャロル：　ザーザー降りって？

　　ゆ　り：　　大雨よ。雨がすごく降ってるのよ。

　　キャロル：　えっ！　いやだなあ。

20　ゆ　り：　　じゃ、急いでるから先に行くね。

　　キャロル：　じゃ、また後でね。

会 話

₃

◯トム・ブラウン、留学生の吉田にキャンパスで出会う。吉田はトムが高校時代に日本留学したとき
　の同級生。

トム：　　吉田！

吉　田：　あ、トム！

₅トム：　　しばらくだなあ。

吉　田：　そうだね。

トム：　　いつ来たの。

吉　田：　先週着いたばかりなんだ。

トム：　　君が来ることは、田中から手紙をもらって知ってたけど、いつ来るか分か
⁵
₁₀　　　　　らなくて。

吉　田：　ごめん。君のアドレスが分からなくて、手紙も出せなかったんだ。

トム：　　いいよ、いいよ。で、どこに住んでいるの。

吉　田：　クロスビーっていう寮だよ。

トム：　　ああ、クロスビーなら知ってる。僕はバートンっていう寮でクロスビーの
₁₅　　　　　隣だ。210号室だよ。あとで遊びに来ないか。四時ごろならいるよ。

吉　田：　あ、そう。210号室だね。

トム：　　うん、そうだ。じゃ、クラスに遅れるといけないから。

吉　田：　じゃ、四時にまた。

読み物　▶「日米あいさつ言葉」

　　日本人がアメリカ人によく聞かれて困る質問の一つに、"How are you?" は日本
語で何と言うか、というのがある。もちろん日本語にも「いかがですか」とか「お
元気ですか」などという言葉はあるが、「いかがですか」は多分病気の人に言うのが
ふつうだし、「お元気ですか」はしばらくぶりで会った人にしか言えない。つまり、
5　毎日会う人に「いかがですか」とか「お元気ですか」と言うと、非常に変なわけで
ある。日本人はその代わりに天気の話をすることが多いだろう。「いいお天気ですね」
とか「寒いですね」とか、その日の天気によっていろいろ言えばよい。
　　"Have a nice day!" というのは日本語で何と言うか、と聞かれるのも困る。日
本語にはそれに当たる言葉がないからである。人と別れる時には、相手が目上であ
10　れば「では失礼します」、友人であれば「じゃ、また」などと言うだけだろう。"Have
a nice day!" を日本語に訳して使ったら大変おかしい。アメリカ人は、そういう説
明を聞くと変な顔をするが、実は日本語にはあって英語にないあいさつ言葉もたく
さんあるのだ。例えば、食事の前の「いただきます」、食事の後の「ごちそうさまで
した」がそのいい例だ。日本人が自分の家を出る時に言う「行ってきます」、それに
15　対して家族の言う「行っていらっしゃい」、家へ帰ってきた人の言う「ただいま」、
その時家族の言う「お帰りなさい」などというあいさつも英語にはない。日本人
は、数日前に会った人にまた会うと、「先日はどうも」とあいさつすることが多い。
英語でも、"Thank you for the other day." とか"It was good to see you the
other day." などと言えないことはないが、日本語の「先日はどうも」のような決
20　まり文句にはなっていない。
　　一般的に言って、決まり文句になったあいさつ用語は、英語より日本語の方が多
いだろう。人に何かあげる時、客に食事を出す時、自分の子供の先生に会った時、
そのほかどういう時に何と言ったらよいかが決まっていて、それを覚えるのが、大
事な社会教育だと言ってもよいだろう。

単語

会話 1

あいさつ	greeting	13 会釈する	to greet by bowing slightly
言葉	word[s] ; expression[s]	14 意味	meaning
例	example	15 こういうふうに	this way; in this manner
1 朝	morning	頭	head
8 おかしい	strange; odd; funny	下げる	to lower (v.t.)
10 けさ	this morning	おじぎ	bow
11 変[な]	strange	17 [〜が]分かる	to understand 〜

会話 2

1 目覚まし時計	alarm clock	10 大変だ	Oh, no!
鳴る	to ring (v.i.)	遅れる	to be late
寮	dormitory	〜ちゃう	(contraction of てしまう)
部屋	room	12 外	outside
目を覚ます	to wake up	16 しかも	moreover; besides
同室	same room	ザーザー降り	pouring rain
4 眠そう[な]	looking sleepy	18 大雨	downpour; heavy rain
声	voice	すごく	(to rain) hard; terribly; tremendously
7 寝る	to sleep; to go to bed	降る	to fall (e.g., rain, snow, etc.)
8 それに	moreover; besides (○文法ノート3)	20 急ぐ	to hurry; to be in a hurry
難しい	difficult	先に	ahead [of someone]
なかなか〜ない	not easily (○文法ノート4)	21 また後で	See you later.
終わる	to finish (v.i.)		
10 時計	clock; watch		

会 話 3

1	吉田	(family name)	
	[〜に]出会う	to run into [someone]	
	高校時代	high school years	
2	同級生	classmate	
9	いつ〜か分からない	don't know when 〜 (◑文法ノート5)	
11	ごめん	Sorry. (informal)	
	手紙を出す	to send／mail a letter	
15	210号室	Room 210	

読み物

0 日米　　　Japan and the U. S. (＝日本とアメリカ)

1 [〜に]困る　to have difficulty [with〜]

質問　　question

3 多分　　probably

病気　　sickness

4 ふつう　common; usual

しばらくぶり　for the first time in a long time

しか〜ない　only; no more than　　　(◑文法ノート6)

つまり　namely; in other words; in short　　(◑文法ノート7)

5 非常に　extremely; very

6 その代わりに　in place of that

7 寒い　cold (with reference to weather)

〜によって　depending on 〜　　(◑文法ノート9)

よい　＝いい

9 [〜に]当たる　to correspond [to 〜]　(◑文法ノート10)

9 [〜と]別れる　to part [from〜]; to say farewell [to 〜]

相手　addressee; the person you are talking to

目上　person of higher status; one's senior

10 友人　friend

11 訳す　to translate

説明　explanation

12 顔　face

変な顔をする　to look annoyed; to look puzzled

13 例えば　for example

食事　meal

14 それに対して　in response to that

17 数日前に　several days ago

先日　the other day

19 決まり文句　set phrase

21 一般的に　generally

用語　terms

〜の方が…　〜 is more ... than

22 客 guest

食事を出す to offer a meal

子供 child

23 決まる to be set/fixed (*v.i.*)

23 覚える to learn; to commit to memory; to remember

大事[な] important

24 社会教育 social education

漢字リスト

書くのを覚える漢字
読み方を覚えましょう。また、書けるようになるまで練習しましょう。

1. 朝	2. 午後	3. 変[な]	4. 意味	5. 下げる
6. 分かる	7. 目覚まし時計	8. 眠い	9. 声	10. 二時半
11. 難しい	12. 大変	13. 外	14. 大雨	15. 急ぐ
16. 先に	17. 後で	18. 吉田	19. 時代	20. 出す
21. 僕	22. 日米	23. 困る	24. 多分	25. 代わり
26. 当たる	27. 相手	28. 目上	29. 友人	30. 訳す
31. 説明	32. 例えば	33. 食事	34. 例	35. 対して
36. 数日前	37. 決まり文句	38. 用語	39. 方が	40. 客
41. 子供	42. 覚える	43. 大事	44. 社会	45. 教育

読めればいい漢字
読み方を覚えましょう。

1. 会釈	2. 頭	3. 鳴る	4. 寮	5. 部屋
6. 同室	7. 寝る	8. 終わる	9. 遅れる	10. 降る
11. 同級生	12. 手紙	13. 言葉	14. 質問	15. 病気
16. 非常	17. 寒い	18. 別れる	19. 顔	20. 一般的

漢字の部首
2
ごんべん
言

This radical comes from 言 and is used for characters mainly representing language-related activities.
「語」「話」「読」など

S T Y L E

There are three different types of predicate endings — です・ます-forms, だ-forms and である-forms. So, the idea that Tanaka is a Japanese can be expressed as 田中さんは日本人です, 田中さんは日本人<u>だ</u> or 田中さんは日本人<u>である</u>. The styles which use です・ます-endings, だ-endings, and である-endings are called です・ます体, だ体, and である体, respectively. である体 is generally used in formal writings such as essays, scholarly articles, newspaper articles, etc. Novels and diaries are usually written in this style. Both です・ます体 and だ体 are used in speaking. です・ます体 is used in formal situations such as any formal meetings or in addressing strangers, acquaintances or people to whom you feel respect is due. Letters and memos are usually written in です・ます体. だ体 is generally used in informal situations such as addressing one's close friends, family members or people you feel respect is not due (*e.g.,* children, one's subordinate, etc.)

です・ます体 (polite form)	だ体 (plain form)	である体 (expository form)
日本人です	日本人だ	日本人である
日本人じゃありません	日本人じゃない	日本人ではない
子供でした	子供だった	子供であった
子供じゃありませんでした	子供じゃなかった	子供ではなかった
きれいです	きれいだ	きれいである
きれいじゃありません	きれいじゃない	きれいではない
安いです	安い	安い
安くありません	安くない	安くない
食べます	食べる	食べる
食べません	食べない	食べない
食べました	食べた	食べた
食べませんでした	食べなかった	食べなかった

In casual conversation, there is a distinctive difference between men's speech and women's speech in Japanese. In general, women tend to speak in a more formal/polite manner. Major differences are observed in their respective uses of pronouns, nouns, and sentence endings. The following is a list of typical sentence endings used by men and women in informal conversations.

男	女
日本人だ／きれいだ	日本人／きれい
日本人だ／きれいだ	日本人だわ／きれいだわ
日本人だよ／きれいだよ	日本人よ／きれいよ（日本人だわよ）
日本人だね／きれいだね	日本人ね／きれいね（日本人だわね）
日本人なんだ／きれいなんだ	日本人なの／きれいなの
高い	高い（わ）
高いよ	高いわよ
高いね	高いわね
高いんだ	高いの
行く	行く（わ）
行くよ	行くわよ
行くね	行くわね
行くんだ	行くの

●疑問文　(interrogative sentences)

男	女
日本人？／きれい？	日本人？／きれい？
日本人か(い)／きれいか(い)	日本人？／きれい？
日本人なのか(い)／きれいなのか(い)	日本人なの？／きれいなの？
高い？	高い？
高いか(い)	高い？
高いのかい	高いの？
行く？	行く？
行くかい	行く？
行くのか(い)	行くの？
行かないか（Won't you go?）	行かない？
何	何
なんだ(い)	なに
どんな人なんだ(い)	どんな人なの
いつ行くんだ(い)	いつ行くの
どれくらい高いんだ(い)	どれくらい高いの

●その他

男	女
行くぞ　行くさ　行くぜ	
行くかな	行くかしら

Note that younger speakers of Japanese are less likely to use sentence endings strongly typical of their sexes. So, younger women tend not to use the typically feminine sentence particle わ, and some younger men prefer not to use typically masculine particles ぞ, ぜ, かい, etc.

文法ノート

1○Vないで= 'without V-ing; instead of V-ing'   [会話1/ℓ.13：言わないで]

Vないで, one of the negative て-forms of a verb, is often followed by another verb, and indicates a manner in which a certain action is carried out.

a) 日本では、何も**言わないで**食事を始めるのは失礼だ。

(In Japan, it is bad manners to begin a meal without saying anything.)

b) 宿題を**しないで**学校へ来るのはよくない。

(It's not good to come to school without having done one's homework.)

c) 図書館へ**行かないで**家で勉強する学生もいる。

(There are students who study at home instead of going to the library.)

Vないで often carries a connotation that one didn't do what one was expected to do. So, in **b)**, one is expected to do homework before coming to school but he/she did not.

2○Vばいいのに= 'You should ～(*lit.*, It would be good if you did ～)'
[会話2/ℓ.7：寝ればいいのに]

This expression is usually used to suggest the opposite of what the other person is doing or not doing.

a) もっと早く**寝ればいいのに**。

(You should go to bed earlier.)

b) 分からないところは先生に**聞けばいいのに**。

(You should ask your teacher about things that you don't understand. [Said to someone who is hesitant about asking the teacher some questions.])

3○それに= 'besides; moreover'   [会話2/ℓ.8]

a) 東京は、人が多いし、**それに**物価も高いので、住みにくいです。

(Tokyo has a huge population, and, moreover, prices are high. Therefore, Tokyo is a difficult place to live.)

b) A：今日は元気がなさそうだね。

(You don't look well today.)

B：うん、頭が痛くて、**それに**熱もちょっとあるんで。

(Yes, I have a headache, and I also have a slight fever.)

A：じゃ、早く帰って休んだ方がいいね。

(In that case, you should go home early and rest.)

Other conjunctions which are often used include それで 'therefore; so,' そして 'and; and then; and also,' それから 'after that.' そして is the most general conjunction meaning 'and.' それから emphasizes that an event follows another event in time, and それで emphasizes 'causal' relation between two sentences.

c) きのうは買い物に行きました。$\left\{ \begin{array}{l} それから、 \\ そして、 \end{array} \right\}$ 友達の家のパーティーへ行って、夜十時ごろ家へ帰ってきました。

(I went shopping yesterday. After that I went to a party at a friend's house and came home about ten at night.)

In **c)**, both それから and そして are fine. However, それから emphasizes the fact that it was after the shopping that the speaker went to the party. In some cases, therefore, それから and そして are not interchangeable.

d) きのうは、日本料理屋へ行った。そして (*それから) おすしを食べた。(*means that it is ungrammatical.) (Yesterday I went to a Japanese restaurant and ate sushi.)

e) 友達は六時ごろ家へ来た。そして (*それから) 八時ごろ帰った。

(My friend came to my home about six, and left about eight.)

それで presents a reason or cause.

f) 雪が降りました。それで、飛行機が遅れたんです。

(It was snowing. The flight was delayed because of that.)

4○なかなか～ない

［会話2/ℓℓ.8-9：なかなか終わらなかった］

なかなか, when used with a negative, means that something is not easily done or that it takes time for something to happen.

a) 漢字がなかなか覚えられなくて、困っています。

(It's terrible because it takes a long time for me to memorize kanji.)

b) コーヒーを飲んだので、なかなか眠れませんでした。

(I had coffee, and so I couldn't fall asleep easily [*i.e.*, I had a hard time falling asleep.].)

5 ◯ Question word ＋〜か分からない

［会話3／ℓℓ.9-10：いつ来るか分からなくて］

> For embedding a wh-question in another sentence, simply change the ending of the embedded question into the plain form. The copula だ is optional. Be sure to keep the question particle か at the end of the clause.

a) いつ日本へ行くか分かりません。

   (I don't know when I will be going to Japan.)

b) 卒業してから何をするかまだ分かりません。

   (I don't know yet what I will be doing after graduation.)

c) 三年の日本語の先生はだれ(だ)かまだ分かりません。

   (I don't know yet who will be teaching third year Japanese.)

d) どのレストランがいいかまだ分かりません。

   (I can't tell yet which restaurant is good.)

> Also note that a yes-no question can be embedded in another sentence by putting the predicate into the plain form and by adding かどうか.

e) 来年日本へ行くかどうか分かりません。

   (I don't know whether I will be going to Japan next year or not.)

f) 今度の試験は難しいかどうか分かりません。

   (I don't know whether the next test will be difficult or not.)

g) コピー代を払ったかどうか覚えていません。

   (I don't remember whether I paid the copying charge or not.)

h) 日本人かどうか知りません。

   (I don't know if he is Japanese or not.)

6 ◯ しか〜ない＝'only'

［読み物／ℓ.4：しか言えない］

> しか always occurs with a negative. The implied meaning is that the amount/item mentioned is not enough or less than expected.

a) 五ドルしかないから、映画へ行けません。

   (Because I only have five dollars, I can't go to the movie.)

b) きのうの晩は、五時間しか寝なかったから、今日は眠い。

   (I only slept for five hours last night. So, I am sleepy today.)

c) まんがしか読まない子供が多いのは、困る。

   (It's too bad that there are so many children who read only comic books.)

So, in **a)**, the speaker has five dollars, but the sentence emphasizes that five dollars is not enough. Note that しか, like the particle も, replaces the particles は, が, and を, but other particles are retained as in 学校でしか 'only at school,' 友達にしか 'only to my friend,' etc.

7◯つまり＝'in other words; that is; namely; in short'　　　　　　　[読み物/ℓ.4]

a) A：ここ二、三年は、ベビー・ブームで高校生の数(number)が多いそうですよ。

(I hear that because of the Baby Boom there will be more high school students for the next two, three years.)

　　 B：つまり大学に入るのが難しいということですね。

(In other words, it is more difficult to get into college, right?)

b) 昔は一ドル三百六十円だったこともあるが、今は一ドル百五円ぐらいだ。つまり、ドルを持っていると、日本では昔の三分の一ぐらいの買い物しかできないのだ。

(In the old days, there was a time when a dollar was worth 360 yen, but now it is worth about 105 yen. In other words, nowadays, with dollars in Japan you can buy only one third of what you used to be able to.)

8◯Sentence＋わけです＝'That is to say; It follows that; That means …'

[読み物/ℓℓ.5-6：変なわけである]

[Sentence＋わけです] states a logical conclusion which can be drawn from previous statements. It often gives a summary or a restatement of previous statements.

な-adjective: 上手なわけです; 上手だったわけです

い-adjective: 安いわけです; 安かったわけです

verb: 　　　 行くわけです; 行かないわけです; 行ったわけです

a) A：スミスさんは日本に十年も住んでいたんですよ。

(Miss Smith has lived in Japan for as long as ten years.)

　　 B：だから、日本語がペラペラなわけですね。

(That's why she speaks fluent Japanese, right?)

b) A：あの人は外へも出かけないで勉強ばかりしています。

(He studies all the time without even going out.)

　　 B：よくできるわけですね。

(No wonder he is good.)

c) A：きのうシカゴへ行ったんですが、とちゅう込んでいて、家を三時に出たんですが、着いたのは七時ごろでした。

(We went to Chicago yesterday. Traffic was so heavy on the way that, although we left home at three, we didn't get there until around seven.)

B：四時間もかかった**わけ**ですね。

(That means it took you as much as four hours, doesn't it?)

9 ○～によって＝'depending on'   [読み物/ℓ.7：天気によって]

a) あいさつ言葉はその日の天気によっていろいろ言えばよい。

(What greeting you use may vary depending on the weather of the day.)

b) 人によって考えが違います。

(Opinions vary from person to person.)

c) コースの成績は、試験の成績によって決まります。

(A course grade depends on the exam grades.)

10 ○～に当たる＝'correspond to ～'   [読み物/ℓ.9：それに当たる言葉が…]

a) 日本語の「こんにちは」は、英語の Hello に当たる。

(Japanese *"konnichiwa"* corresponds to English "hello.")

b) 一ドルは、何円に当たりますか。

(How many yen is a dollar?)

11 ○～のようなN＝'N, like ～; N such as ～'   [読み物/ℓ.19：「先日はどうも」のような…]

a) 「どうも」のような便利なフレーズは、英語にはないだろう。

(I don't think English has a phrase like the convenient *"doomo."*)

b) 名前の漢字は、日本人にも読めないような読み方があるから、難しい。

(Characters for names are difficult because there are readings such as those that even Japanese can't read.)

○·············· **文法**練習

| **1** ············· **それに** | ▶文法ノート3 |

○「それに」を使って次の質問^{しつもん}に答^{こた}えなさい。

［例］　学生：京都はどんなところですか。

　　　　先生：古^{ふる}いお寺^{てら}があるし、それに工場^{こうじょう}（factory）がないので、とてもしずかな町

　　　　　　　です。

a) 先生：日本語の勉強はどうですか。

　　学生：＿＿＿＿＿＿＿＿＿＿＿＿＿＿＿＿＿＿＿＿＿＿＿＿＿＿。

b) 先生：あなたの住んでいる町はどんな町ですか。

　　学生：＿＿＿＿＿＿＿＿＿＿＿＿＿＿＿＿＿＿＿＿＿＿＿＿＿＿。

c) 先生：このごろどうですか。忙^{いそが}しいですか。

　　学生：＿＿＿＿＿＿＿＿＿＿＿＿＿＿＿＿＿＿＿＿＿＿＿＿＿＿。

d) 先生：あなたのアパート(寮^{りょう})は、どんなアパート(寮)ですか。

　　学生：＿＿＿＿＿＿＿＿＿＿＿＿＿＿＿＿＿＿＿＿＿＿＿＿＿＿。

| **2** ············· **なかなか〜ない** | ▶文法ノート4 |

○次^{つぎ}の文を完成^{かんせい}しなさい。

a) 漢字^{かんじ}がなかなか＿＿＿＿＿＿＿くて、困っています。

b) 宿題がなかなか＿＿＿＿＿＿＿くて、困っています。

c) 急いでいるのに、バスがなかなか＿＿＿＿＿＿＿くて、困りました。

d) 時差ボケで、夜^{よる}なかなか＿＿＿＿＿＿＿くて、困りました。

e) タバコはよくないと分かっていても、なかなか＿＿＿＿＿＿＿くて、困っている人が

　　多いです。

3 ………… Question word ＋〜か分からない ▶文法ノート5

〇「かどうか」か「Question word ＋〜か」を使って、次の質問に答えなさい。

a) 今日一ドルは何円ですか。

b) あさって雨が降るでしょうか。

c) 二年の日本語のコースでは、漢字をいくつ習いますか。

d) 日本から中国までいくらぐらいかかりますか。

e) 今年の冬は寒いでしょうか。

f) 松本清張というのは、だれですか。

g) 次の試験は難しいでしょうか。

h) (あなたの)日本語の先生は日本料理が上手でしょうか。

i) あしたはいい天気でしょうか。

j) 来年のクリスマスは、何曜日でしょうか。

4 ………… しか〜ない ▶文法ノート6

〇「Number＋counter しか〜ない」を使って、次の会話を完成しなさい。

A specific number to be used and the form of a predicate are given in the parenthesis.

[例] A：パーティーには日本人も来ていたの?

B：うん、でも、<u>一人しか来ていなかった。</u>(one person ― plain)

a) 学生(女)：ちょっと日本語の辞書貸してくれない?

学生(男)：うん。でも、＿＿＿＿＿＿＿＿＿＿んだ。(one volume ― plain)

学生(女)：じゃ、いいわ。だれかほかの人に借りるから。

b) A：シカゴには、日本のレストランがたくさんありますが、マディソンはどうですか。

B：＿＿＿＿＿＿＿＿＿＿＿＿。(three restaurants ― polite)

A：へえ、少ないんですね。

c) 先生：今度の試験は、あまりよくできませんでしたね。勉強はしたんでしょうね。

学生：ええ、でも、試験の前の日は、＿＿＿＿＿＿＿＿＿。(two hours ― polite)

先生：じゃ、もっと勉強した方がいいですね。

　　学生：はい。

d) 先生：今日は、眠そうですね。

　　学生：ええ、ゆうべは、＿＿＿＿＿＿＿＿＿＿＿＿＿んです。(five hours — plain)

　　先生：そうですか。一日に八時間ぐらいは寝た方がいいですよ。

e) 学生A（男）：今晩日本料理を食べに行かないか。

　　学生B（男）：うん、行きたいけど、今、お金が＿＿＿＿＿＿＿＿＿んだ。

(five dollars — plain)

　　学生A（男）：じゃ、僕がおごる(treat)から。

　　学生B（男）：そうか。すまないなあ。

5 ……… つまり　　　　　　　　　　　　　　　　　　　▶文法ノート7

○次の文を完成しなさい。

a) 先生：日本語のクラスは毎日漢字クイズがあるし、宿題も多いんですよ。

　　学生：つまり＿＿＿＿＿＿＿＿＿＿＿＿＿ということですね。

b) 田中：ジーナさんはきれいで、親切(kind)で、とてもいい人ですね。

　　山下：ああ、つまり、田中さんは＿＿＿＿＿＿＿＿＿＿＿ね。

c) 学生：先生、きのうは頭が痛くて、早く寝てしまったんです。

　　先生：つまり、＿＿＿＿＿＿＿＿＿＿＿＿＿ね。

d) アメリカ人：日本は、人も多いし、家はせまいし、物価(cost of living)も高いそうですよ。

　　中国人：つまり、＿＿＿＿＿＿＿＿＿＿＿＿＿ということですね。

6 Sentence＋わけです

▶文法ノート8

次の会話を完成しなさい。

a) A：毎日どのぐらい勉強しているんですか。

B：たいてい朝一時間と夜五時間勉強します。

A：じゃあ、毎日＿＿＿＿＿＿＿＿＿＿わけですね。

b) A：ブラウンさんは、生まれたのも育ったのも日本なんですよ。

B：＿＿＿＿＿＿＿＿＿＿＿＿＿＿わけですね。

c) A：きのうマディソンを出たのは何時ごろでしたか。

B：午後一時でした。

A：シカゴに着いたのは?

B：四時ごろでした。

A：じゃあ、マディソンからシカゴまで＿＿＿＿＿＿＿＿＿＿＿＿わけですね。

d) 学生：研究社の日本語の辞書を買いたいんですが、いくらぐらいするでしょうか。

先生：日本で買えば四十ドルぐらいだと思いますが、アメリカで買うと六十ドルぐらいです。

学生：じゃあ、日本で＿＿＿＿＿＿＿＿＿＿＿わけですね。

7 〜によって

▶文法ノート9

「〜によって」を使って、次の会話を完成しなさい。

a) 先生：寮の食堂のメニューは、毎日同じですか。

学生：いいえ、＿＿＿＿＿＿＿違います。

b) A：アメリカ人は、みんな背が高いですか。

B：いいえ、＿＿＿＿＿＿＿違います。

c) アメリカ人：日本の大学の入学試験（entrance examination）はみんな同じですか。

日本人：いいえ、＿＿＿＿＿＿＿違います。

◖⋯⋯⋯**運用**練習

1 ⋯⋯⋯ ロールプレイ

　ペアになり、一人は日本語の学生、もう一人は日本語の先生になりなさい。今は学年の初めで、学生はしばらくぶりに先生に出会った (出会う＝to bump into) ところです。元気かどうか、夏休みはどうだったか、先生に聞きなさい。そして自分の夏休みについて先生に話しなさい。

　それが終わったら、学生をやった人が先生になり、先生をやった人が学生になって、もう一度同じ会話を練習しなさい。

2 ⋯⋯⋯ ロールプレイ

　ペアになり、一人は日本語の学生、もう一人は日本人の友達になりなさい。そして、上の **1** と同じ会話を、くだけた日本語 (informal Japanese) でしなさい。男の人は男の言葉、女の人は女の言葉を使うこと。

3 ⋯⋯⋯ 作 文

　夏休みについて百五十字ぐらいの作文を書きなさい。一番おもしろかったことだけ書けばよい。

[作文例]

「私の夏休み」

　私は夏休みに一週間ニューヨークへ行きました。ニューヨークでは、前に住んでいたことのあるコロンビア大学の近くへ行ってみました。大学は前と同じようでしたが、大学のそばの店は、みんな違う店になっていたので、びっくりしました。一週間毎日、友達といろいろな所を見たり、レストランでおいしい物を食べたりできて、とてもよかったです。

聞き取り練習

◉キャロル・ベーカーが、キャンパスで石山先生に会いました。テープを聞いて、次の文が正しければ○、間違っていれば×を入れなさい。

( )   **a)** キャロルは日本語のクラスへ行くところです。

( )   **b)** 石山先生とキャロルは、同じ建物へ行くんでしょう。

( )   **c)** 今日は涼しいそうです。

( )   **d)** もう夏じゃないのに、まだ暑いらしいです。

( )   **e)** きのうもおとといも、涼しかったらしいです。

速読

「リスと写真」

　　ニューヨークに住むサラは、日本のペン・フレンドのさち子から、夏休みになったらニューヨークへ遊びに行きたいという手紙をもらった。さち子はアメリカをまだ見たことがないという。サラはニューヨーク生まれ、ニューヨーク育ちなので、ニューヨークのことなら何でもよく知っている。さち子がニューヨークへ来たら、有名な所をいろいろ見せてあげようとプランを作った。

　　サラは、さち子が着いた次の日の朝早くから、マンハッタンを案内して歩いた。エンパイア・ステート・ビルをはじめ、タイムズ・スクウェア、グランド・セントラル・ステーション、ロックフェラー・センター、コロンビア大学などへも連れていったが、さち子は感心したような顔を見せない。そして、「ニューヨークはきたない」とか、「ニューヨークの地下鉄はくさい」とか、「日本人の方がいい物を着ている」などと言うばかりだ。そんなさち子が一番喜んだのは、セントラル・パークでリスを見た時だった。「ああ、かわいい」と言って、リスの写真をたくさんとりはじめた。そして「東京では、イヌとネコしか見られないからつまらないわ」と言った。

単語		きたない	dirty
		地下鉄	subway
リス	squirrel	くさい	smelly
案内する	to show someone around	喜ぶ	to show joy
感心する	to be impressed	かわいい	cute

▶次の文を読んで、正しければ○、間違っていれば×を入れなさい。

（　　） **a)** さち子は、前にニューヨークに来たことがある。

（　　） **b)** サラは、ニューヨークで生まれた。

（　　） **c)** さち子は、夏休みの前にサラに手紙を書いたのだろう。

（　　） **d)** サラは、さち子に手紙を書いたことがあるのだろう。

（　　） **e)** さち子は、エンパイア・ステート・ビルを見て感心した。

（　　） **f)** 東京にもリスがたくさんいる。

俳句（はいく）

1

古池や　かわず飛び込む　水の音

（芭蕉, 1644-94）

▼

日本への留学

頼<ruby>む<rt>たの</rt></ruby>

C U L T U R E　　N O T E S

Asking Favors

▬▬▬

Just as you would try to speak very politely when you ask a favor in English (e.g., Would you . . . please?, Would you mind . . . ?, etc.), one should be extra polite when asking a favor in Japanese. Japanese speakers often deliberately start out hesitantly by saying ちょっとお願いがある**ん**です**けど**……(*lit.*, I have a small request but . . .) instead of a more direct ちょっとお願いがあります.

　　Negative forms such as いただけ**ませんか** and いただけ<u>ないでしょうか</u> also occur frequently. In more informal speech (e.g., when asking a favor of a family member, a friend, etc.), one would say　もらえ<u>ない</u>?, くれ<u>ない</u>?, etc., instead. Another formula one should remember is よろしくお願いします, used as you part with the addressee, of whom you have just asked a favor. It literally means "I ask for your good favor," and is a standard ending to a request-making situation. (Remember this same expression was also used in Lesson 1 at the end of a self-introduction.)

Going to Japan for a Year's Study

▬▬▬

For American students who have taken only one or two years of Japanese, it is virtually impossible to attend lectures for native speakers and expect to understand the content. Much as one might wish to experience authentic college life in Japan, that would most likely be beyond one's reach. It would be more reasonable, therefore, to attend a university that has an international division geared to foreign students. Toward the end of the year there, when one's proficiency in the language has improved considerably, one can perhaps receive permission to visit classes for Japanese students a few times to "get the general idea" about Japanese college courses.

会話

1

◯キャロル・ベーカー、日本語の三田先生の研究室へ行く。

キャロル： 三田先生、ちょっとおじゃまします。

三　田： 何ですか。

キャロル： けさのクラスで宿題をいただくのを忘れてしまったので。

5 三　田： そうですか。ちょっと待ってください。これですね。今日はこの三枚でしたよ。

キャロル： すみませんでした。

三　田： じゃ、あした持ってくるのを忘れないでね。

キャロル： はい、分かりました。あ、それからもう一つお願いがあるんですけど。

10 三　田： 何でしょう。

キャロル： 実は、今度の期末試験のことなんですけど。

三　田： ええ。

キャロル： 日本語の試験の日に、ほかの試験が二つもあって……。

三　田： 一日に試験が三つですか。

15 キャロル： ええ、そうなんです。日本語の試験をその前の日に受けさせていただけないでしょうか。

三　田： まあ、そういうことなら仕方ありませんね。前の日というと、18日の水曜日ですね。

キャロル： はい、そうです。

20 三　田： じゃ、その日の午後一時にここへ来てください。

キャロル： 一時ですか。

三　田： いいですか。

キャロル： ええ、けっこうです。じゃ、水曜日の一時にうかがいます。どうもありがとうございました。

25 三　田： いいえ。

会 話 ②

○トム・ブラウン、日本語の石山先生の研究室へ推薦状を頼みに行く。

トム：　　先生、今、二、三分よろしいでしょうか。

石　山：　　いいですよ。何ですか。

トム：　　文部省の留学生試験を受けたいので、申し込むことにしたんですが、推薦
5　　　　　　　状を書いていただけないでしょうか。

石　山：　　いいですよ。

トム：　　これが推薦状の用紙です。

石　山：　　ああ、そうですか。宛先は？

トム：　　アドレスですか。

10　石　山：　　ええ。

トム：　　この封筒にタイプしておきました。

石　山：　　じゃあ、この封筒に入れて出せばいいんですね。

トム：　　はい、切手もはっておきましたから。

石　山：　　締切はいつですか。

15　トム：　　締切って何でしょうか。

石　山：　　いつまでに送ればいいかっていうことですよ。

トム：　　来週の金曜日です。

石　山：　　じゃあ、今週中に出しておきますよ。

トム：　　お忙しいところ申しわけありませんけれど、よろしくお願いします。

20　石　山：　　はい。

会話 3

○授業前、トムと吉田、教室で先生が入ってくるのを待っている。

　ト　ム：　あっ！

　吉　田：　何だい。

　ト　ム：　ペン忘れちゃった。

5　吉　田：　えんぴつ使えばいいじゃないか。

　ト　ム：　えんぴつも忘れちゃったんだよ。一本貸してくれない？

　吉　田：　いいよ。えんぴつならあるから。

　ト　ム：　ありがとう。

会話 4

○キャロルとゆり、朝早く寮の部屋で。

　キャロル：　ゆり。

　ゆ　り：　何。

　キャロル：　私、今日もクラス休もうと思って。

5　ゆ　り：　まだ熱あるの？

　キャロル：　うん。それに頭も痛いの。

　ゆ　り：　そう。だいじょうぶ？

　キャロル：　うん……。悪いけど、一つお願いしていい？

　ゆ　り：　なあに。

10　キャロル：　今日の午後三田先生から日本語の宿題もらってきてくれない？

　ゆ　り：　三田先生の部屋は？

　キャロル：　ハリス・ホールの523。

　ゆ　り：　523ね。三時ごろじゃないと寄れないけど。

　キャロル：　三時はちょうど先生のオフィス・アワーだから、だいじょうぶ。

15　ゆ　り：　じゃ、もらってくるね。

　キャロル：　ありがとう。

このごろアメリカの主な大学では、日本の大学と交換プログラムをやっている所が多い。日本に留学したいと思ったら、そういうプログラムを利用するのが一番便利だろう。その場合、授業料はアメリカの大学に払うので、アメリカで勉強する時と同じである。毎年交換される学生の数は、プログラムによって決まっている。例えば、日本の大学から学生が毎年三人送られてくるなら、アメリカの大学からもだいたい同じ数の学生が行く、というのが普通だろう。交換プログラムに選ばれるのが難しいかやさしいかは、大学によって違うが、一般的に言えば、申し込む学生が多ければ多いほど、選ばれるのが難しくなる。交換プログラムに申し込むと、書類選考と面接が行われる。成績や性格や態度がよく、留学目的のはっきりしている学生が優先される。

交換プログラム以外の大学に留学したい場合は、大学がほとんど何も助けてくれないから、入学申し込みは全部自分でやらなければならない。留学が終わって帰国してから

も、日本の大学で取った単位を自分の大学で認めてもらいたければ、大学と交渉しなければならないし、必ずしも同じ数の単位がもらえるというわけでもない。

留学生は、日本の大学では留学生別科か国際学部に入れられる。そこでは、日本語の時間が一番多いが、そのほか日本の文学、歴史、経済、政治、宗教などのコースが英語で取れる。しかし、そういうクラスに出る学生は、だいたい留学生ばかりだから、日本人学生に会いたければ、サークル活動をするのがいい。スポーツでもいいし、音楽でもいいが、何かのサークルに入れば日本人学生と友達になれる。

留学生は、日本ではなるべくホームステイをすべきだ。ホームステイをすれば、日本の家庭を中から見ることができる。また、ホスト・ファミリーの人たちと日本語で話すことができるから、会話も上手になる。留学希望者の中には、東京で勉強したがる者が多いが、東京は特に住宅事情が悪いので、ホームステイがしにくいということを忘れるべきではない。

単語

会話 1

頼む	to request
1 研究室	[professor's] office
4 忘れる	to forget
5 ～枚	(counter for thin, flat objects such as sheets of paper)
9 お願い	request

11 期末試験	final exam (*lit.*, semester-end exam)
～のこと	it's about ～
15 [試験を]受ける	to take [an exam]
17 仕方ない	It can't be helped.
23 けっこうです	That's fine.
うかがう	(humble form of 行く and 来る)

会話 2

1 推薦状	letter of recommendation
4 文部省	Ministry of Education
申し込む	to apply
7 用紙	form
8 宛先	address to send mail to
11 封筒	envelope

13 切手	postage stamp
はる	to paste; to attach
14 締切	deadline
16 送る	to send
19 申しわけありません	I am sorry. (polite)

会話 3

1 授業	class
教室	classroom

6 貸す	to lend

会話 4

5 熱	fever
6 頭が痛い	to have a headache (*lit.*, the head is hurting)

7 だいじょうぶ	all right
8 悪いけど	I am sorry, but
13 寄る	to stop by

読み物

0 情報 (じょうほう)　information

1 主[な] (おも)　main

交換プログラム (こうかん)　exchange program

3 利用する (りよう)　to make use of

一番 (いちばん)　most

便利[な] (べんり)　convenient

4 その場合 (ばあい)　in that case

授業料 (じゅぎょうりょう)　tuition

払う (はら)　to pay

5 数 (かず)　number

8 だいたい　approximately; in most cases; in general

普通 (ふつう)　common; usual

9 選ぶ (えら)　to choose

10 多ければ多いほど (おお)(おお)　the more [students] there are, the more ～　(◐文法ノート3)

12 書類選考 (しょるいせんこう)　screening by application forms; selection by examining one's papers

面接 (めんせつ)　interview

行う (おこな)　to carry out; to conduct (usually used in written language)

成績 (せいせき)　grade; academic record

性格 (せいかく)　character, personality

態度 (たいど)　attitude

13 目的 (もくてき)　purpose

はっきりする　to become clear

優先する (ゆうせん)　to give priority; to prefer

14 以外 (いがい)　other than　(◐文法ノート4)

15 ほとんど～ない　hardly

助ける (たす)　to help (*v.t.*)

入学 (にゅうがく)　admission to school

全部 (ぜんぶ)　all

16 帰国する (きこく)　to return to one's home country

17 単位 (たんい)　credit [for a course]

認める (みと)　to recognize; to approve

18 交渉する (こうしょう)　to negotiate

必ずしも～ない (かなら)　not necessarily　(◐文法ノート5)

19 わけではない　it's not the case that

20 留学生別科 (りゅうがくせいべっか)　special division for foreign students

国際学部 (こくさいがくぶ)　International Division

21 そのほか　besides; in addition

22 文学 (ぶんがく)　literature

歴史 (れきし)　history

経済 (けいざい)　economics

政治 (せいじ)　politics

宗教 (しゅうきょう)　religion

23 しかし　however; but

24 サークル活動 (かつどう)　extracurricular activities

25 音楽 (おんがく)　music

27 なるべく　if possible; as～as possible　(◐文法ノート7)

べきだ　should　(◐文法ノート8)

28 家庭 (かてい)　home; family

28 Vことができる	can V	31 者	person（＝人）
30 希望	wish; hope	特に	particularly
希望者	one who wishes to do ～ （＝希望する人）	住宅事情	housing conditions
		悪い	bad

漢字リスト

書くのを覚える漢字
読み方を覚えましょう。また、書けるようになるまで練習しましょう。

1. 頼む	2. 忘れる	3. 三枚	4. 受ける	5. 申し込む
6. 切手	7. 送る	8. 部屋	9. 痛い	10. 悪い
11. 主[な]	12. 利用	13. 一番	14. 便利	15. 払う
16. 違う	17. 行う	18. 目的	19. 以外	20. 助ける
21. 入学	22. 全部	23. 終わる	24. 帰国	25. 必ずしも
26. 音楽	27. 友達	28. 会話	29. 者	30. 特に

読めればいい漢字
読み方を覚えましょう。

1. 研究室	2. 期末試験	3. 推薦状	4. 文部省	5. 用紙
6. 宛先	7. 封筒	8. 締切	9. 授業	10. 貸す
11. 熱	12. 寄る	13. 情報	14. 交換	15. 場合
16. 授業料	17. 数	18. 普通	19. 選ぶ	20. 書類選考
21. 面接	22. 成績	23. 性格	24. 態度	25. 優先
26. 単位	27. 認める	28. 交渉	29. 別科	30. 国際学部
31. 歴史	32. 経済	33. 政治	34. 宗教	35. 活動
36. 家庭	37. 希望者	38. 住宅事情		

漢字の部首 3 さんずい	氵

This radical stands for water and is basically used for characters representing water-related conditions, activities, etc.
「池」「泊」「漢」など

文法ノート

1〇Vないで

[会話1/ℓ.8：忘れないで]

In casual conversation, Vないでください is often contracted to Vないで.

a) あした持ってくるのを忘れないでね。

(Please don't forget to bring [it] tomorrow, OK?)

2〇V(causative)ていただけないでしょうか

[会話1/ℓ.15：受けさせていただけないでしょうか]

Literally it means 'Could I not receive a favor of your letting me do～?' It is a very polite request for permission to do something.

a) 前の日に試験を受けさせていただけないでしょうか。

(Would yor please let me take the exam one day early?)

b) 先生の論文を読ませていただけないでしょうか。

([speaking to a professor] Would you mind letting me read your paper?)

3〇〜ば〜ほど＝'The more/less 〜, the more/less 〜'

[読み物/ℓℓ.10-11：多ければ多いほど]

The first part of this construction is a ば-conditional form, and the second part is a plain form of verbs and い-adjectives. When noun-だ or な-adjectives occur, であれば is used, as in **c)**.

a) 日本語は、勉強すれば勉強するほどおもしろくなると思います。

(I think that the more you study Japanese the more interesting you will find it.)

b) 学生が多ければ多いほど、選ばれるのが難しい。

(The more students there are [who apply], the more difficult it is to be selected.)

c) いいレストランであればあるほど高い。

(Better restaurants are more expensive.)

d) 説明はかんたんであればあるほどいい。

(Simpler explanations are better.)

e) 日本語は、勉強しなければしないほど分からなくなります。

(The less you study Japanese, the less you will begin to understand it.)

4〇〜以外の／以外に＝'other than 〜; besides 〜'

[読み物/ℓ.14：交換プログラム以外の大学に]

a) 学期の初めは、教科書以外にいろいろ買うものがある。

(At the beginning of the semester, there are so many things to buy besides textbooks.)

b) 文部省以外の奨学金もあります。

(There are other scholarships than that from the Ministry of Education.)

5○ 必ずしも〜というわけではない＝'It does not necessarily mean that ...'

[読み物/ℓℓ.18-19：必ずしも同じ数の単位がもらえるというわけでもない]

> 必ずしも is often followed by an expression such as 〜というわけではない. This is a way of expressing that a certain expectation does not always hold.

a) 必ずしも日本へ行けば日本語が上手になるというわけではありません。

(It is not necessarily the case that one's Japanese improves once one goes to Japan.)

b) 必ずしも高いものがいいというわけではない。

(It is not necessarily the case that expensive things are good.)

c) 必ずしも日本人がみんな納豆が好き[だ]というわけではありません。

(It is not necessarily the case that all Japanese like *natto*.)

6○Nばかり＝'nothing but 〜'

[読み物/ℓ.24：留学生ばかり]

> [X ばかりだ] expresses the idea that there are so much X that it appears as if only X exists.

a) テレビのニュースはいやなニュースばかりで、いやになる。

(TV news is nothing but bad news, and it's terrible.)

b) 日本へ行って初めのころは、おもしろいことばかりだった。

(When I went to Japan, in the beginning I had nothing but interesting experiences.)

> In a), there is of course other news on TV, but there is so much bad news that it seems as if there were nothing but bad news.
>   ばかり can also be used in combination with the て-form of a verb.

c) テレビを見てばかりいると勉強できません。

(If you watch TV all the time, you can't study.)

7○なるべく＝'as 〜 as possible'

[読み物/ℓ.27]

a) クラスの外でも、なるべく日本語を使った方がいいでしょう。

(It will be better if you speak Japanese as much as possible even outside of the classroom.)

b) 宿題は、なるべく次の日に出してください。

(If possible, please hand in homework the next day.)

8○V(plain)べき='should; ought to'

> This is a form derived from the classical auxiliary verb べし. It follows the plain non-past form of verbs and carries the meaning 'one should do 〜.' When the verb is する, both すべき and するべき are used. The negative form of べき is V(plain)べきではない rather than *ないべきだ.

a) 日本語の新聞が読みたかったら、漢字を勉強す[る]べきだ。

　(If one wants to read Japanese newspapers, one should study kanji.)

b) ほかの人の意見（opinion）も聞くべきだ。

　(One should listen to the opinions of others.)

c) アメリカでは大学の授業料は子供が払うべきだと思っている親も多い。

　(In America, there are many parents who think that children should pay for their own tuition.)

d) 悪い友達の意見は聞くべきではない。

　(One should not listen to the opinions of bad friends.)

◯·············· **文法**練習

1 ·············· V（causative）ていただけないでしょうか ▶文法ノート2

◯「V（causative）ていただけないでしょうか」を使って、次の会話を完成しなさい。

a) 学生：先生、今日はちょっと頭_{あたま}が痛_{いた}いので、早く家へ＿＿＿＿＿＿＿＿＿＿＿＿。

先生：それはいけませんね。お大事_{だいじ}に。

b) 学生：先生、来週の金曜日は文部省_{もんぶしょう}の試験_{しけん}を受_うけに行かなければならないので、学校

を＿＿＿＿＿＿＿＿＿＿＿＿。

先生：ああ、いいですよ。がんばってくださいね。

c) 学生：すみません、これは日本語で言えないので、英語で＿＿＿＿＿＿＿＿＿。

先生：いいですけど、何でしょう。

d) 先生：これは、とてもおもしろい論文_{ろんぶん}ですよ。

学生：私にもコピーを＿＿＿＿＿＿＿＿＿＿＿。

先生：いいですよ。でも、あしたまでに返_{かえ}してください。

2 ·············· ～ば～ほど ▶文法ノート3

◯「～ば～ほど」を使って、次の会話を完成しなさい。

［例］　A：日本語はおもしろいですねえ。

B：ほんとうですねえ。<u>勉強すればするほど</u>おもしろくなりますね。

a) A：漢字が多いと読みにくいですねえ。

B：ええ、でも、中国人には＿＿＿＿＿＿＿＿＿＿＿＿読みやすいんですよ。

b) A：返事_{へんじ}（reply）は、早い方がいいんでしょ。

B：ええ、＿＿＿＿＿＿＿＿＿＿＿＿いいです。

c) アメリカ人：日本も冬は寒いんでしょ。

日本人：ええ、北_{きた}（north）＿＿＿＿＿＿＿＿＿＿＿＿寒いですよ。

d) A：このレポートは、ずいぶん時間をかけていますね。

B：ええ、＿＿＿＿＿＿＿＿＿＿＿＿＿いいものができますから。

e) 学生：練習すれば上手になるでしょうか。

先生：ええ、＿＿＿＿＿＿＿＿＿＿＿上手になりますよ。

3 必ずしも～というわけではない ▶文法ノート5

◯「必ずしも～というわけではない」を使って、次の質問に答えなさい。

a) ブランドものはみんな高いんでしょうか。

b) 漢字を知っていれば日本語が読めるでしょうか。

c) 期末試験がよければ、コースの成績はAになりますか。

d) アメリカ人はみんなフットボールが好きですか。

e) 日本に住んでいた人は、みんな日本語が話せますか。

4 Nばかり ▶文法ノート6

◯ Complete the following sentences using the pictures as cues.　Use ～ばかりしている in its right grammatical forms.

［例］　勉強しないで、ビールばかり飲んでいます。

a) 勉強しないで、＿＿＿＿＿＿＿＿＿＿＿。

b) スポーツもしないで、＿＿＿＿＿＿＿＿＿＿と、病気になります。

c) ＿＿＿＿＿＿＿のは、体によくない (not good for health) と思います。

d) このごろの子供は、小説など読まないで、＿＿＿＿＿＿＿＿＿＿。

5 ⋯⋯⋯⋯ なるべく   ▶文法ノート7

⚬「なるべく」を使って次の会話を完成しなさい。

［例］ 学生：先生、ひらがなだけで書いてもいいですか。

先生：いいえ、なるべく漢字(かんじ)も使ってください。

a) A：返事(へんじ)は来週でもいいですか。

B：＿＿＿＿＿＿＿＿＿＿＿＿＿＿＿＿＿方がいいんですが。

b) 学生：作文は、日本人の友達に直(なお)してもらってもいいですか。

先生：＿＿＿＿＿＿＿＿＿＿＿＿＿＿＿＿＿やってください。

c) 学生：この話は、辞書(じしょ)を使って読んでもいいですか。

先生：＿＿＿＿＿＿＿＿＿＿＿＿＿＿＿＿＿読んでみてください。

6 ⋯⋯⋯⋯ Vべき   ▶文法ノート8

⚬次の文を完成しなさい。

a) 日本語が上手になりたかったら、＿＿＿＿＿＿＿＿＿＿＿＿＿＿＿＿べきだ。

b) 漢字(かんじ)が分からなかったら、＿＿＿＿＿＿＿＿＿＿＿＿＿＿＿べきだ。

c) 日本人学生と友達になりたかったら、＿＿＿＿＿＿＿＿＿＿＿＿＿＿べきだ。

d) 子供は＿＿＿＿＿＿＿＿＿＿＿＿＿＿＿べきだ。

e) 若い時に、＿＿＿＿＿＿＿＿＿＿＿＿＿＿べきだ。

運用練習

1　　ロールプレイ

ペアになり、一人は日本語の先生、もう一人は日本に留学したい学生になりなさい。学生になった人は、次のことを日本語で言いなさい。

a) はじめの言葉。

b) You are applying to the Rotary Club for a scholarship.

c) You ask that the professor write a letter of recommendation for you.

d) The deadline is January 15.

e) You brought a stamped, addressed envelope.

f) 終わりの言葉。

それが終わったら、学生をやった人は先生になり、先生をやった人は学生になって、もう一度練習しなさい。

2　　ロールプレイ

ペアになり、一人は、日本に留学することになった学生、もう一人は、日本語の先生になりなさい。学生は、次のことを日本語で言いなさい。

a) はじめの言葉。

b) You are going to the University of Tokyo on a Monbusho Scholarship.

c) You ask that the professor write a letter of introduction to Prof. Yoshioka of the University of Tokyo, a friend of his/hers.

d) 終わりの言葉。

それが終わったら、学生をやった人は先生になり、先生をやった人は学生になって、もう一度練習しなさい。

3 ロールプレイ

ペアになり、一人は日本語を勉強しているアメリカ人学生、もう一人は日本人の学生になりなさい。二人は同じ日本文化のクラスに出ています。アメリカ人は、教室に着いた時、教科書(きょうかしょ)(textbook)を忘れたことに気がつき(to notice)、隣に座っている日本人の友達に本を見せてもらいたいと頼みます。くだけた日本語（informal Japanese）で話すこと。

それが終わったら、アメリカ人学生をやった人が日本人学生になり、日本人学生をやった人がアメリカ人学生になって、もう一度練習しなさい。

4 書く練習

推薦状を頼みに日本語の先生の研究室に来ましたが、先生がいません。先生にメモを書きましょう。メモに書くことは、**1** と同じにしなさい。

聞き取り練習

○学生が先生に何か頼んでいます。テープを聞いて、正(ただ)しいものに○をつけなさい。

a) この学生は、
( ) 文部省(もんぶしょう)
( ) ロータリー・クラブ
の奨学金(しょうがくきん)に申し込みたいと思っています。

b) この学生は、先生に
( ) 推薦状(すいせんじょう)
( ) 紹介状(しょうかいじょう)
を書いてもらいたいのです。

c) この学生は、
( ) 一年間
( ) 一年半
日本へ行きたいと言っています。

d) 締切(しめきり)は
( ) 九月十五日
( ) 九月二十五日
だそうです。

e) 先生が書いたものは、
( ) 学生
( ) 先生
が出すでしょう。

速読

「ハンカチの使い方」

ジョージは、文部省の試験にパスして、日本に一年留学することになった。留学が決まった時、試験を受ける前に推薦状をお願いした石山先生に、すぐ知らせに行った。先生はそのことを聞くと、「よかったですね。おめでとう」と大喜びだった。その後で、先生は留学についてのアドバイスをいろいろしてくれたが、その中に「ハンカチを何枚か忘れずに持って行った方がいいですよ」というアドバイスがあった。「どうしてですか。私は普通ティッシュを使いますけど」とジョージが言うと、先生は笑って、「そうじゃないんですよ。日本では、普通のトイレにはペーパータオルもドライヤーもないから、手を洗った後で、ハンカチがないと困るんですよ」と答_{こた}えた。

ジョージは日本へ行って、石山先生のアドバイスが正しかったことが初めて分かった。アメリカでは、駅_{えき}のトイレでも大学のトイレでも、必ずドライヤーかペーパータオルがついているから、それを利用すればいい。しかし、日本では、空港やホテルなど以外では、ドライヤーもペーパータオルもついていないところが多いので、自分のハンカチを使わなければならない。そればかりではなく、普通の所では、手を洗うにも、出てくるのは水_{みず}だけで、お湯_ゆは出てこない。日本では、何でも機械化が進んでいて、タクシーや店_{みせ}のドアなど全部自動式なのに、どうしてトイレのお湯は出してくれないのかと、ジョージにはそれも不思議だった。

単語			
大喜び	great joy	必ず	without fail
忘れずに	＝忘れないで	利用する	to make use of
笑う	to laugh; to smile	機械化	mechanization
洗う	to wash	進む	to advance
正しい	correct	自動式	automatic
		不思議	mystery

◐次の文を読んで、正しければ○、間違っていれば×を入れなさい。

(　　) **a)** ジョージは、文部省の試験にパスしてから、石山先生に推薦状をお願いした。

(　　) **b)** 石山先生は、日本ではハンカチを持っていないと不便（inconvenient）だと言った。

(　　) **c)** 先生は、日本にはドライヤーもペーパータオルもないトイレが多いと言った。

(　　) **d)** ジョージは、日本に着いて、石山先生の言ったことが間違っていたと思った。

(　　) **e)** ジョージは、日本の普通のトイレでお湯が出ないのは仕方がないことだと思っている。

ことわざ 2

急がば回れ

(*lit.*, When in a hurry, take a detour.)

第 **4** 課

▼

ホームステイ

許可をもらう

C U L T U R E   N O T E S

Homestays

When you are doing a homestay, ask questions whenever you don't understand something, *e.g.*, how to use the toilet, the bath, the washing machine, etc. Japanese people love electric appliances, many of which are quite different from, and frequently more complicated than, their American counterparts. The bath water might scald you unless you know how to regulate its temperature. Modern toilets, so-called "wash-lets," might completely puzzle you.

Also, never assume it is all right to do something without asking permission. Eating things in the refrigerator, bringing a friend home, coming home late, etc., might all upset the family's plans. The safest thing would be to ask permission. More will be said on this topic in Lesson 11.

Talking About One's Family

In 会話 1, Jason talks about his family. Although Jason doesn't do it here, when Americans talk about their family members, they often "brag" about them, as the woman mentioned in 読み物 in Lesson 1 did, saying, "I have three beautiful daughters." Japanese don't do this because they consider their family members as extensions of themselves, *i.e.*, just as it is in bad taste to brag about themselves, it would be in poor taste to brag about their family members.

Letter-Writing

Begin your letter with 拝啓. Next, write about the recent/current weather, inquire about the addressee's health, and touch upon your own health. Then proceed to the main body of the letter. If the letter is one of request, explain the nature of the request here. If the purpose of the letter is merely to talk about your current activities, describe them here. Lastly, in the concluding portion, write ではどうぞよろしくお願いします if it is a letter of request. Otherwise, just write so-and-so によろしく, どうぞお元気で, etc. The most common complimentary close is 敬具.Remember that, in Japan, even in a business-type letter, such as a letter of request, one should take time first to talk about the weather, health, etc., and should not rush into the business at hand. When you are in a big hurry, you can skip the beginning part about the weather, health, etc., by writing 前略, which literally means "preliminaries deleted." A letter that starts with 前略 usually ends with 草々, meaning "in a quick fashion." If you are writing to a close friend, however, you may leave out all these formal salutations.

会 話 ①

❍アメリカ人留学生ジェイソン、ホームステイ先のお母さんと話している。

お母さん： ジェイソン、家族の写真持ってる？

ジェイソン：ええ、あります。

お母さん： ちょっと見せてもらってもいい？

5　ジェイソン：ええ。（写真を財布から出しながら）二枚ありますけど。

お母さん： これがお父さま？

ジェイソン：ええ、父です。

お母さん： ずいぶん背の高いかたね。
　　　　　　何してらっしゃるの。

10　ジェイソン：大学で教えています。

お母さん： 同じ大学？

ジェイソン：ええ。

お母さん： 何の先生。

ジェイソン：アメリカの歴史です。

15　お母さん： アメリカ史ね。……お母さまも背が高いのね。

ジェイソン：ええ、だから僕も背が高くなったんだと思います。

お母さん： そうね。お母さまは何か仕事していらっしゃるの？

ジェイソン：母は弁護士です。

お母さん： 弁護士？ 日本じゃ女性の弁護士なんてまだ多くないのよ。

20　ジェイソン：そうですか。でもアメリカじゃこのごろ別に珍しくありません。

お母さん： そう。それで、これがお兄さんと妹さん¹ね。

ジェイソン：ええ。

お母さん： お兄さんも大学生なの？

ジェイソン：ええ、兄は僕より一つ上だから、もう来年卒業ですけど。

25　お母さん： 妹さんは？

ジェイソン：妹は僕より三つ下で、高校の四年生です。

お母さん： お母さまに似ているわね。

ジェイソン：そうですか。

お母さん： とってもかわいいわ。

会 話 ②

○アメリカ人留学生スーザン、ホームステイ先のお父さんと話している。

お父さん：　スーザンが生まれたのはどこ。

スーザン：　生まれたのはニューヨークだったんですけど、全然覚えていません。

お父さん：　どうして。

5　スーザン：　三つの時に、今のウィスコンシンに引っ越しちゃったんです。

お父さん：　ああそう。今住んでいる所は、マディソンていったかな。

スーザン：　ええ、ウィスコンシンの州都です。

お父さん：　人口はどのぐらい。

スーザン：　たしか190千ぐらいだと思います。

10　お父さん：　190千て何。19万のこと？

スーザン：　あ、すみません。間違いました。19万です。

お父さん：　じゃ、あんまり大きい町じゃないね。

スーザン：　でも、ウィスコンシンでは二番目に大きいんですよ。

お父さん：　へえ、一番大きいのは？

15　スーザン：　ミルウォーキーです。

お父さん：　ああ、ミルウォーキーか、ビールで有名な。

スーザン：　ええ。

お父さん：　で、マディソンてどんな町。

スーザン：　私の行ってるウィスコンシン大学があるし、それに州都だから、知事もい

20　　　　　　ます。

お父さん：　きれいな所？

スーザン：　ええ、湖がたくさんあって、いい所ですよ。冬は寒いけれど、春から秋ま

　　　　　　ではとてもきれいですばらしいと思います。

お父さん：　ふうん。一度行ってみたいなあ。

25　スーザン：　いつか皆さんでいらっしゃってください。

会 話

③

○スーザン、ホームステイ先のお母さんにいろいろ許可を求める。

スーザン：　お母さん、ちょっとアメリカの両親に電話をかけてもいいですか。

お母さん：　いいですよ。でも週末にかけた方が安くなると思うけど。

スーザン：　じゃ、別に急がないから、今度の日曜日にかけます。それから……。

5　お母さん：　何。

スーザン：　アメリカの大学の友達で、今東京で英語を教えている人に、きのう偶然会っ
　　　　　　たんです。日本人の家へ一度も行ったことがないなんて言ってたから、い
　　　　　　つかここへ連れてきたいんですけど、いいでしょうか。

お母さん：　いいわよ。何ていう人。

10　スーザン：　エミリーっていうんです。

お母さん：　あした夕食に来てもらったらどう？　久しぶりにすきやきにしようと思っ
　　　　　　　　　　　　　　　　　　　　　　　　　　　　5
　　　　　　ていたところだから。

スーザン：　本当にいいですか。

お母さん：　いいわよ。六時に来てもらってね。

15　スーザン：　エミリーは六時まで仕事だって言っていたから、六時半でもかまいません
　　　　　　か。

お母さん：　いいわよ。じゃ、六時半にしましょう。
　　　　　　　　　　　　　5

スーザン：　どうもすみません。

ているのに、体重はほとんど変わりません。

大学では、日本語、日本史、日本経済、仏教などを取っています。日本語のクラスでは、新し　　15

新聞記事など難しい物をたくさん読ませられています。漢字テストが毎日あるので、新し

い漢字をずいぶん覚えました。

一週間に三時間ぐらいアルバイトをやっています。三人の人に毎週一時間ずつ英会話を

教えるアルバイトですが、一回五千円ももらえます。アメリカのアルバイトの五倍ですよ。　　20

でも、アルバイトをしすぎると、勉強時間が足りなくなるから、これ以上はやらないこと

にしようと思っています。

では、今晩はこれから日本語の宿題をしなければならないので、これで失礼します。お　　25

暇な時お手紙をください。日本人会の方たちにもよろしく。お元気で。

　　　　　　　　　　　　　　　　　　　　　　　　　　　　　　　　　　　　　　　敬具

十月二十六日

　　　　　　　　　　　　　　　　　　　　　　　　　ジェイソン・トンプソン

上田　みち子様

読み物

▼ 日本からの手紙

❼ ジェイソン、アメリカの大学で勉強している友人上田みち子に手紙を書く。

拝啓

　もう十月の末になりましたが、東京はまだ暖かくて、ときどき夏のように暑い日さえあ⁶ります。そちらは、もう紅葉も終わったころではないでしょうか。⁷

　長い間ごぶさたしましたが、その後お元気ですか。日本へ来てから、いつのまにか二ヵ⁸月も経ってしまいました。毎日面白い経験をしているので、時の経つのが速いです。そちらはどうですか。勉強は忙しいですか。今学期はどんなコースを取っていますか。日本人会の人たちはみんな元気でしょうか。

　僕はもうだいぶ日本の生活になれてきました。そちらを出る前に、上田さんや、日本語⁹の先生や、日本人の友人たちから、日本の生活や大学について、いろいろ聞いておいたの¹⁰が、大変役に立っています。もちろん初めのうち、カルチャーショックがなかったわけではないけれども、あまりひどいショックは受けないで済みました。ホストファミリーの人¹¹たちはみんないい人たちなので、本当に助かっています。お母さんは料理が上手で、毎日¹²おいしい物を食べさせてくれます。でも、日本料理は体にいいようですね。ずいぶん食べ⁶

10　　　　　　　　5

単語

会話 1

<ruby>許可<rt>きょか</rt></ruby>	permission
1 ホームステイ<ruby>先<rt>さき</rt></ruby>＝留学生がホームステイをしている家	
2 <ruby>写真<rt>しゃしん</rt></ruby>	picture; photograph
5 <ruby>財布<rt>さいふ</rt></ruby>	wallet
8 <ruby>背<rt>せい</rt></ruby>	one's height
15 <ruby>アメリカ史<rt>し</rt></ruby>	American history
18 <ruby>弁護士<rt>べんごし</rt></ruby>	lawyer

20 <ruby>別<rt>べつ</rt></ruby>に～ない	not particularly (◦文法ノート1)
<ruby>珍<rt>めずら</rt></ruby>しい	rare
21 お<ruby>兄<rt>にい</rt></ruby>さん	[someone else's] older brother
<ruby>妹<rt>いもうと</rt></ruby>さん	[someone else's] younger sister
27 [～に]<ruby>似<rt>に</rt></ruby>ている	to resemble [～]
29 かわいい	cute; lovely

会話 2

3 <ruby>全然<rt>ぜんぜん</rt></ruby>～ない	not at all
7 <ruby>州都<rt>しゅうと</rt></ruby>	state capital
8 <ruby>人口<rt>じんこう</rt></ruby>	population
9 たしか	if I remember correctly (◦文法ノート3)
11 <ruby>間違<rt>まちが</rt></ruby>う	to make a mistake
13 <ruby>二番目<rt>にばんめ</rt></ruby>に[<ruby>大<rt>おお</rt></ruby>きい]	second [largest]
14 へえ	Really? Gee! You're kidding.

16 <ruby>有名<rt>ゆうめい</rt></ruby>[な]	famous (◦文法ノート4)
19 <ruby>知事<rt>ちじ</rt></ruby>	governor
22 <ruby>湖<rt>みずうみ</rt></ruby>	lake
<ruby>冬<rt>ふゆ</rt></ruby>	winter
<ruby>春<rt>はる</rt></ruby>	spring
<ruby>秋<rt>あき</rt></ruby>	fall
23 すばらしい	wonderful; terrific
25 <ruby>皆<rt>みな</rt></ruby>さん	all of you

会話 3

1 <ruby>求<rt>もと</rt></ruby>める	to request; to ask for
3 <ruby>週末<rt>しゅうまつ</rt></ruby>	weekend
4 <ruby>今度<rt>こんど</rt></ruby>の	this [coming] ～
6 <ruby>偶然<rt>ぐうぜん</rt></ruby>	by chance

7 なんて	things like(＝などと)
11 <ruby>夕食<rt>ゆうしょく</rt></ruby>	dinner (*lit.*, evening meal)
<ruby>久<rt>ひさ</rt></ruby>しぶり	for the first time in a long time

11	[〜に]する	to decide [on〜]; to have/take [〜] (○文法ノート5)
12	Vたところだ	have just done something
13	本当に	really; truly
15	かまいません	it's all right; one doesn't mind

読み物

1	上田	(family name)
	みち子	(female given name)
2	拝啓	(formal greeting used at the beginning of a letter)
3	末	end
	暖かい	pleasantly warm (with reference to weather)
	夏	summer
	Nのように	like N (○文法ノート6)
	暑い	hot (with reference to weather)
	さえ	even (○文法ノート7)
4	紅葉	fall colors [of leaves]
5	長い	long
	ごぶさたする	to neglect to write for a long time; not to correspond for some time
	その後	since I saw you last; since that time
	いつのまにか	before I knew it (○文法ノート8)
6	経つ	[time] passes
	面白い	interesting
	経験	experience
	速い	fast; quick
7	今学期	this semester
9	だいぶ	fairly well; to a large extent; pretty much
9	生活	life
	[〜に]なれる	to be accustomed [to〜] (○文法ノート9)
11	役に立つ	to be useful
12	ひどい	terrible; awful
	ショック	shock
	〜ないで済む	to get by without 〜ing; to come off without 〜 (○文法ノート12)
13	助かる	to be saved; [something] helps (*v.i.*)
	料理	cooking; cuisine
14	体	body; health
	ずいぶん	quite a lot
15	体重	[body] weight
	変わる	to change (*v.i.*)
16	仏教	Buddhism
17	新聞記事	newspaper article
	漢字	Chinese character
20	一回	per occasion
	〜倍	〜 times [as much]
21	〜すぎる	to do something too much; too 〜 (○文法ノート13)
	足りる	to be sufficient
24	暇な時	free time

24 方　　　　　　(honorific form for 人)

　[〜に]よろしく　Say hello [to 〜] for me.

25 敬具　　　　　Sincerely (used at the end of a letter)

28 〜様　　Dear 〜 (added to the name of the addressee at the end of a letter)

漢字リスト

書くのを覚える漢字
読み方を覚えましょう。また、書けるようになるまで練習しましょう。

1. 写真	2. アメリカ史	3. 別に	4. お兄さん	5. 妹
6. 兄	7. 似る	8. 州	9. 人口	10. 間違う
11. 有名[な]	12. 湖	13. 冬	14. 春	15. 秋
16. 週末	17. 連れる	18. 夕食	19. 久しぶり	20. 本当
21. 手紙	22. 末	23. 夏	24. 暑い	25. 長い
26. 速い	27. 今学期	28. 生活	29. 役に立つ	30. 体
31. 変わる	32. 仏教	33. 新聞記事	34. 漢字	35. 一回
36. 五倍	37. 今晩			

読めればいい漢字
読み方を覚えましょう。

1. 財布	2. 背	3. 弁護士	4. 珍しい	5. 全然
6. 州都	7. 皆さん	8. 許可	9. 求める	10. 偶然
11. 拝啓	12. 暖かい	13. 紅葉	14. 経つ	15. 面白い
16. 経験	17. 済む	18. 料理	19. 物	20. 体重
21. 足りる	22. 暇[な]	23. 敬具	24. 様	

漢字の部首
4
きへん

木

This radical comes from 木 and is generally used for characters representing kinds of trees, wood products, etc.
「校」「枚」「様」など

文法ノート

1 ○ 別に（～ない）＝'not particularly'

［会話1/ℓ.20：別に珍しくありません］

別に is an adverb which is usually followed by a negative form and indicates that something is not particularly the case.

a) 先生：ブラウン君、今日は元気がありませんね。どうかしたんですか。

(Mr. Brown, you don't look very well today. Is something wrong?)

ブラウン：いいえ、**別に**何でも**ありません**。

(No, there is nothing particularly wrong.)

b) ホワイト：日本語のクラスは、どう？ 難しい？

(How is your Japanese class? Difficult?)

ブラウン：ううん、**別に**。

(Not particularly.)

In speech, the phrase which follows 別に is often omitted, as in **b)** above.

2 ○ ～かな

［会話2/ℓ.6：マディソンていったかな］

This is a colloquial form of ～でしょうか meaning 'I wonder.' ～かな is used only by male speakers in very informal situations. Women would use ～かしら.

a) 人口はどのぐらい**かな**。

(What is the population, I wonder.)

b) マディソンてどんな町**かしら**。

(I wonder what kind of city Madison is.)

c) 今日は晩ご飯に何が出てくる**かな**／**かしら**。

(I wonder what will be served for dinner today.)

～かな can be used by women in monologues and also when it is followed by such expressions as と思う.

d) マディソンてどんな町**かな**と思っていたんです。

(I have been wondering what kind of town Madison is.)

3○たしか＝'if I remember correctly; if I am not mistaken'

[会話2/ℓ.9：たしか190千ぐらいだと…]

> When たしか is used, the speaker is somewhat uncertain about the truth of his statement.

a) 日本の人口は、たしか一億二千万ぐらいでしょう。

(If I am not mistaken, the population of Japan is about 120,000,000.)

b) アメリカで一番人口の多い州は、たしかカリフォルニアだと思います。

(If I am correct, the most populous state in the U.S. is California.)

> Do not confuse たしか with たしかに 'certainly.'
>   例）たしかに私が悪かったです。(Certainly, I'm the one who was wrong.)

4○XはYで有名だ＝'X is famous for Y'

[会話2/ℓ.16：ビールで有名な]

> Y can be a noun or a noun phrase (*i.e.*, a sentence ＋の／こと).

a) ミルウォーキーは、ビールで有名です。

(Milwaukee is famous for its beer.)

b) 京都は、古いお寺で有名な町です。

(Kyoto is famous for its old temples.)

c) 日本人は、よく働くので有名です。

(The Japanese people are famous for working hard.)

5○Nにする＝'to decide on N; to have/take N'

[会話3/ℓ.11：すきやきにしようと…, ℓ.17：六時半にしましょう]

> This expression is used when one decides on a certain choice among many, as when one decides on an item on the menu, a date for a certain event, an item to buy in the store, etc.

a) 私は、すきやきにします。

(I will have sukiyaki.)

b) ピクニックは、今度の土曜日にしましょう。

(Let's make it [the picnic] this Saturday.)

6○〜ようだ＝'it seems that; it looks like 〜'
Nのように＝'like; as if it were'

[読み物／ℓ.3：夏のように]

> 〜ようだ expresses one's conjectures. It is attached to nouns, な-adjectives, plain forms of い-adjectives and verbs.
>
> 　　日本人だ→日本人のようだ
>
> 　　しずかだ→しずかなようだ
>
> 　　面白い→面白いようだ
>
> 　　行く→行くようだ

a) A：この白いのは何でしょうか。

　　(What's this white thing?)

　B：さあ、よく分かりませんが、おとうふのようですねえ。

　　(Well, I don't know for sure, but it looks like tofu.)

b) 日本人は白い車が好きなようです。

(Japanese people seem to like white cars.)

c) 先生は毎日お忙しいようです。いつも研究室にいらっしゃいます。

(Our teacher seems to be busy every day. [He/she] is always in [his/her] office.)

d) このごろちょっとやせたようです。前にきつかった洋服が着られるようになりました。

(It seems I've lost some weight. I am able to wear clothes which were too tight before.)

> Both らしい and よう give conjectures. With よう, there is a sense that the conjecture is based on the speaker's first-hand information such as one's direct observation. らしい, on the other hand, bases its conjectures more on what one heard. So, in the following sentences, **e)** will be uttered, for example, by a teacher who has given an exam and observed that the students were having difficulty finishing the exam or were looking grim, etc. Sentence **f)**, on the other hand, suggests that the speaker has heard one of the students saying that the exam was difficult.

e) 試験は難しかったようだ。

f) 試験は難しかったらしい。

(It seems that the exam was difficult.)

> [N₁ のような N₂] specifically expresses the idea that N$_1$ looks/behaves like N$_2$. In the following examples, ような indicates that 田中さん is really not a woman but looks/acts like a woman. らしい, on the other hand, indicates that 田中さん is a typical woman—*i.e.*, feminine.

g) 田中さんは、女のような人です。

(Mr. Tanaka looks like a woman.)

h) 田中さんは、女らしい人です。

(Ms. Tanaka is very feminine.)

> The following are similar examples.

i) 夏のような日です。

(It's a summer-like day [*i.e.,* it's hot like summer although it is not summer].)

j) 夏らしい日です。

(It's a very summery day.)

> Similarly, Nのように, which is an adverbial form, expresses the idea that someone/something acts/is like someone/something else.

k) 十月の末なのに、夏のように暑いです。

(Although it's the end of October, it's hot like a summer day.)

l) スミスさんは、日本人のように日本語が上手です。

(Mr. Smith speaks Japanese like a native speaker.)

m) 赤ちゃんは、ペンギンのように歩きます。

(Babies walk like penguins.)

7 ◯ さえ＝'even'　　　　　　　　　　　　　[読み物/ℓ.3：夏のように暑い日さえあります]

> さえ most normally follows a noun (or a sentence ＋ こと), focusing on the most unusual or least expected case.

a) 自分の名前さえ書けない人は少ないでしょう。

(There probably are very few people who can't even write their own names.)

b) 期末試験の前は、学生は忙しくて、寝る時間さえありません。

(Students are so busy before final exams that they don't even have time to sleep.)

c) ときどき夏のように暑い日さえあります。

(Some days, it's even as hot as summer.)

d) 日本の夏は暑くて、眠れないことさえあります。

(It's so hot in the summer in Japan that there are even times you can't sleep.)

8 ◯ いつのまにか＝'before one knows it; before one realizes'

[読み物/ℓ.5：いつのまにか二ヵ月も]

a) お金はいつのまにかなくなってしまいます。

(Money is gone before you know it.)

b) 外はいつのまにか暗くなっていました。

(It had gotten dark outside before I realized it.)

9 ○ 〜になれる＝'be used to; be accustomed to'　［読み物／ℓ.9：日本の生活になれてきました］

> This phrase follows a noun directly or a sentence followed by の.

a) 日本の生活に**なれて**きました。

(I have become used to the Japanese way of life.)

b) 日本人でも敬語を使うのに**なれて**いない人がおおぜいいます。

(Even among the Japanese, there are many people who are not used to using honorifics.)

10 ○ 〜てくる　　　　　　　　　　　［読み物／ℓ.9：日本の生活になれてきました］

> When 来る and 行く are used with verbs which express change, process, transition, etc., they indicate how a certain change relates to the speaker in time. 〜てくる indicates that a certain change has been taking place *up to now,* and 〜ていく indicates that a change will continue to take place *from now on.*

a) だいぶ日本の生活になれて**きました**。

(I have gotten accustomed to the Japanese way of life quite a bit.)

b) 日本語がだいぶ話せるようになって**きました**。

(I have come to be able to speak Japanese a lot better.)

c) 私たちの生活は、どんどん変わって**いく**でしょう。

(Our life style will continue to change rapidly.)

11 ○ 〜わけではない＝'It does not mean that...; it does not follow that...'

［読み物／ℓℓ.11-12：ショックがなかったわけではない］

> 〜わけではない negates what one would generally conclude from previous statements or situations.

a) あまり英語を話しませんが、英語ができない**わけではありません**。

([I] don't speak English much, but that does not mean that [I] can't speak it.)

b) アメリカの大学生はたくさん勉強しなければいけませんが、勉強ばかりしている**わけではありません**。

(American college students have to study a lot, but that does not mean that they do nothing but study.)

> In **a)** above, if someone does not speak English, we generally conclude that he/she does not know English; this conclusion is negated.

12○Vないで済む

[読み物/ℓ.12：受けないで済みました]

Vないで (negative て-form) followed by 済む means that one manages or gets by without doing V.

a) 図書館に本があったので、買わないで済みました。

(Because the book was in the library, I did not have to buy it [*i.e.,* I got by without having to buy it].)

b) バスがすぐ来たので、あまり待たないで済みました。

(The bus came right away, and so I did not have to wait too long.)

c) 毎日ご飯を作らないで済むといいですね。

(It will be nice if we don't have to cook every day, don't you think?)

13○V/Adj (stem) すぎる='too ～; do something too much'

[読み物/ℓ.21：アルバイトをしすぎると…]

食べる→食べすぎる；　する→しすぎる；　高い→高すぎる；　しずかな→しずかすぎる

a) 食べすぎると、おなかが痛くなりますよ。

(If you eat too much, you will get a stomachache.)

b) ウィスコンシンはいい所ですが、冬が長すぎます。

(Wisconsin is a great place, but winter is too long.)

14○～以上='more than ～'

[読み物/ℓ.21：これ以上は…]

a) アメリカ人留学生は、日本では週に三時間以上英語を教えない方がいい。

(American students should not teach English more than three hours a week in Japan.)

b) 一学期に十五単位以上取ると大変だと思いますが。

(I think it will be hard to carry more than fifteen credits a semester.)

○‥‥‥‥‥ **文法**練習

1‥‥‥‥‥ **たしか**　　　　　　　　　　　　　　　　　　　　▶文法ノート3

○「たしか」を使って、次の質問に答えなさい。

　a) 一ドルは何円ですか。

　b) 期末試験はいつですか。

　c) 東京の人口はどれぐらいですか。

　d) 日本まで飛行機で何時間ぐらいですか。

　e) 世界(world)で一番長い川(river)は何という川ですか。

2‥‥‥‥‥ **X は Y で有名だ**　　　　　　　　　　　　　　　▶文法ノート4

○次の言葉を使って、「X は Y で有名です」という文を作りなさい。

　[例]　ハリウッド／映画　→　ハリウッドは映画で有名です。

　a) 東京／人が多い　→ _____

　b) 鎌倉／大仏　→ _____

　c) ニューオリンズ／ジャズ　→ _____

　d) 日本の高校生／よく勉強する　→ _____

　e) シカゴ／風が強い　→ _____

3‥‥‥‥‥ **〜ようだ**　　　　　　　　　　　　　　　　　　▶文法ノート6

○「よう」を使って次の会話を完成しなさい。

　[例]　A：あのレストランはどうでしょうか。

　　　　B：おいしいようですよ。いつも込んでいますから。

　a) 先生：スミスさんは今日は休みですね。どうしたんでしょうか。

　　学生：_____です。せきをしていましたから。

b) お母さん：スーザンはまだ起きているのかしら？

娘：＿＿＿＿＿＿＿＿＿＿＿＿よ。電気が消えているから。

c) 先生１：今度の読み物はどうですか。

先生２：あまり＿＿＿＿＿＿＿＿＿＿ですよ。みんなつまらなそうな顔をしていました。

d) 先生１：このごろの日本人の留学生は＿＿＿＿＿＿＿＿＿＿ですね。冬休みはハワイへ

遊びに行くし、夏休みは日本へ帰るし。

先生２：本当ですね。私たちが学生のころは大変でしたけどね。

e) お父さん：スーザンは日本の食べ物がとっても＿＿＿＿＿＿＿＿＿だね。

お母さん：ええ、納豆でもおさしみでも何でもよく食べてくれるから、助かるわ。

---

4 ⋯⋯⋯⋯ **Nのように／NのようなN** ▶文法ノート6

● 「よう」を使って次の文を完成しなさい。

[例] 将棋はチェスのようなゲームです。

a) あの人は、＿＿＿＿＿＿＿＿＿何でもよく知っています。

b) あの人は、二十五歳なのに、＿＿＿＿＿＿＿＿＿人です。

c) 八月なのに、＿＿＿＿＿＿＿＿＿すずしいです。

d) 友子さんは＿＿＿＿＿＿＿＿＿英語が上手です。

e) あの学生は＿＿＿＿＿＿＿＿＿漢字が読めます。

---

5 ⋯⋯⋯⋯ **さえ** ▶文法ノート7

● 「さえ」を使って、次の会話を完成しなさい。

a) Ａ：あの人は漢字ができなくて、困りますね。

Ｂ：本当にそうですね。＿＿＿＿＿＿＿＿＿＿＿読めないんですから。

b) Ａ：あの学生は、授業中話を聞いていないので困りますよ。

Ｂ：ええ、授業中に＿＿＿＿＿＿＿＿＿＿ありますよ。

c) お母さん：アメリカでは女性がいろいろな仕事をしているのね。

ジェイソン：ええ、＿＿＿＿＿＿＿＿＿＿いますよ。

6 ……… ～わけではない ▶文法ノート11

○「わけではありません」を使って、次の文を完成しなさい。

[例] ビールはあまり飲みませんが、<u>きらいなわけではありません</u>。

a) まだ結婚けっこんしていませんが、＿＿＿＿＿＿＿＿＿＿＿＿＿＿＿。

b) クーパーさんは日本に住んでいましたが、＿＿＿＿＿＿＿＿＿＿＿＿＿＿。

c) 漢字クイズは今日ありませんが、＿＿＿＿＿＿＿＿＿＿＿＿＿＿＿。

d) 長い間手紙を書きませんでしたが、あなたのことを＿＿＿＿＿＿＿＿

＿＿＿＿＿＿。

e) ウィスコンシンの冬は寒いですが、毎日＿＿＿＿＿＿＿＿＿＿＿＿＿＿。

7 ……… Vないで済む ▶文法ノート12

○「Vないで済む」を使って、次の会話を完成しなさい。

a) 妻つま（wife）：きのうは雨がひどかったけど、歩いて帰ってきたの？

夫おっと（husband）：ううん、山川さんが車で送ってくれたんで、＿＿＿＿＿＿＿

＿＿＿＿＿＿＿。

妻：ああ、それはよかったわね。

b) 学生：ワープロは便利ですね。

先生：そうですね。でも、ワープロを使うと漢字を＿＿＿＿＿＿＿＿＿＿から、

漢字が書けなくなるでしょうね。

学生：それは困りますね。

c) A：その辞書じしょは高かったでしょう。

B：それが、兄がくれたので、＿＿＿＿＿＿＿＿＿＿＿＿んです。

A：それはよかったですね。

d) 田中先生：学生はよく勉強しますか。

佐藤さとう先生：ええ、みんなよく勉強します。ですから、勉強しなさいと＿＿＿＿＿＿

＿＿＿＿＿＿＿。

田中先生：それは助かりますね。

8 ……… ～すぎる ▶文法ノート13

○「～すぎる」か「～すぎて」を使って、次の文を完成しなさい。

[例] 部屋が寒すぎると、寝られません。

a) ＿＿＿＿＿＿＿＿と、おなかが痛くなります。

b) アルバイトを＿＿＿＿＿＿＿と、勉強ができません。

c) ＿＿＿＿＿＿＿＿と、二日酔いになります（to have a hangover）。

d) 東京の家は、＿＿＿＿＿＿て、買えません。

e) 日本語の新聞は、二年の学生には、＿＿＿＿＿＿＿でしょう。

▶·········運用練習

1 ········· ロールプレイ

　家から家族の写真を持ってきなさい。ペアになり、一人は日本でホームステイをしている留学生、もう一人はホームステイ先のお父さん／お母さんになります。留学生は、写真を見せながら家族を説明しなさい（例：「これは父です。父は会社に勤めています」）。ホームステイ先のお父さん／お母さんは、くだけた日本語を使いなさい（例：「何という名前ですか」ではなく、「何ていう名前」と言う）。

　終わったら、留学生をした人がお父さん／お母さんになり、お父さん／お母さんをした人が留学生になって、もう一度練習しなさい。

2 ········· ペアワーク

　ペアになって、相手（partner)の人と自分の町について話し合いなさい（どこにあるか、人口はどのぐらいか、何で有名かなど）。

3 ········· 小グループワーク

　三人ずつ（three members each)のグループになりなさい。ホームステイを始める時に、ホームステイ先のお母さんにいろいろな許可をもらいたかったら、どんな質問をしたらいいかを考えて、グループで質問を三つ作りなさい。「〜てもいいですか」「〜てもかまいませんか」「〜たいんですが、いいでしょうか」を一度ずつ（once each)使いなさい。質問ができたらクラスの人たちに発表（to present)しなさい。

4 ········· グループワーク

　日本でホームステイをしたことのある人を一人ずつグループに入れて、その人にホームステイについていろいろ聞きなさい。（例：「どんな家族でしたか」「食事はどうでしたか」）

5 ……… グループワーク

日本へ行ったことのある学生を一人ずつグループに入れて、日本へ行った時のカルチャーショックについて聞きなさい。

6 ……… 書く練習

日本にいる日本人の友達（if you don't have one, use an imaginary one）に、百五十字ぐらいのみじかい手紙を書きなさい。（First, write about the season, then about your recent activities, and end with an appropriate concluding remark.）

聞き取り練習

◯ジェイソンとホームステイ先のお父さんが話しています。テープを聞いて、正しいものに○をつけなさい。

a) ジェイソンのお母さんは
- （　）12年ぐらい弁護士をしています。
- （　）2年ぐらい前から弁護士です。
- （　）2年ぐらい前にロースクールに入りました。

b) ジェイソンのお母さんは、
- （　）結婚する前に
- （　）ジェイソンが子供のころ
- （　）ジェイソンが大きくなってから

ロースクールに入りました。

c) ジェイソンは、
- （　）何になるか分かりません。
- （　）もう大学を卒業しました。
- （　）弁護士になるつもりです。

速読

「ドギー・バッグ」

（単語表はありません。知らない単語があっても、だいたい意味が分かるはずですから、読んでみてください。）

　アメリカの大学で勉強しているみさ子の所へ、日本から母が訪ねてきた。母が着いた日の晩、みさ子は母を有名なシーフードのレストランへ夕食に連れていった。二人が注文し終わると、初めにパンとサラダがたくさん出てきた。それを食べながら待っているうちに、魚のメイン・コースが出てきた。
5　母は「ずいぶんたくさんね」と言って食べ始めたが、すぐおなかがいっぱいになって、食べるのをやめてしまった。みさ子は、しばらくがんばって食べたが、半分ぐらい残ってしまった。みさ子が「袋に入れてもらって、家へ持って帰りましょ」と言うと、母はおこり出した。「そんなことは日本人はしませんよ。恥ずかしいですよ」というわけだ。みさ子が「アメリカではだれでも
10　することだから、恥ずかしくないのよ」と言っても、母は「そんなことはできませんよ」とか「いやよ」などと言うばかりだ。結局二人は、残った食べ物をそのままにして、帰ってきてしまった。

❍次の文を読んで、正しければ○、間違っていれば×を入れなさい。

（　　）**a)** みさ子の母は、みさ子といっしょにアメリカへ来た。

（　　）**b)** みさ子の母は、パンもサラダも食べなかった。

（　　）**c)** みさ子の母は、みさ子がやめるより早く、食べるのをやめた。

（　　）**d)** みさ子の母は、メイン・コースをあまり食べなかった。

（　　）**e)** 日本では、あまりドギー・バッグを使わないらしい。

（　　）**f)** みさ子はドギー・バッグをもらった。

俳句
2

我と来て　遊べや親の　ない雀
（一茶, 1763-1827）

▼

大学で

C U L T U R E　　N O T E S

Advisors

——

At American colleges and universities, each student is assigned to an academic advisor. This might not necessarily be the case in Japan. Some institutions that have an International Division (known as 国際学部 or 留学生別科) may have an advisor system as you see in 会話 1 in this lesson, but that is rather rare. Even at such universities, a *ryuugakusei* is expected to choose his/her own courses and then go to see the advisor just for formal approval. If a student has serious problems regarding course work as in 会話 2 in this lesson, he/she should discuss them with the teacher concerned. For other types of problems, one can go to the 留学生係 as you will see in later lessons, *e.g.*, 会話 3, Lesson 8.

Extra-Curricular Activities

——

Japanese colleges/universities have all kinds of clubs for extra-curricular activities. Some are sports clubs, *e.g.*, 野球部, テニス部, etc., whose members play against teams from other colleges/universities. These varsity players engage in their sports throughout the year. Baseball players, for example, practice all year round. Their practice sessions are often Spartan, and those who miss them for no apparent reason are likely to be severely criticized. The language used within these sports clubs is often very restrictive in that *koohai* (younger members) must use *keigo* toward *senpai* (older members). Students who hate this regimentation yet love a particular sport often belong to a less restrictive group usually referred to as 同好会, *i.e.*, a group of people sharing the same interest. There are also all kinds of non-sports clubs ranging from ESS (English Speaking Society) to 歌舞伎同好会 (kabuki club). There are many students who seem to spend more hours on extra-curricular activities than on course work. This situation, which most Americans find hard to understand, is possible, of course, because Japanese professors are generally far from demanding.

会話

〇スーザン、留学先の大学へ初めて行って、留学生別科の事務員と話す。

スーザン： おはようございます。

事務員： おはようございます。

スーザン： ちょっと伺いたいんですが。

5 事務員： 何でしょう。

スーザン： 私、新しい留学生なんですけど。

事務員： はい。

スーザン： あしたのオリエンテーションはどこでしょうか。

10 事務員： オリエンテーションは朝の九時からで、部屋はこの建物の208号室ですよ。玄関のドアのそばに貼り紙がしてあったでしょう。

スーザン： すみません。気がつきませんでした。九時から208号室ですね。

事務員： そうです。

15 スーザン： それから、もう一つ質問してもいいですか。

事務員： いいですよ。

スーザン： アドバイザーの先生にお会いしたいんですけど、何という先生でしょうか。

事務員： 指導教授ですか。あしたのオリエンテーションの時に発表されますから、

20 それまで待ってください。

スーザン： はい。それから、あしたは日本語のプレイスメント・テストもありますね。

事務員： ええ、プレイスメント・テストはオリエンテーションのすぐあとで、場所は同じ208号室です。

25 スーザン： 分かりました。どうもありがとうございました。

事務員： いいえ。

会話 ②

○スーザン、日本語の佐藤先生の研究室へ行く。

スーザン： 先生、ちょっとご相談したいことがあるんですが、今よろしいでしょう
か。

佐　藤： ええ、どうぞ。何でしょうか。

5 スーザン： この日本語のクラスは、ちょっと私にはレベルが高すぎるように思うんで
す。もう一つ下のクラスに移った方がいいかと思うんですが。

佐　藤： ラーセンさんは、漢字はもう一歩といったところですが、プレイスメント・
テストの成績も悪くなかったし、文法もちゃんとしているから、がんばれ
ばだいじょうぶだと思いますよ。<u>せっかく</u>日本へ来たんだから、少し難し
10 いクラスにチャレンジしてみる<u>方</u>がいいと思いますけどね。
　　　　　　　　　　　　　　　　　　　2

スーザン： それはそうですが、予習や宿題にものすごく時間がかかって。ほかに日本
文学と現代史と社会学のコースを取っていて、どのコースもけっこう宿題
が多いので、日本語ばっかり勉強している<u>わけにもいかないん</u>です。この
　　　　　　　　　　　　　　　　　　　　　　3
調子だと、学期末になってどうなるか心配です。

15 佐　藤： <u>そうかと言って</u>、もう一つ下のレベルのコースだと、やさしすぎてつまら
　　　　4
ないと思いますよ。もう少しがんばって様子を見たらどうですか。

スーザン： そうですね。じゃ、あと一週間ぐらい様子を見た<u>上</u>で、またご相談にあが
　　　　　　　　　　　　　　　　　　　　　　　5
ります。今日は、お忙しいところ、どうもありがとうございました。

佐　藤： いいえ。

会 話
3

○ジェイソン、新しい部員を勧誘中の日本人学生達とキャンパスで話している。

学生A（男）：探検部に入りませんか。

ジェイソン：探検部ってどういう部ですか。

学生A：　　探検って、英語でexpedition て言ったかな。

5　学生B（女）：でもこの場合はexpeditionじゃなくて、explorationだと思うけど。

学生A：　　そうか。よく知ってるなあ。（ジェイソンに）Exploration Clubですよ。

ジェイソン：でも、どんな所へ行くんですか。

学生B：　　無人島とか。

ジェイソン：「むじんとう」って？

10　学生A：　　人の住んでいない島のこと。日本には島がたくさんあるから、だれもいな
　　　　　　い島も多いわけ。それから、洞窟探検に行ったり。

ジェイソン：「どうくつ」っていうのは？

学生A：　　おい、英語の先生、洞窟は英語で何ていうんだい。

学生B：　　えーと、caveよ。

15　ジェイソン：へえ。面白そうだなあ。

学生B：　　留学生も、今日三人入ったのよ。
　　　　　　ビルとジョンとペギーだったかな。

ジェイソン：ふーん、じゃあ僕も入ろうかな。

学生A：　　そうしたら？　名前は？

20　ジェイソン：ジェイソンです。

学生A：　　じゃ、ジェイソン、あしたの午後五
　　　　　　時から、学生会館で新入生歓迎コン
　　　　　　パがあるから、その時に決めたらど
　　　　　　う。

25　ジェイソン：そうします。じゃ、その時にまた。

学生A・B：じゃ、あした。

読み物

▼ 日本の大学とアメリカの大学

日本の高校生は、大学に入るために一生けんめい勉強しなければならない。有名な大学に入れば、将来一流の会社などに就職しやすいからである。日本の高校では、三年生が一番上だが、三年生になると、部活動をやめて勉強ばかりする生徒が増える。毎日自分の学校へ行くのはもちろんだが、授業が終わっても、すぐには家へ帰らず、塾や予備校などで勉強しながら、次の年の入学試験を待つのである。入学試験にパスし、希望の大学に入れた場合はいいが、試験に落ちた生徒は、もっとやさしい大学に入るか、卒業後一年間浪人する。つまり、一年間予備校などで勉強しながら、次の年の入学試験を待つのである。

アメリカの高校生は、これと比べると楽である。宿題も比較的少ないし、入学試験のための勉強もあまりしなくてよい。そして、アルバイトとかスポーツとかデートにじゅうぶん時間をかけることができる。

しかし、大学に入ってからは、アメリカの方がずっときびしい。アメリカでは、宿題も試験もレポートもたくさんあるし、先生が授業を休むことなどほとんどない。日本の

大学では、まず先生がよく休む。宿題、試験、レポートなども少ない。コースのために本をたくさん買わされたり、読まされたりすることも少ない。クラスへ行って、先生の講義をよく聞いて、ノートをよく取り、それをよく覚えれば、試験でいい点がもらえるのだから、アメリカの大学とはずいぶん違う。

一九九〇年のある調査によると、日本の大学生は授業以外に、自宅や図書館で一日平均一・八時間しか勉強しないのに、アメリカの大学生は七・六時間（つまり日本の四倍）も勉強するのだそうだ。また、日本の大学生の多く（四八パーセント）が「大学生活で一番大切なのは友人との付き合い」と考えているのに、アメリカの大学生の多く（五〇パーセント）が「講義、ゼミ、実験などが一番重要」と考えていることも分かった。日本の大学は、入るのが難しい代わり、いったん入ってしまえば卒業は楽であり、アメリカの大学は、入るより出る方が難しいと言える。この違いが、右の調査結果を生み出したわけで、日本の大学生にとっては、ちょっと耳の痛い話である。

単語

会話 1

与える	to give
1 留学先	school where a foreign student studies（＝留学している学校や大学）
事務員	office clerk
4 伺う	(humble form of 聞く [to ask])
11 建物	building

11 玄関	entrance [to a house or a building]
貼り紙	paper posted [on a board, a wall, etc.]
13 ～に気がつく	to notice [something] （○文法ノート1）
19 指導教授	academic advisor
発表する	to announce
23 場所	place

会話 2

1 佐藤	(family name)
2 相談する	to consult [someone] about [something]
5 レベル	level
6 [～に]移る	to move [to ～] (v.i.)
7 もう一歩	to need just a little more improvement (lit., just one more step)
8 ちゃんとしている	to be proper; to be solid; to be in good shape
9 せっかく	with much trouble （○文法ノート2）

11 予習	preparation [for class]
ものすごく	tremendously（＝とても）
12 現代史	contemporary history
社会学	sociology
けっこう	fairly; pretty; quite
14 調子	condition; state
心配だ	to be worried
15 そうかと言って	but; and yet （○文法ノート4）
16 様子を見る	to see how it goes
17 V(past) 上で	after V-ing （○文法ノート5）

会話 3

1 部員	member of a club

1 勧誘	inviting someone to join [a club]

1	～中_{ちゅう}	in the middle of doing something
2	～部_ぶ	club
4	～かな	I wonder (generally used by male speakers)
10	島_{しま}	island
13	おい	Hey! (a way of getting someone's attention, used most often among male equals)
14	えーと	Well (used when looking for a right expression)
22	学生会館_{がくせいかいかん}	student union building
	新入生_{しんにゅうせい}	new student
	歓迎_{かんげい}	welcome
	コンパ	[students'] party

読み物

1	ために	in order to (○文法ノート6)
	一生_{いっしょう}けんめい	very hard
2	将来_{しょうらい}	in the future
	一流_{いちりゅう}の	first-rate
3	就職_{しゅうしょく}する	to get a job (*e.g.*, at a firm)
4	部活動_{ぶかつどう}	club activities (in the sense of 'extracurricular activities')
5	生徒_{せいと}	student; pupil
	～が増_ふえる	to increase (*v.i.*)
	もちろん	of course
6	帰_{かえ}らず	(written form of 帰らないで) (○文法ノート8)
	塾_{じゅく}	after-school school
	予備校_{よびこう}	school designed to prepare students for college entrance exams
7	入学試験_{にゅうがくしけん}	entrance examination
	パスする	to pass [an exam]
8	[試験に]落_おちる	to fail [an exam] (*v.i.*)
9	X か Y	X or Y
9	浪人_{ろうにん}	unemployed samurai; a high school graduate who is spending a year studying for a college entrance examination
10	次_{つぎ}の年_{とし}	the following year
12	[～と]比_{くら}べる	to compare [with ～]
	楽_{らく}[な]	easy; comfortable; leading an easy life
13	比較的_{ひかくてき}	comparatively; relatively
14	デート	date (in the sense of 'social engagement' only)
	じゅうぶん	enough; sufficiently
16	ずっと	by far
	きびしい	hard; rigorous; strict
22	講義_{こうぎ}	lecture
23	点_{てん}	mark; score; grade; point
25	ある	certain; some
	調査_{ちょうさ}	survey; investigation
	～によると	according to ～ (○文法ノート10)
26	自宅_{じたく}	one's own home (＝自分の家)

26 図書館 library

平均 average

28 また and; furthermore

29 大切[な] important

付き合い socialization; friendship; association

31 ゼミ seminar (loanword from German)

実験 lab work; experiment

重要[な] important

33 ～代わり instead of; on the other hand; while～（●文法ノート11）

いったん once [you do something] （●文法ノート12）

35 右の the above; the preceding

結果 result

生み出す to give rise to

36 ～にとって for ～ （●文法ノート13）

耳 ear

痛い painful; sore

耳の痛い話 something one is ashamed to hear; news that makes one ashamed of oneself (*lit.*, a story that hurts one's ears)

大学生のコンパ

漢字リスト

書くのを覚える漢字
読み方を覚えましょう。また、書けるようになるまで練習しましょう。

1. 別科	2. 伺う	3. 新しい	4. 〜号室	5. 質問
6. 教授	7. 研究室	8. 移る	9. 一歩	10. 予習
11. 宿題	12. 現代史	13. 部員	14. 島	15. 一生
16. 生徒	17. 卒業	18. 次の年	19. 比べる	20. 楽[な]
21. いい点	22. 自宅	23. 大切	24. 付き合い	25. 重要
26. 耳				

読めればいい漢字
読み方を覚えましょう。

1. 事務員	2. 建物	3. 玄関	4. 貼り紙	5. 指導
6. 発表	7. 場所	8. 佐藤	9. 相談	10. 調子
11. 心配	12. 様子	13. 勧誘	14. 無人島	15. 会館
16. 歓迎	17. 将来	18. 一流	19. 就職	20. 増える
21. 塾	22. 予備校	23. 落ちる	24. 浪人	25. 比較的
26. 講義	27. 調査	28. 図書館	29. 平均	30. 実験
31. 結果				

漢字の部首 5 てへん	扌

This radical comes from 手 and is used for characters representing hand-related activities.
「持」「払」「授」など

文法ノート

1○〜に気がつく＝'to notice 〜'　　　　　[会話1／ℓ.13：気がつきませんでした]

> This expression can be used either with a noun or a phrase (sentence＋の or こと).

a) 間違いに気がつきませんでした。

(I wasn't aware of my mistake.)

b) 宿題を忘れたことに気がついたのは、クラスが始_{はじ}まってからだった。

(It was after the class started that I noticed that I had forgotten my homework.)

2○せっかく　　　　　[会話2／ℓ.9：せっかく日本へ来たんだから]

> せっかく indicates that something has been done with a great deal of trouble, that someone has spent a great deal of time to reach a certain state.

a) 人がせっかく作ってくれた料理を食べないのは失礼だ。

(It's impolite not to eat food which someone has taken the trouble of preparing for you.)

b) せっかく習った漢字は忘れないようにしましょう。

(Please try not to forget kanji, which you have spent considerable time and energy to learn.)

3○〜わけにはいかない　　　　　[会話2／ℓ.13：勉強しているわけにもいかないんです]

> [V(plain, non-past, affirmative) わけにはいかない] means that one cannot do certain things for social/moral/situational reasons.

a) 普通のアメリカのパーティーで日本語を話すわけにはいきません。

(We can't very well speak Japanese at a normal American party.)

> In **a)**, the speaker has the ability to speak Japanese but cannot do it even if he/she wants to because it is inappropriate to speak Japanese in this particular situation.

b) ほかのコースの勉強もあるので、日本語ばかり勉強しているわけにはいきません。

(Since I have to study for other courses also, I can't spend all my time studying Japanese.)

c) これは先生の本だから、あなたに貸すわけにはいきません。

(Since this is my teacher's book, I can't very well lend it to you.)

When the negatvie form is used with わけにはいかない, the meaning is affirmative —*i.e.*, it has the sense of 'can't help but do 〜.' One does not have any other choice.

d) あした試験があるから、今晩勉強しないわけにはいきません。

(Since I have an exam tomorrow, I cannot help but study tonight.)

e) 忙しくても寝ないわけにはいきません。

(Even though I am busy, I don't have any other choice but to sleep.)

4○そうかと言って　　　　　　　　　　　　　　　　　　[会話2/ℓ.15]

This phrase is used to qualify the preceding statement. It is often followed by 〜わけにはいかない, 〜わけではない, etc.

a) アメリカの大学生はよく勉強するが、そうかと言って勉強ばかりしているわけではない。

(American students study a lot, but that does not mean that they spend all their time studying.)

b) A：寮の食事はまずいねえ。

(Dormitory food is bad!)

B：うん、でも、そうかと言って食べないわけにもいかないし。

(Yes, but we still have to eat, so ....)

5○V(past)上で='upon V-ing; after V-ing'　　　　[会話2/ℓ.17：様子を見た上で]

a) そのお話は、両親と相談した上でお返事(reply)します。

(On that matter, I will reply after I have consulted with my parents.)

b) 大切なことは、よく考えた上で決めた方がいいでしょう。

(You should decide important matters after considering them carefully.)

6○Vために='in order to'　　　　　　　　　　　[読み物/ℓ.1：大学に入るために]

[V(plain, non-past) ために] indicates a purpose for one's action.

a) このごろは遊ぶためにアルバイトをする学生も多いそうだ。

(I hear that these days there are many students who work part-time so that they have money for fun.)

b) キャロルは、試験の日を変えてもらうために先生の研究室へ行った。

(Carol went to her teacher's office in order to ask him to change an exam date.)

c) やせるために毎日運動をしています。

(I am exercising every day in order to lose weight.)

When ため is followed by の, the phrase modifies a following noun.

d) 日本の高校生は、大学に入るための勉強をしなければならない。

(Japanese high school students have to do [a lot of] studying which is [necessary] for entering college.)

e) LLはテープを聞くための部屋です。

(A language lab is a room for listening to tapes.)

7 ○ 〜ても
［読み物/ℓ.6：授業が終わっても］

[V/Adj (て-form)＋も] means 'even when one does〜' or 'even if one does 〜.' With the sense of 'even when/if,' the main sentence is usually in the non-past. Nouns and な-adjectives can take the form of 〜であっても (*e.g.,* しずかであっても, 学生であっても), but they are usually contracted to 〜でも (*e.g.,* しずかでも, 学生でも).

a) 日本へ行く前に日本文化について勉強しておけば、日本へ行ってもカルチャー・ショックは受けないでしょう。

(If you study Japanese culture before you go to Japan, you won't have culture shock even when you go there.)

b) アメリカン・フットボールは、雪が降ってもやるそうです。

(I hear that they play football even when it snows.)

c) 日本料理は、たくさん食べても太らないそうです。

(I hear that with Japanese food, even if one eats a lot, one does not gain weight.)

d) 東京ドームがあるから、雨の日でも野球ができます。

(Because they have Tokyo Dome, they can play baseball even on rainy days.)

8 ○ 〜ず
［読み物/ℓ.6：すぐには家へ帰らず］

ず is a negative form in classical Japanese. The modern equivalent is ない. The form ず often appears in contemporary Japanese (especially in written style). ず is used between clauses with the sense of なくて／ないで as in **a)** below, or in the form of ずに with the sense of 'without doing such and such' as in **b)**. Verbs conjugate with ず in the same manner as with ない (*e.g.,* 読む→読まない→読まず, 貸す→貸さない→貸さず, くる→こない→こず) with the exception of せず for する.

a) アメリカで二年間日本語の勉強をしていったので、ひどいカルチャー・ショックも受けず、すぐ日本の生活になれました。

(Since I had studied Japanese for two years in America, I did not have much culture shock and got used to life in Japan quickly.)

b) 寝ずに勉強すると病気になるでしょう。

(If you study without sleeping, you will get sick.)

9◯Causative-passive：買わされる＝'be made to buy' ［読み物/ℓ.20：たくさん買わされたり］

This is a shortened variation of a causative-passive form 買わせられる. -せられる is often contracted to -される, unless the resulting form duplicates さ. (*e.g.,* 話させられる is not contracted to *話さされる.)

a) たいてい一学期に一つは論文（ろんぶん）を書かされる。

(In general, we are made to write at least one paper a semester.)

b) 長い間待たされるのはだれでもいやだ。

(Nobody likes to be kept waiting for a long time.)

10◯〜によると＝'according to 〜' ［読み物/ℓ.25：ある調査によると］

This expression is used to indicate a source of information and is generally followed by an expression such as [V(plain) そうだ] indicating hearsay.

a) 天気予報（よほう）(weather forecast)によると、今日は午後雨が降るそうだ。

(According to the weather forecast, it will rain this afternoon.)

b) 今日の新聞によると、きのうカリフォルニアで地震（じしん）(earthquake)があったそうだ。

(According to today's newspaper, there was an earthquake in California yesterday.)

11◯代わり ［読み物/ℓℓ.32-33：入るのが難しい代わり］

[S₁(plain) 代わり S₂] is used to state that a certain thing (or person, situation, etc.) has both good and bad aspects. It has the sense that one compensates for the other.

a) ウィスコンシンは、冬寒い代わり、夏は涼（すず）しい。

(Wisconsin is cold in winter but cool in summer [*lit.*, cold in winter but, to compensate for that, it's cool in summer].)

b) ニューヨークは、面白い代わりお金がかかる。

(New York is interesting but expensive.)

12◯いったん〜ば＝'Once you do something, ...' ［読み物/ℓ.33：いったん入ってしまえば］

a) 日本の会社は、いったん入ればやめさせられることはないと言われている。

(It is said that once you are employed by a Japanese company, you won't be fired.)

b) いったん日本へ行けば、会話は上手になりますよ。

(Once you go to Japan, your speaking will improve.)

> When the sentence expresses a negative consequence, いったん〜と is preferred, as in **c)**.

c) いったん日本語の勉強をやめると、すぐ忘れてしまうでしょう。

(Once you stop studying Japanese, you will forget it quickly.)

13○ 〜にとって = 'for 〜; to 〜'　　　　　　　[読み物/ℓℓ.35-36：日本の大学生にとっては]

a) 日本人にとっては普通のことでも、外国人にとっては変に見えることも多いだろう。

(There are probably lots of things which seem normal to a Japanese but strange to a foreigner.)

b) 日本の大学生にとって、友人との付き合いが一番重要(じゅうよう)なことだ。

(For Japanese college students, friendship is the most important thing.)

○……………**文法**練習

1 ……… せっかく　　　　　　　　　　　　　　　　　　　　　▶文法ノート2

○次の文を完成しなさい。

a) せっかく日本語を習ったんだから、＿＿＿＿＿＿＿＿＿＿＿＿＿＿＿＿＿＿＿＿。

b) せっかく日本へ行っても、＿＿＿＿＿＿＿＿＿＿＿＿＿＿と、日本語は上手に

なりません。

c) せっかくアメリカへ来たんだから、＿＿＿＿＿＿＿＿＿＿＿＿＿ください。

2 ……… ～わけにはいかない　　　　　　　　　　　　　　　　▶文法ノート3

○「Ｖ（affirmative）わけにはいかない」か「Ｖ（negative）わけにはいかない」を使って次の文を
完成しなさい。

a) Ａ：漢字は勉強するのに時間がかかりますねえ。

　　Ｂ：ええ、でも＿＿＿＿＿＿＿＿＿＿＿＿＿しねえ。

b) 学生：漢和辞典（Chinese-Japanese character dictionary）を貸していただけない

　　　　でしょうか。

　　先生：今使っているから、＿＿＿＿＿＿＿＿＿＿んですけど。

c) Ａ：あしたまで待っていただけないでしょうか。

　　Ｂ：ええ、でも、急いでいるので、＿＿＿＿＿＿＿＿＿＿＿＿＿

　　　　んですけどね。

d) 学生Ａ（女）：このごろサークル活動で忙しいようね。

　　学生Ｂ（女）：ええ、でも、サークル活動が忙しいと言って宿題を＿＿＿＿＿＿

　　　　　　　　＿＿＿＿しね。

e) 学生Ａ（女）：今日のパーティー、行く？

　　学生Ｂ（女）：あまり行きたくないけど、先生もいらっしゃるそうだから、＿＿＿＿＿

　　　　　　　　＿＿＿＿＿＿でしょ。

3 ⸺ Vために ▶文法ノート6

◐「V ために」を使って次の文を完成しなさい。

[例] テープを聞くためにテープレコーダーを買いました。

a) 留学生は、＿＿＿＿＿＿＿＿＿＿＿＿日本へ行きます。

b) 学生は、たいてい＿＿＿＿＿＿＿＿＿＿＿アルバイトをします。

c) ＿＿＿＿＿＿＿＿＿＿大学に入るのが普通だと思うが、＿＿＿＿＿＿＿＿＿大学に

入る学生もいるようだ。

d) 辞書は、＿＿＿＿＿＿＿＿＿＿＿使うものです。

4 ⸺ Vための ▶文法ノート6

◐「V ための」を使って、文を完成しなさい。

[例] ＬＬは、テープを聞くための部屋です。

a) 図書館は、＿＿＿＿＿＿＿＿＿＿＿＿建物です。

b) 電話は、＿＿＿＿＿＿＿＿＿＿＿＿ものです。

c) 私は、＿＿＿＿＿＿＿＿＿＿勉強をしています。(about yourself)

d) 漢和辞典は、＿＿＿＿＿＿＿＿＿ものです。

5 ⸺ ～ても ▶文法ノート7

◐次の質問に答えなさい。

[例] そんなにたくさん食べたら、太るでしょう。

　　　→いいえ、私はたくさん食べても、太らないんです。

a) 東京は、十月になったら寒いですか。

＿＿＿＿＿＿＿＿＿＿＿＿＿＿＿＿＿＿＿＿＿＿＿＿＿＿＿＿＿＿＿＿＿＿

b) つかれていたら、クラスに出なくてもいいですか。(クラスに出る＝to attend classes)

＿＿＿＿＿＿＿＿＿＿＿＿＿＿＿＿＿＿＿＿＿＿＿＿＿＿＿＿＿＿＿＿＿＿

c) アメリカでは、年上の人だったら、ファースト・ネームで呼びませんか。

_____

d) 予備校(よびこう)へ行かなかったら、入学試験にパスしませんか。

_____

e) 大学で日本語を一年勉強したら、新聞が読めるようになりますか。

_____

6 **Causative-passive** ▶文法ノート9

● Causative-passive の short-form を使って、次の会話を完成しなさい。

a) お母さん：どうかしたの？

　むすこ　：きのうの晩友達にビールをたくさん_____て。

　お母さん：じゃあ、二日酔(ふつかよ)い (hangover) ね。

b) 山田(女)：加藤さんの奥(おく)さんってとってもやさしい(kind; sweet)方なんですってね。

　加藤(男)：とんでもない(Don't be silly!)。_____たり、_____

　　　　　_____たり、大変だよ。

c) 川口：ホワイト先生のクラス、どうだった？

　山口：面白かったけど、レポートをたくさん_____たり、_____

　　　_____たり、死(し)にそうだった。

　川口：でも、それだけたくさん勉強したというわけよね。

d) 山田：きのうのデート、どうだった？

　前田：ひどい目にあっちゃった (I had a terrible experience)。駅(えき)では彼女(かのじょ)(girl-friend) に三十分も_____し、カラオケ・バーでは、歌(うた)を_____し。

7 **代わり** ▶文法ノート11

●次の会話を完成しなさい。

a) 先生：日本へ行ってずいぶん日本語が上手になったでしょう。

学生：ええ、でも、日本語が上手になった代わりに、英語が_____。

b) 先生1：このごろどうですか。

先生2：まあ、お金はない代わりに_____。

c) 日本人：日本語のクラスはどうですか。

アメリカ人：面白い代わりに_____て、大変です。

d) ブラウン：田中さんはブラックさんに日本語を教えているんですか。

田中：ええ、私が日本語を教えてあげる代わりにブラックさんが_____

_____んです。

◦··········· **運用**練習

1 ··········· ロールプレイ

ペアになり、一人は留学生、もう一人は日本の大学の事務員^{じむいん}になりなさい。留学生になった人は、次のことを日本語で言いなさい。

a) Have just arrived in Japan today.

b) Would like to see the academic advisor tomorrow, if possible.

事務員になった人は、次のことを日本語で言いなさい。

c) The faculty members are not there this week.

d) You cannot see your advisor until you have taken the Japanese language placement test next Monday.

それが終わったら、留学生をやった人は事務員になり、事務員をやった人は留学生になって、もう一度練習しなさい。

2 ··········· ロールプレイ

ペアになり、一人は留学生、もう一人は日本語の先生になりなさい。留学生は次のことを日本語で言いなさい。

a) Studied Japanese at an American college for two years.

b) This is a second-year Japanese language class and is too easy.

c) Would like to switch to a class one level higher.

二人は、いろいろ話し合って、移る^{うつ}べきかどうか決めます。

決まったら、留学生をやった人は先生になり、先生をやった人は留学生になって、もう一度練習しなさい。

3 ……… ロールプレイ

ペアになりなさい。一人は新しい留学生で、大学で何かのサークルに入りたいと思っています（スポーツや音楽などのいろいろなサークルのうちから、面白そうなのを選びなさい）。もう一人は、そのサークルの先輩（older member）になります。留学生は、先輩にそのサークルについて聞き、入るか入らないかを決めます。決まったら、留学生をやった人が先輩になり、先輩をやった人が留学生になって、もう一度練習しなさい。

4 ……… ブレーンストーミング

日本へ行って、アメリカの大学について説明しなければならなかったら、どんなことを言ったらいいでしょうか。小さいグループを作ってアイディアを出し合い、リストを作りなさい。リストができたら、クラスの人たちに発表しなさい。

5 ……… 作 文

自分の大学について説明する作文を書きなさい。長さは百五十字ぐらい。

聞き取り練習

▶留学先の大学で、ジェイソンが留学生係（one in charge of foreign students）の人と話しています。テープを聞いて、正しい言葉を入れなさい。

a) ジェイソンは、ホストファミリーと＿＿＿＿＿＿＿＿行っています。

b) 山下さんの家族は、みんな＿＿＿＿＿＿＿＿親切です。

c) 山下さんの家の食事は、＿＿＿＿＿＿＿＿日本料理です。

d) 山下さんの家では、＿＿＿＿＿＿＿＿納豆が出ます。

e) ジェイソンは、納豆が食べられるけれども＿＿＿＿＿＿＿＿好きでもありません。

速読

『「あなた」の使い方』

（単語表はありません。知らない単語があっても、だいたい意味が分かるはずですから、読んでみてください。）

　ジェイソンが日本に着いた次の日、ホストファミリーのお母さんが、隣の佐藤さんの家へあいさつに連れていってくれた。隣のご主人は四十歳ぐらいの会社員で、アメリカに何年も住んでいたことがあり、英語が上手だ。佐藤さんが英語で、ジェイソンが日本語で話すというおかしな会話になった。ジェ
5 イソンが佐藤さんの英語に感心して「あなたの英語は上手ですねえ」と言うと、佐藤さんはちょっといやな顔をした。後でホームステイの家へ帰ってから、ジェイソンはお母さんに、「目上の人に『あなた』なんて言っちゃだめ」とおこられた。その後ジェイソンは、日本人の会話をよく聞くようにしたが、本当に「あなた」は目上に対して使われないだけでなく、友達と話す時でも
10 あまり使われないということが、だんだん分かってきた。しかし、ジェイソンが「あなた」を使わないで長い会話ができるようになるのには、一年近くかかってしまった。

◦次の文を読んで、正しければ○、間違っていれば✕を入れなさい。

（　　）**a)** ジェイソンは、アメリカで佐藤さんに会ったことがあるらしい。

（　　）**b)** この佐藤さんは、男性である。

（　　）**c)** ジェイソンが「あなたの英語は上手ですねえ」と言うと、佐藤さんは喜んだ（was glad）。

（　　）**d)** 日本人が「あなた」という言葉を使うことは少ない。

（　　）**e)** ジェイソンは、「あなた」をあまり使わないことにしているようだ。

ことわざ
3

類は友を呼ぶ

(*lit.,* Similarities attract friends.)

第 **6** 課

▼

レストランで

注文する

引用する

C U L T U R E   N O T E S

Restaurants

People in Japan love to eat out. Basically, there are three types of food : Japanese, Chinese, and Western. In big cities like Tokyo, however, there are all kinds of ethnic restaurants, such as Thai, Korean, and Indian. In Japan, there are probably more specialized restaurants than in the United States. For example, sushi restaurants serve only sushi, tempura restaurants only tempura, eel restaurants only eel, etc. Although there are lots of restaurants that serve all these items, such restaurants are usually not considered first-rate. This is perhaps due to the faith in specialized professionalism that is shared by most Japanese, *i.e.*, they believe that no one can surpass the quality of food prepared by specialists, *e.g.*, sushi made by chefs who have prepared nothing but sushi all their lives.

At inexpensive restaurants such as noodle shops, whenever it gets crowded, you will be asked to share the table with strangers. The waitress will say something like, 相席 お願いします (Please have another party sit with you), and there is nothing you can do but nod in agreement.

Don't expect Japanese restaurants to have a special section reserved for non-smokers. Unfortunately, smokers are everywhere in Japan! Things might change gradually, however. After all, even *shinkansen* trains didn't have non-smoking cars until the 1980's.

Besides eating out, Japanese often have food delivered, too. In America, very few places other than pizzerias and Chinese restaurants deliver food to homes, but in Japan, in addition to those, sushi restaurants and noodle restaurants regularly offer delivery service, and you don't even have to tip the delivery person!

会　話

▲1

● 日本の会社に勤めているディック・ロバーツ、同僚の高橋ゆみとそば屋へ行く。

高　橋：　ここは、百年以上前からやっているお店なんですって。
                                                    1

ロバーツ：　おいしいでしょうか。

高　橋：　ちょっと高いけど、おいしいことはおいしいらしいですよ。
                                          2

5 ロバーツ：　（メニューを見ながら）ずいぶんいろいろなものがあるんですね。

高　橋：　ええ、おそばだけじゃなくて、うどんもあるし、丼ものもありますね。

ロバーツ：　「丼もの」って何ですか。

高　橋：　ご飯の上に何かのっているのが丼ですよ。天ぷらがのっていれば「天どん」

　　　　　ていうし、とんカツがのっていれば「カツどん」ていうんです。おそばや

10 　　　　　うどんより、丼ものの方がおなかがいっぱいになりますよ。

ロバーツ：　そうですか。じゃ、今日はおなかがすいているから、丼ものにしようかな。

高　橋：　私もおなかがすいてるから、親子丼にしようと思ってるんです。

ロバーツ：　「親子丼」って？

高　橋：　実物が来たらすぐ分かりますよ。ここのは、おいしいっていう話ですよ。

15 ロバーツ：　そうですか。でも僕は天どんにしておきます。

　　　　　　　＊　　　＊　　　＊

天どん　　　　　親子丼

店　員：　何になさいますか。

高　橋：　私は親子お願いします。

ロバーツ：　私は天どん。

店　員：　はい、親子と天どんですね。

　　　　　　　＊　　　＊　　　＊

20 店　員：　親子と天どん、お待たせしました。

高橋／ロバーツ：　ありがとう。

高　橋：　これが親子ですよ。親というのはチキンで、子というのは卵なんです。

ロバーツ：　なるほど。鳥が卵を生むから、鳥が親で、卵が子供っていうわけですか。

　　　　　面白いですね。じゃあ、今度食べてみます。

会話

◦大学の先生二人がすし屋へ昼食に行く。今井は五十代の女性、佐藤は六十代の男性。

店　員：　いらっしゃいませ。お二人様ですか。こちらへどうぞ。

佐　藤：　(腰をかけながら) けっこう込んでますね。

今　井：　ええ、ここはおいしいと言われてるので、いつ来ても込んでるんですよ。

5　佐　藤：　そうですか。知りませんでした。

今　井：　込んでると、カウンターで食べられなくてつまらないですね。

佐　藤：　そうですね。私もおすしを握ってるのを見ながら食べるのが好きでね。

今　井：　先生が？

◦店員、お茶を持ってくる。

すし屋のカウンター

10　店　員：　お決まりですか。

佐　藤：　私は並を一つ。

今　井：　私はちらしを一つお願いします。

店　員：　並一つ、ちらし一つですね。
　　　　　お飲み物は？

15　今　井：　私はお茶だけでいいですけど、
　　　　　先生はビールか何か召し上が
　　　　　りますか。

佐　藤：　ビールと言いたいところだけど、今日はこれから授業だから止めときます。

◦二十分後、食べ終わって……

20　佐　藤：　おいしかったですね。

今　井：　そうですね。じゃ、そろそろ参りましょうか。私も一時から授業があるので。
　　　　　(今井、請求書を手に取ろうとする。)

佐　藤：　私に払わせてください。

今　井：　いいえ、いつも先生におごっていただくというわけにはいきませんから、

25　　　　　今日は私が。

佐　藤：　そうですか。じゃ、ごちそうになります。

会話

3

● ジェイソン、友人の大山健一と大学の辺りを歩いている。

ジェイソン： おなかがすいたなあ。

健　一： そうだね。僕も腹へってきたよ。

ジェイソン： マクドナルドに入ろうか。

5　健　一： いいよ。

● 店に入る。

店　員： いらっしゃいませ。何になさいますか。

ジェイソン： えーと、ビッグマックとフレンチフライとアップルパイ一つずつ。

店　員： フレンチフライって何でしょうか。

10　健　一： （ジェイソンに）フライポテトって言わなきゃ。

ジェイソン： そうか。じゃ、ビッグマックとフライポテトとアップルパイ一つずつ。

店　員： ビッグマックとフライポテトとアップルパイですね。お飲み物は？

ジェイソン： コカコーラの大きいのを一つください。

店　員： はい、全部で1,000円、それに消費税がついて1,030円になります。

15　健　一： 僕はてりやきマックバーガーとアイスコーヒー。

店　員： はい、505円いただきます。

● 二人はお金を払って席に着く。

ジェイソン： 日本のマクドナルドはアメリカのとちょっと違うって聞いてたけど、ほん
とに違うね。

20　健　一： どこが。

ジェイソン： アメリカのマクドナルドで売ってるものが、日本の店にもあるとは限らな
いし、それに日本のマクドナルドにしかないものもあるね。

健　一： 例えば、おにぎりなんか？

ジェイソン： うん。

25　健　一： そうだね。ほかに、カツカレーとか中華料理なんかを売ることもあるからね。

ジェイソン： 外国の物でも、日本に入ると日本化しちゃうんだね。

健　一： でも、そういうことは、日本だけのことじゃないと思うなあ。

読み物

▼ チップの習慣

日本人がアメリカを旅行して面倒だと感じることの一つは、チップの習慣である。例えば、空港からタクシーでホテルに着くと、タクシーを降りる前に、運転手にチップを渡さなければならない。ボーイに部屋まで荷物を運んでもらえばチップ、部屋を片付けてくれるメイドにもチップ、食堂で食事をすればウェイターやウェイトレスにチップ、出かける時にドアマンがタクシーを呼び止めてくれれば、それに対してチップ、というように、何度もチップを取られる。

日本にはチップの習慣がないので、その点簡単である。ホテルや旅館に泊まればサービス料を取られることは取られるが、それはだいたい宿泊料の十パーセントに決まっていて、請求書に含まれているので、自分で計算しなくてもよい。高級レストランや料理屋でも同じようにサービス料を取られるが、普通のすし屋、そば屋、レストランなどならチップは必要ない。タクシーに乗ってもチップは払わな

くていいし、床屋や美容院でもチップはいらない。チップを十パーセントにしようか、十五パーセントにしようかなどと心配しなくていいのは、ほんとうにありがたい。

アメリカ人は、レストランや床屋でチップを払うのに慣れているので、日本でチップを払わないとサービスが悪くなるのではないかと、心配になるかもしれないが、日本のレストランや床屋のサービスは、アメリカと比べて、むしろいいと言える。日本の物価が高いことはアメリカでも有名だが、チップの習慣のないことは意外に知られていない。もっと宣伝されてもいいのではないだろうか。

単語

会話 1

注文する (ちゅうもん)	to order	8	ご飯 (ーはん)	cooked rice
引用する (いんよう)	to quote	9	とんカツ	pork cutlet
1 同僚 (どうりょう)	colleague; co-worker	11	～にする	to decide on [a certain item]; to take ～
高橋 (たかはし)	(family name)	14	実物 (じつぶつ)	actual thing
そば屋 (ーや)	noodle shop	16	店員 (てんいん)	clerk; shop-employee
2 店 (みせ)	shop; store	22	親 (おや)	parent
5 メニュー	menu		卵 (たまご)	egg
6 うどん	type of noodle	23	なるほど	I see.
丼もの (どんぶり)	(name of dish; bowl of rice topped with things like fried pork cutlet or fried shrimp, etc.)		鳥 (とり)	chicken (*lit.*, bird)
			生む (う)	to lay [eggs]; to give birth to (*v.t.*)

会話 2

1 昼食 (ちゅうしょく)	lunch（＝昼ご飯 (ひる)）			small slices of fish)
今井 (いまい)	(family name)	16	召し上がる (めーあ)	(honorific form of 食べる／飲む)
五十代 (ごじゅうだい)	in one's fifties	18	止める (や)	to refrain from ～ing (*v.t.*)
3 腰をかける (こし)	＝いすに座る		止めときます (や)	(contraction of 止めておきます)
込む (こ)	to be crowded	21	参る (まい)	(humble form of 行く／来る)
6 カウンター	counter	22	請求書 (せいきゅうしょ)	bill; invoice
7 すしを握る (にぎ)	to make sushi by hand	24	おごる	to treat [someone] to [something (usually food or drink)]
9 お茶 (ーちゃ)	[green] tea			
11 並 (なみ)	[sushi serving of] medium quality/price			
12 ちらし	a kind of sushi (a box of sushi rice covered with	26	ごちそうになる	to be treated by someone

会話 3

1	健一 げんいち	(male given name)	
	辺り あた	vicinity	
3	腹(が)へる はら	to be hungry (used by men)	
10	言わなきゃ い	(contraction of　言わなけれ ば)	
14	消費税 しょうひぜい	consumption tax	
15	てりやきマックバーガー　teriyaki Mac- burger		
17	席に着く せき　つ	to seat oneself [at a table]	

21	売る う	to sell (*v.t.*)
	〜とは限らない かぎ	not necessarily 〜(限る＝ かぎ to limit)　　　(○文法ノート4)
23	おにぎり	rice ball
25	カツカレー	curry rice with cutlet
	中華料理 ちゅうかりょうり	Chinese food
26	外国 がいこく	foreign country; abroad
	日本化する にほんか	to Japanize; to become Japanese　　　(○文法ノート5)

読み物

0	チップ	tip
	習慣 しゅうかん	custom
1	旅行する りょこう	to travel
	面倒[な] めんどう	troublesome
	〜と感じる かん	to feel that 〜
3	[〜を]降りる お	to get off 〜; to get out of [a vehicle]
	運転手 うんてんしゅ	driver [by occupation]
4	渡す わた	to hand[something]to(*v.t.*)
	ボーイ	porter
	荷物 にもつ	luggage; baggage
	運ぶ はこ	to carry
5	片付ける かたづ	to clean; to tidy up (*v.t.*)
6	食堂 しょくどう	dining room
7	呼び止める よ　と	to flag down
10	簡単[な] かんたん	simple; easy
11	旅館 りょかん	Japanese inn
	[〜に]泊まる と	to stay [at 〜] (*v.i.*)
	サービス料 りょう	gratuity

12	だいたい	in general; in most cases
	宿泊料 しゅくはくりょう	hotel charges
13	[〜に]含まれる ふく	to be included [in 〜] (passive form of 含む)
	計算する けいさん	to calculate
14	高級 こうきゅう	high class; first-rate
	料理屋 りょうりや	high class Japanese style restaurant
16	必要ない ひつよう	not necessary
	[〜に]乗る の	to ride [in/on 〜]; to take [a taxi, a bus, etc.]
17	床屋 とこや	barber shop
	美容院 びよういん	beauty salon
	[〜が]いる	to need 〜; 〜 is necessary
19	心配する しんぱい	to worry
23	むしろ	rather　　　(○文法ノート10)
24	物価 ぶっか	[commodity] prices
25	意外に いがい	unexpectedly
26	宣伝する せんでん	to advertise

漢字リスト

書くのを覚える漢字
読み方を覚えましょう。また、書けるようになるまで練習しましょう。

1. 注文　　2. 勤める　　3. お店　　4. ご飯　　5. 親子
6. 実物　　7. 店員　　8. 鳥　　9. 面白い　　10. 昼食
11. 今井　　12. お茶　　13. 止める　　14. 席　　15. 売る
16. 限る　　17. 料理　　18. 旅行　　19. 感じる　　20. 習慣
21. 空港　　22. 渡す　　23. 呼び止める　　24. 旅館　　25. 宿泊料
26. 高級　　27. 必要　　28. 乗る　　29. 心配　　30. 慣れる
31. 物価

読めればいい漢字
読み方を覚えましょう。

1. 引用　　2. 同僚　　3. 高橋　　4. 丼もの　　5. 卵
6. 腰　　7. 握る　　8. 並　　9. 召し上がる　　10. 参る
11. 請求書　　12. 健一　　13. 辺り　　14. 腹　　15. 消費税
16. 中華　　17. 面倒　　18. 降りる　　19. 運転手　　20. 荷物
21. 運ぶ　　22. 片付ける　　23. 食堂　　24. 簡単　　25. 含む
26. 計算　　27. 床屋　　28. 美容院　　29. 宣伝

漢字の部首
6
ぎょうにんべん

This radical comes from the left half of 行 and is often used for characters representing kinds of roads or types of walking.
「行」「待」「後」など

NOTES ON

K E I G O
敬語
けいご

基本形 (Basic Form)	尊敬語 (Honorific Form)	謙譲語(Humble Form)	
		I	II
言います	おっしゃいます		申します
来ます	いらっしゃいます	伺います	参ります
行きます	いらっしゃいます	伺います	参ります
います	いらっしゃいます		おります
します	なさいます		いたします
食べます	召し上がります		いただきます
飲みます	召し上がります お飲みになります		いただきます
見ます	ご覧になります	拝見します	
知っています	ご存じです		存じております
N です (N is usually a name)	N でいらっしゃいます		N でございます

尊敬語 is used when you are talking about an action or state of someone to whom you have to show respect. 謙譲語 is used when you are talking about your own or your family member's action or state to a non-family member (people of higher status, strangers, etc.). There are two types of 謙譲語 —— I and II. Type I is used when your (or your family member's) action directly involves the other to whom you want to show respect (*e.g.*, visiting a superior's house). Type II is used when your action does not directly involve the person to whom respect is due —— *i.e.*, you are simply stating your action or state in a humble manner just to be polite to the addressee. So, if you are going to your superior's house, you use 伺う. If you are reporting to your superior that you went somewhere, then you use 参る. If you are asking your superior to let you look at his artwork, for example, you say 拝見させていただけないでしょうか. If you are telling your superior that you went to see a movie, you say 映画を見ました. In general, 謙譲語 is not used as often as 尊敬語 nowadays.

If there are no special honorific forms, use ［お V(stem)になります］. If there are no special
humble forms, use ［お V(stem)します／いたします］.

基 本 形	尊 敬 語	謙　　讓　　語	
		I	II
話します	お話しになります	お話しします お話しいたします	
聞きます	お聞きになります	お聞きします お聞きいたします	
電話をかけます	お電話をおかけにな ります	お電話をおかけします お電話をおかけいたし ます	

Irregular Cases:

結婚します	ご結婚なさいます		結婚いたします
電話します	お電話なさいます	お電話します お電話いたします	
あげます	おあげになります	差しあげます	
もらいます	おもらいになります	いただきます	
会います	お会いになります	お目にかかります	

文法ノート

1○〜って
[会話1/ℓ.2：お店なんですって]

In Japanese, it is very important to distinguish the information you obtain through secondary sources (what you have heard or read) from what you know firsthand. When one does not have firsthand knowledge of what one is saying, reportive expressions such as って, (plain form)そうです, と言っていました, らしいです or the like should be used.

a) 東京の冬はあまり寒くないんだってねえ。

(I hear winter in Tokyo is not too cold, [is that right?])

b) 日本へ行けば、英語を教えるアルバイトならたくさん**ある**って聞きました。

(I heard that there are lots of part-time jobs teaching English once you get to Japan.)

2○〜ことは（〜が）
[会話1/ℓ.4：おいしいことはおいしいらしい]

[V/Adj ことは V/Adj] is generally used to qualify one's statement, with the meaning 'it *is* the case that . . . , but . . . .' If one is talking of a past fact, the second V/Adj is put in the past tense.

な-adjective： しずかなことはしずかです

い-adjective： 寒いことは寒いです

Verb：　　　 食べることは食べます

a)「乱」という映画は面白いことは面白いが、ちょっと長すぎる。

(The movie called "Ran" *is* interesting, but it's a little too long.)

b) 日本の高校生は勉強することはしますが、入学試験のための勉強ばかりですから、自分の意見(opinion)を作るためには役に立っていないようです。

(Japanese high school students *do* study a lot, but since all they do is study for entrance examinations, it does not seem to contribute to forming their own opinions.)

c) 作文を書くことは書いたが、間違いが多かっただろうと思うと、恥ずかしい。

(I *did* write a composition, but I am sure there were lots of mistakes, and I feel embarassed.)

3○Nでいいです／Nでけっこうです＝'N will do; N will suffice'

[会話2/ℓ.15：お茶だけでいいですけど]

a) 辞書は、一冊でいいでしょうか。

(Would one dictionary do?)

b) お茶でけっこうです。

([Green] tea would be fine.)

4○〜とは限らない＝'it is not necessarily the case that 〜; it does not mean that 〜'

[会話3/ℓ.21：日本の店にもあるとは限らない]

a) 日本の高校生がみんな勉強ばかりしているとは限らない。

(It's not necessarily the case that all Japanese high school students do nothing but study.)

b) 日本語を勉強している学生がみんな日本へ行くとは限らない。

(It's not necessarily the case that students who are studying Japanese will all be going to Japan.)

This expression is often used with an adverb 必ずしも.

c) 高いものが必ずしもみんなよいとは限らない。

(Expensive things are not necessarily good.)

5○〜化

[会話3/ℓ.26：日本化しちゃうんだね]

This suffix attaches mainly to kanji compounds and expresses the idea of 〜になる or 〜にする.

a) 戦後日本はずいぶん西洋化した。

(Since the war, Japan has become quite westernized.)

b) 映画化された小説は多い。

(There are many novels which have been made into movies.)

6○〜時／〜前に／〜あと＝'when〜／before〜／after〜'

[読み物/ℓ.3：タクシーを降りる前に, ℓ.7：出かける時]

The verb which precedes 前に is always in the non-past tense form. Contrast this with [V(past)＋あと] 'after V.' In general, when an action verb occurs in clauses such as 時, 前に, あと, etc., the past tense form indicates that an embedded action will occur (or occurred) *before* the main action. The non-past tense form indicates that an embedded action will occur (or occurred) either *simultaneously with* or *after* the main action.

a) 日本へ行く前に名刺を作っておく方がいいでしょう。

(It is a good idea to have your cards made before you go to Japan.)

b) 試験が終わったあとパーティーをしましょう。

(Let's have a party after the exam is over.)

c) 日本へ行く時パスポートがいります。

(You need a passport when you go to Japan.)

d) この辞書は、日本へ行った時買いました。

(I bought this dictionary when I went to Japan [*i.e.,* while I was in Japan].)

e) この辞書は、日本へ行く時買いました。

(I bought this dictionary when I went to Japan [before or on the way to Japan].)

f) 辞書は、日本へ行った時買います。

(As for a dictionary, I will buy it when I get to Japan [after I get to Japan].)

> Notice that in **e)**, since 行く is used, it indicates that buying took place before the speaker went to Japan or on the way to Japan. In **f)**, since the main verb 買う is in the non-past tense form, the speaker has not bought a dictionary yet, but 行った indicates that buying will take place after he/she gets to Japan.

7○ 何＋counter も＝'many 〜'
[読み物/ℓ.8：何度も]

a) 日本へは何度も行ったことがあります。

(I have been to Japan many times.)

b) 中華料理屋は何軒もあります。

(There are many Chinese restaurants.)

> cf. 何十冊も 'dozens of volumes (*lit.*, tens of volumes)'
> 一＋counter も十 negative 'not even one'

c) 翻訳をする人は、辞書を何十冊も持っているそうです。

(I hear people who translate have dozens of dictionaries.)

d) 日本へ行ったことは、一度もありません。

(I have not been to Japan, even once.)

8○ 〜か〜かと(心配した)＝'worried whether 〜 or 〜'
[読み物/ℓ.18]

a) チップを十パーセントにしようか十五パーセントにしようかと心配しなくていい。

(One does not have to worry whether to leave a 10% tip or a 15% tip.)

b) おすしにしようか天ぷらにしようかと迷った。

(I had trouble making up my mind whether to have sushi or tempura.)

9 〜のではないだろうか
〜のではないでしょうか   = 'I think it might be the case that 〜'   [読み物/ℓ.22, 26]
〜のではないか

This is a less assertive, more indirect way of expressing one's opinion. By saying もっと宣伝(せんでん)されてもいいのではないだろうか, the speaker/writer thinks that it should be publicized more. のではないだろうか is used here because the speaker/writer does not want to put forth this opinion too strongly. In colloquial speech, のではない is contracted to んじゃない. This expression generally follows a sentence in plain form (*e.g.*, 行くのではないだろうか, 悪いのではないだろうか, 必要ないのではないだろうか), but nouns and な-adjectives, in their affirmative non-past-tense form, occur as 習慣(しゅうかん)なのではないだろうか or 簡単(かんたん)なのではないだろうか.

a) サービスが悪い時は、チップを払わなくてもいいのではないでしょうか。

(I wonder if it's all right [I think it's all right] not to leave a tip when service is bad.)

b) 予約(よやく)(reservation)をしていかないと、入れないのではないだろうか。

(I fear we won't be able to get in unless we make a reservation in advance.)

c) アメリカ人：今度日本へ行くんですが、ホテルと旅館とどっちの方がいいでしょうか。

(I'm going to Japan. Which do you think would be better, to stay at hotels or at inns?)

日本人：旅館の方が面白いんじゃないでしょうか。

(I think inns would be more fun.)

〜のではないだろうか can be followed by と plus such verbs as 思う, 心配する. In such cases, it takes a shortened form のではないか.

d) チップを払わないとサービスが悪くなるのではないかと心配している。

([He] is worried service might become bad if [he] does not leave tips.)

e) 最近(さいきん)(these days)日本語のできる外国人も増えてきているのではないかと思います。

(I think the number of foreigners who can speak Japanese has increased recently.)

10 むしろ = 'rather'
[読み物/ℓ.23：むしろいいと言える]

むしろ is used when, of two alternatives, one is more 〜 than the other; one is preferable to the other; one fits the description better than the other, etc.

a) 今の日本の若者(わかもの)より、アメリカで日本語を勉強したアメリカ人の方が、むしろ敬語の使い方などをよく知っているのではないだろうか。

(I wonder if it might be the case that Americans who study Japanese in America, rather than the Japanese youth, are better able to use honorifics.)

b) 夏かぜは冬のかぜより**むしろ**治(なお)りにくいから、気をつけてください。

(A summer cold is even harder to get rid of than a winter cold, so take care.)

c) 会話は、日本語の方が英語より**むしろ**やさしいかもしれない。

(As far as conversation goes, actually Japanese may be easier than English.)

Often, when むしろ is used, there is a certain general or contextual expectation that the opposite is true. So, **a)** is said in the context of a general expectation that the Japanese people are better at using honorifics.

文法練習

1 ～ことは（～が） ▶文法ノート2

例にならって、次の質問に答えなさい。

[例]　A：このレストランはどうですか。おいしいですか。

　　　B：おいしいことはおいしいですが、ちょっと高いです。

a) 日本語の勉強はどうですか。

_____

b) 日本へ行きたいですか。

_____

c) 料理ができますか。

_____

d) スポーツはやりますか。

_____

e) 漢字が読めますか。

_____

2 ～とは限らない ▶文法ノート4

「～とは限らない」を使って、次の質問に答えなさい。

[例]　A：アメリカ人は、みんな野球が好きですか。

　　　B：いいえ、みんな好きとは限りません。

a) A：アメリカ人はみんな車を持っていますか。

　　B：いいえ、_____。

b) A：日本の高校生は、みんな勉強ばかりしていますか。

　　B：いいえ、_____。

c) A：アメリカの学生はみんなアルバイトをしていますか。

　　B：いいえ、_____。

d) A：アメリカへ来る日本人は、みんな英語ができますか。

　　B：いいえ、_____。

3・・・・・・・・・・・**〜時／〜前に／〜あと**　　　　　　　　　▶文法ノート6

○動詞（verb）を入れて、次の文を完成しなさい。

a) 日本人はご飯を_____時、おはしを使います。

b) レストランへ_____前に予約をしておいたので、すぐ座れました。

c) この間先生に推薦状を書いていただいたので、今度先生に_____時お礼（thanks）を言おう。

d) お風呂に_____あと、ビールを飲むとおいしい。

e) きのう家へ_____時、雨に降られて大変でした。

4・・・・・・・・・・・**何＋counter も**　　　　　　　　　　　　▶文法ノート7

○次の会話を完成しなさい。

a) 先生１：日本語の学生は一人だけですか。

　　先生２：いいえ、_____いますよ。

b) 先生：ブラウンさんは、ちょっと今度の試験は悪かったですね。

　　ブラウン：ええ、毎晩_____勉強しているんですが。勉強の仕方が下手なのかもしれません。

c) 日本人：日本へ行ったことがありますか。

　　アメリカ人：ええ、_____行ったことがあります。

d) A：ロールス・ロイスって、いくらぐらいするんでしょうか。

　　B：_____するでしょうねえ。

5 ～んじゃないでしょうか ▶文法ノート9

A ○「～んじゃないでしょうか」を使って、文を完成しなさい。

a) 毎日日本語のテープを聞けば、＿＿＿＿＿＿＿＿＿＿＿＿＿＿＿＿＿＿。

b) 日本語の漢字の読み方は＿＿＿＿＿＿＿＿＿＿＿＿＿＿＿＿＿＿。

c) 田中さんはかぜを引いたと言っていたから、パーティーへ＿＿＿＿＿＿＿＿＿＿＿＿。

d) 日本の大学生は＿＿＿＿＿＿＿＿＿＿＿＿＿＿＿＿＿。

B ○「～んじゃないかと思います」を使って、意見を言いなさい。

a) チップの習慣についてどう思いますか。

＿＿＿＿＿＿＿＿＿＿＿＿＿＿＿＿＿＿＿＿＿＿＿＿＿＿＿＿＿＿＿

b) 日本語を勉強するとどんないいことがあると思いますか。

＿＿＿＿＿＿＿＿＿＿＿＿＿＿＿＿＿＿＿＿＿＿＿＿＿＿＿＿＿＿＿

c) 日本人についてどう思いますか。

＿＿＿＿＿＿＿＿＿＿＿＿＿＿＿＿＿＿＿＿＿＿＿＿＿＿＿＿＿＿＿

d) アルバイトをしながら勉強することについてどう思いますか。

＿＿＿＿＿＿＿＿＿＿＿＿＿＿＿＿＿＿＿＿＿＿＿＿＿＿＿＿＿＿＿

e) 日本へ英語を教えに行くなら、東京へ行くのと、いなか(rural area)へ行くのと、どちらの方がいいと思いますか。

＿＿＿＿＿＿＿＿＿＿＿＿＿＿＿＿＿＿＿＿＿＿＿＿＿＿＿＿＿＿＿

6 敬語の練習 ▶NOTES ON KEIGO

○＿＿＿＿の部分を敬語 (honorific or humble form) を使って書きかえなさい。

a) 先生１：クッキーを<u>食べませんか</u>。

→＿＿＿＿＿＿＿＿＿＿＿＿＿＿＿＿＿＿＿＿＿＿＿＿＿＿＿＿

先生２：ありがとうございます。じゃ、ひとつだけ<u>食べます</u>。

→＿＿＿＿＿＿＿＿＿＿＿＿＿＿＿＿＿＿＿＿＿＿＿＿＿＿＿＿

b) 学生：山田先生<u>ですか</u>。

　　　→ _____

　　山田：はい、そうですが。

　　学生：田中と<u>言います</u>が、ちょっと<u>聞きたい</u>ことがあるんですが。

　　　　→ _____

c) 先生1：この間の旅行の写真、<u>見ますか</u>。

　　　　→ _____

　　先生2：ええ、ぜひ<u>見たい</u>です。

　　　　→ _____

d) 先生1：文部省の山中さんという人を<u>知っていますか</u>。

　　　　→ _____

　　先生2：この間、学会<ruby>学会<rt>がっかい</rt></ruby>（academic conference）で<u>会いました</u>が。

　　　　→ _____

e) 山川先生は、日本語を<u>教えています</u>。日本から<u>来た</u>ばかりのころは、日本の方がいい

　　→ _____

と<u>思った</u>そうですが、今はアメリカの方が住みやすいと<u>言っています</u>。スポーツは、

_____

あまり<u>しない</u>そうですが、音楽がお好きだそうです。毎日<ruby>遅<rt>おそ</rt></ruby>くまで研究室に<u>いるの</u>

_____

で、いつ行っても<u>会えます</u>。

_____

●⋯⋯⋯運用練習

1 ⋯⋯⋯ ロールプレイ

　三人ずつになり、二人は留学生、一人は店員になりなさい。日本で留学生二人がマクドナルドへ行き、食べ物と飲み物とを注文（ちゅうもん）します。注文する物は、次のリストから選びなさい。

食べ物	飲み物
ハンバーガー	コーラ
チーズバーガー	コーヒー
ビッグマック	ミルク
フィレ・オ・フィッシュ	オレンジ・ドリンク

2 ⋯⋯⋯ 小グループワーク

a) すし屋へ行った時の経験について話し合いなさい。行ったことのない学生は、行ったことのある学生にいろいろ質問しなさい。

b) このごろアメリカでもすしを食べる人が多くなりましたが、それはなぜかを話し合いなさい。グループの意見（いけん）(opinion)を、後でクラスの人たちに発表しなさい。

3 ⋯⋯⋯ ペアワーク

　ペアになり、一人が最近（さいきん）(recently)読んだり聞いたりしたニュースについて、「って」を使って報告（ほうこく）(to report)し、もう一人はそれにこたえなさい。

[例]　A：ゆうべテレビで見たんですけど……。

　　　B：ええ。

　　　A：きのうマディソンの銀行（ぎんこう）にどろぼうが入ったんですって。

　　　B：えっ！　いやですねえ。

それが終わったら、報告をした人はこたえる人に、こたえた人は報告する人になって、もう一度練習しなさい。

4 ペアワーク

ペアになり、くだけた言葉を使って、上の**3**と同じような会話をしなさい。

［例］ A：けさ天気予報(よほう)(weather forecast) 聞いたんだけど……。

B：うん。

A：きょうは午後からいい天気になるって言ってた(わ)よ。

B：あ、よかった。きょうは夕方(ゆうがた)(late afternoon)ジョギングするから。

5 作文

自分の好きなレストランについて百字から百五十字ぐらいの作文を書きなさい。

聞き取り練習

女の人がすし屋に電話をかけています。テープを聞いて、次の文が正しければ○、間違っていれば×をつけなさい。

(　) **a)** すし屋の名前は、「みこしずし」です。

(　) **b)** この女の人の名前は、山田といいます。

(　) **c)** この女の人は、前にもこのすし屋のすしを注文(ちゅうもん)したことがあります。

(　) **d)** 山田さんのうちでは、このおすしを晩ご飯に食べるのでしょう。

(　) **e)** 晩ご飯は六時でしょう。

「日本人とスリッパ」

　ベティーは、日本でホームステイをした時、スリッパの使い方に慣れるまで、ずいぶん時間がかかった。家へ帰ってきて、玄関で靴をぬいで上がると、スリッパがたくさん置いてあり、その一足をはく。しかし、そのスリッパは廊下と洋間のためだけで、日本間に入る時にはぬがなければならない。初め

5　のころは、よくスリッパのまま畳の部屋に入ってしまい、家族の人たちに注意された。

　一番わけが分からなかったのは、トイレのスリッパだった。トイレのドアの外で自分のスリッパをぬいでから、ドアをあけて入り、トイレ用の特別のスリッパにはきかえなければならない。トイレが済んだら、トイレ用のスリッ

10　パをぬぎ、廊下にぬいでおいた自分のスリッパに、もう一度はきかえる。日本人はこれに慣れていて、自動的にぬいだりはいたりできるが、慣れていない外国人にとってはずいぶん複雑な習慣だ。ある日、ベティーがトイレのスリッパをはいたまま、リビング・ルームに入っていったら、ホームステイの兄弟たちは、それを見て笑い出した。ベティーはこの面倒な習慣に慣れるま

15　で、結局二、三週間もかかってしまった。

単語		畳	mat for a Japanese-style room
		注意する	to caution; to remind
玄関	front hallway	特別	special
一足	a pair of footwear	済む	＝終わる
廊下	hallway; corridor	自動的に	automatically
洋間	western-style room	複雑[な]	complicated

○次の文を読んで、正しいものに○、間違っているものに×をつけなさい。

（　　）a) 日本人は、家の中でスリッパをはくことが多いらしい。

（　　）b) 日本人は、外へ行く時も、スリッパをはいて出かける。

（　　）c) 畳の部屋でも、スリッパをはいていなければいけない。

（　　）d) トイレのスリッパと、ほかのスリッパは違う。

（　　）e) トイレのスリッパをはいたままほかの部屋に入るのは、日本人にはおかしい。

俳句

3

ぬすびとに　取り残されし　窓の月

（良寛, 1758-1831）

第 **7** 課

▽

レクリエーション

人を誘う

人に誘われる

C U L T U R E   N O T E S

How to Decline an Invitation
────

Japanese people are known for being indirect and vague about declining invitations. When they cannot accept an invitation, they, as a rule, do not say いいえ, because they feel that it would be too curt. They prefer expressions such as その日はちょっと……, meaning "That day is a bit . . . ." Since the word for *inconvenient* is often left out, one is expected to guess what is implied. Guessing, however, is not as difficult as it might sound, for, after all, X はちょっと…… is not only a standard expression, but is always accompanied by a reluctant tone of voice as well as a facial and bodily expression of regret.

Respect for the Aged
────

In 会話 1, there is a brief mention of a special occasion called 古稀, a celebration held on someone's 70th birthday. In addition to 古稀, other birthdays singled out for special celebration are: 60th, 77th, 80th, 88th, 90th, and 99th. Currently, Japan enjoys the top longevity rate in the world; one therefore often hears about these birthdays being celebrated in Japan.

Karaoke
────

Karaoke has become quite a fad in Japan since the 70's. First came karaoke bars, where all the patrons listened to everyone else who sang. Nowadays, however, people are seeking more privacy. They go to a "karaoke box," a sound-proof compartment they can rent by the hour, with a small group of friends, relatives, and associates, and sing to their hearts' content without being bothered by the singing of strangers. Some people even have karaoke sets in their homes.

　Americans, whether students or businesspeople, may be invited to a karaoke party during their stay in Japan. When asked to sing, be a sport and try to sing at least one song. Since both the lyrics and the accompaniment are provided, it is not that difficult to sing along; besides, if you get stuck, others will join in to help you.

会話 1

●日本語の小林先生が、クラスの学生たちを野球の試合に誘っている。

小林(女)： 来週の金曜日の晩、ドラゴンズとジャイアンツの試合を見に行くんですけど、みんなで行きませんか。佐藤先生も今井先生もいらっしゃるそうですよ。

5 ジェイソン：僕も行きたいけど、いくらですか。

小　林： 安い席ならそんなに高くありませんよ。ひとり1,500円ぐらいだと思いますけど。

ジェイソン：それじゃご一緒させてください。

小　林： グラントさんもどうですか。

10 ビ ル： ええ、僕も喜んで。僕は高校の時、野球のチームに入ってピッチャーやってたんですよ。

小　林： へえ。すごいですね。ラーセンさんは？

スーザン： 私はちょっと……。

小　林： 野球はきらいですか。

15 スーザン： いいえ、でもその日の晩は、ホームステイのお母さんのお父さんの、七十歳のお祝いがあるので。

小　林： ああ、古稀（こき）のお祝いですね。それじゃ仕方ないですね。

スーザン： ええ、残念ですけど、またいつかお願いします。

小　林： じゃあ、また今度ね。

会話

2

● 東京のある会社の課長に英会話を教えているスティーブ・ホワイトが、電話で課長の家に招待される。

山　田：　もしもし、ホワイト先生？

ホワイト：　はい、そうですが。

山　田：　山田です。

5　ホワイト：　あ、課長さんですか。

山　田：　ええ、あの、突然ですが、今度の土曜日の晩はお忙しいですか。

ホワイト：　いいえ、別に。

山　田：　じゃ、うちへ遊びにいらっしゃいませんか。私がうちでよく先生のお噂を
　　　　　するもんだから、家内も一度お会いしたいなんて言っているんですよ。夕
10　　　　　食は家内が腕をふるってくれるそうですから。

ホワイト：　そうですか。

山　田：　食事が済んだら、うちのカラオケで歌いましょう。英語の歌のレーザーディ
　　　　　スクも買ってありますから。

ホワイト：　実は、歌はちょっと苦手なんですけど。

15　山　田：　かまいませんよ。私たちも大したことないんだから。

ホワイト：　そうですか。じゃ、遠慮なくお邪魔させていただきます。お宅はどちらで
　　　　　しょうか。

山　田：　自由が丘なんですが、分かりますか。

ホワイト：　ちょっと……初めてなので。

20　山　田：　渋谷は分かりますか。

ホワイト：　はい、分かります。

山　田：　渋谷から東横線で六つ目の駅ですよ。急行なら三つ目ですが。

ホワイト：　分かりました。それで、何時ごろ伺えばいいでしょうか。

山　田：　五時半ごろ自由が丘じゃどうでしょうか。駅からお電話くだされば、すぐ
25　　　　　車でお迎えに行きますから。

ホワイト：　じゃ、土曜日、五時半に自由が丘に着くようにします。あ、それから出口
　　　　　　　　　　　　　　　　　　　　　　　1
　　　　　は一つでしょうか。

山　田：　いや、二つあるので、北口の方へ出てください。

ホワイト：　北口ですね。分かりました。じゃ、楽しみにしています。

30　山　田：　それじゃ、また。

ホワイト：　失礼します。

会話 ③

◯ジェイソン、友人の大山健一に映画へ誘われる。

健　一：　明日の晩、映画に行こうと思っているんだけど、一緒に行かないか。

ジェイソン：何の映画。

健　一：　黒沢って知ってる？

5　ジェイソン：映画監督の？

健　一：　うん、そう。

ジェイソン：黒沢の映画なら、「乱」とか「影武者」とか、二、三本アメリカで見たけど。

健　一：　そんなんじゃなくて、もっと古いのは？「羅生門」とか「七人の侍」なんか。

10　ジェイソン：全然知らないなあ。

健　一：　そんならよかった。明日の晩、オリオン座で、「七人の侍」をやるから、見に行こうよ。

ジェイソン：何時。

健　一：　八時からだけど、ノー・カットだから、終わるのは十一時半ごろになるっていう話だ。

15

ジェイソン：困ったなあ。

健　一：　どうして。金がないのかい。

ジェイソン：そうじゃなくて、時間がないんだ。あさっての朝一時間目に日本語の試験があるんだ。だから、明日の晩は勉強しようと思っていたんだよ。

20　健　一：　何だ。そんなことか。そんなら、今晩勉強しとけばいいじゃないか。僕だって、あさっての朝出さなきゃならないレポートがあるから、今晩徹夜で書いちゃおうと思っているんだぜ。

ジェイソン：そうか。じゃ、今晩勉強するよ。

健　一：　「七人の侍」なんて、めったにやらないから、来た時に見なきゃ。

25　ジェイソン：よし。じゃ、絶対行く。どこで会う。

健　一：　オリオン座知ってる？

ジェイソン：うん、前に一度行ったから。

健　一：　じゃ、七時半にオリオン座の前で会おう。きっとたくさん並んでると思うけど、三十分前に行けば、だいじょうぶだよ。

30　ジェイソン：七時半にオリオン座の前だね。じゃ、また。

健　一：　じゃ。

ムを応援する。大学野球も盛んで、特に早稲田と慶応とい

う有名な私立大学の対戦は、「早慶戦」と呼ばれ、毎年春と

秋に何万人もの観客が見に行く。

欧米から入ったスポーツでは、野球のほか、サッカー

を始めゴルフ、テニス、バレーボール、バスケット、ラグ

ビー、スキーなどが盛んである。このごろは、アメフト（＝

アメリカン・フットボール）もかなり人気がある。伝統的

なスポーツで一番人気があるのは、何と言っても相撲だろ

う。しかし面白いことに、このごろはプロの相撲に外国人

が多くなり、相撲は日本人だけのスポーツとは言えなく

なった。

日本人はスポーツが好きで、いろいろなスポーツが盛んだが、一番人気のあるスポーツの一つは、野球だろう。

アメリカではあまり知られていないことだが、日本に野球が入ったのは、今から百年以上も前の一八七三年のことだった。日本人に初めて野球を紹介したのは、ウィルソンというアメリカ人だったと言われている。一八九〇年ごろになると、野球をする人は、もうかなり多くなっていた。「ベースボール」ではなくて、「野球」という日本語が使われ始めたのも、そのころだった。

一九一〇年ごろから、日本の大学野球チームが、ときどきアメリカへ出かけて試合をするようになり、アメリカからも、ワシントン、シカゴ、ウィスコンシンその他の大学チームが日本へ遠征するようになった。

一九三〇年代の前半に、アメリカのプロ野球のチームが日本を訪問したことがある。そのチームには、ベーブ・ルースも入っていた。その時、日本では、野球の上手な選手を集めてチームを作り、アメリカ・チームと試合をしたが、

何度戦っても簡単に負けてしまった。しかし、一度だけ負けたことは負けたが、沢村という若いピッチャーが投げた時、負けたことは負けたが、ベーブ・ルースを始め、有名なバッター数人に三振をさせて、たちまち日本のヒーローになった。その後まもなく、日本でもプロ野球が始まった。

一九四一年から四五年までの太平洋戦争の間、野球はほとんど忘れられていた。沢村選手も戦死した。しかし、戦争が終わると、日本人はすぐ野球を始めた。今では、学生野球もプロ野球も、なかなか盛んである。プロ野球には、リーグが二つあり、それぞれ「セントラル・リーグ」「パシフィック・リーグ」と呼ばれている。秋になると、それぞれの優勝チームが日本シリーズで戦う。

アメリカより盛んなのは高校野球だろう。毎年八月になると、全国から県代表のチームが、兵庫県の甲子園という野球場に集まり、二週間ぐらいのトーナメントをする。それは「全国高校野球大会」と呼ばれ、毎日テレビでも見せる。日本中の人がそれを見ながら、自分たちの県の代表チー

単語

会話 1

レクリエーション	recreation
誘う (さそう)	to invite [someone to do something with the speaker]
1 小林 (こばやし)	(family name)
野球 (やきゅう)	baseball
試合 (しあい)	game
2 ドラゴンズ	Dragons (name of a baseball team)
ジャイアンツ	Giants (name of a baseball team)
6 席 (せき)	seat
8 一緒 (いっしょ)	together
10 喜んで (よろこんで)	gladly; with pleasure
チーム	team
ピッチャー	pitcher
12 すごい	Great!
16 ～歳 (さい)	～ years old
お祝い (いわい)	celebration
18 残念 (ざんねん)	regret; regrettable

会話 2

1 課長 (かちょう)	section chief
招待する (しょうたいする)	to invite
6 突然[だ] (とつぜん)	to be sudden
8 噂をする (うわさをする)	to talk about [somebody]
9 家内 (かない)	[one's own] wife
10 腕 (うで)	arm
腕をふるう (うでをふるう)	to use one's skill to the utmost
12 歌う (うたう)	to sing
レーザーディスク	laser disk
14 [～が]苦手[な] (にがて)	not good/skilled [at ～]
15 大したことない (たいした)	not too good; not great
16 遠慮なく (えんりょなく)	without hesitation (lit., unreservedly)
16 お邪魔する (じゃまする)	(lit.) to intrude on someone's time
お宅 (たく)	(polite word for 家)
18 自由が丘 (じゆうがおか)	(name of a place in Tokyo)
20 渋谷 (しぶや)	(name of a place in Tokyo)
22 東横線 (とうよこせん)	(name of a train line)
六つ目 (むつめ)	sixth
急行 (きゅうこう)	express train or bus
26 ～ようにする	to try to ～; to make an effort to ～　（○文法ノート1）
出口 (でぐち)	exit
28 北口 (きたぐち)	north exit/entrance
29 [～を]楽しみにしています (たのしみ)	to be looking forward [to ～]

会話 3

1 大山 おおやま (family name)
映画 えいが movie
2 明日 あした tomorrow
4 黒沢 くろさわ (family name)
5 監督 かんとく movie director
7 乱、影武者、羅生門 らん、かげむしゃ、らしょうもん (movie names)
（＝映画の名前）
8 侍 さむらい samurai
Nなんか ＝Nなど
11 オリオン座 ざ (name of a movie theater)
14 ノー・カット uncut
20 何だ なんだ Why! (not "Why?"; used when one's assumption turns out to be wrong)

20 ～とけば (contraction of ～ておけば)
僕だって ぼく I, also (＝僕も)
21 ～なきゃならない have to ～ (contraction of ～なければならない)
レポート report; paper
徹夜 てつや staying up all night
22 ぜ (sentence-final particle of emphasis [used by men in casual dialogues])
24 めったに～ない rarely
25 絶対 ぜったい definitely; without fail
28 きっと for sure; surely
並ぶ なら to stand in line (v.i.)

読み物

1 盛ん[な] さか thriving
2 人気がある にんき popular
7 かなり fairly
9 V(stem)始める はじ to begin V-ing （○文法ノート2）
12 その他 た and others
13 遠征する えんせい to visit a far-away place to compete in sports
14 三〇年代 さんじゅうねんだい the thirties
前半 ぜんはん first half
プロ野球 やきゅう professional baseball
15 訪問する ほうもん to visit
16 選手 せんしゅ player selected for a team (usually athletic)

17 集める あつ to gather (v.t.)
18 何度～ても なんど no matter how many times ～ （○文法ノート4）
戦う たたか to fight; to compete
負ける ま to lose [a game] (v.i.)
19 沢村 さわむら (family name)
投げる な to pitch
20 ～を始め はじ starting with ～; including ～ （○文法ノート5）
バッター batter
数人 すうにん several people
三振 さんしん strike-out
21 たちまち instantly
ヒーロー hero

21 まもなく　not much later; soon

23 太平洋戦争　Pacific War

ほとんど　almost

24 戦死する　to die in battle

27 リーグ　league

セントラル・リーグ　Central League

パシフィック・リーグ　Pacific League

28 それぞれの　of each; respective

29 優勝　championship

31 全国　the entire nation

県　prefecture

代表　representative

兵庫県　Hyogo Prefecture

甲子園　(name of a baseball stadium)

32 野球場　baseball stadium

集まる　to gather (v.i.)

32 トーナメント　tournament

33 大会　[big] tournament

35 応援する　to cheer for

早稲田　(name of a university)

慶応　(name of a university)

36 私立　founded with private funds

対戦　competition; game (written expression)

37 観客　spectators

38 欧米　West (lit., Europe and America)

〜のほか　besides 〜

41 伝統的[な]　traditional　(○文法ノート6)

42 何と言っても　undeniably; no doubt; by any account (lit., no matter what others may say)
　　　　　　　(○文法ノート7)

相撲　sumo wrestling

漢字リスト

書くのを覚える漢字
読み方を覚えましょう。また、書けるようになるまで練習しましょう。

1. 小林　　2. 試合　　3. お祝い　　4. 課長　　5. 招待
6. 家内　　7. 苦手　　8. 自由　　9. 駅　　10. 急行
11. 迎える　12. 出口　　13. 北口　　14. 楽しみ　15. 映画
16. 明日　　17. 侍　　18. 絶対　　19. 並ぶ　　20. 盛ん[な]
21. その他　22. 始める　23. 訪問　　24. 集める　25. 戦う
26. 若い　　27. 負ける　28. 太平洋　29. 戦争　　30. 戦死
31. 県　　32. 代表　　33. 私立　　34. 欧米　　35. 伝統的[な]

読めればいい漢字
読み方を覚えましょう。

1. 野球　　2. 誘う　　3. 一緒　　4. 喜んで　5. 七十歳
6. 残念　　7. 突然　　8. 噂　　9. 腕　　10. 歌う
11. 遠慮　　12. お邪魔　13. 丘　　14. 東横線　15. 黒沢
16. 監督　　17. オリオン座　18. 徹夜　　19. 選手　　20. 投げる
21. 三振　　22. 優勝　　23. 野球場　24. 応援　　25. 早稲田
26. 慶応　　27. 観客　　28. 相撲

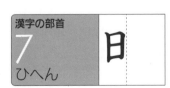

漢字の部首
7
ひへん
日

This radical comes from 日 and is used for characters representing times of day, degrees of lightness, etc.
「時」「明」「晩」など

文法ノート

1 ◦ V(plain)ようにする
[会話2/ℓ.26：着くようにします]

> V(plain) ようにする means 'to make an effort to do something' or 'to make a point of doing something.'

a) 日本語は毎日勉強するようにしてください。

(Please try to study Japanese every day.)

b) 遊ぶお金は、アルバイトでかせぐようにしています。

(I make a point of earning my spending money by working part time.)

2 ◦ V(stem)始める ='begin V-ing'
[読み物/ℓℓ.8-9：使われ始めた]

a) 私が日本語を勉強し始めたのは一年前です。

(It was a year ago that I started studying Japanese.)

b) ミステリーは、読み始めると止められません。

(You can't stop reading a mystery novel once you start reading [it].)

> [V(stem) 終わる] indicates 'finish V-ing.'

c) 午前三時にやっと論文を書き終わりました。

(I finally finished writing a paper at 3 a.m.)

3 ◦ S₁ V(stem), S₂
[読み物/ℓ.17：作り, ℓ.32：集まり, ℓ.33：呼ばれ]

> The stem of a V-ます form (e.g., *tabe, tsukuri, iki*) can be used in place of V-て form to connect two sentences. This use is generally restricted to written style.

a) 野球の上手な選手を集めてチームを作り、アメリカ・チームと試合をした。

(They formed a team by gathering good baseball players and played games with the American team.)

b) 多くのチームが甲子園に集まり、二週間のトーナメントをする。

(A number of teams gather together at Koshien for a two-week tournament.)

4 ◦ Question word + ～ても
[読み物/ℓ.18：何度戦っても]

> Question words (何、いつ、だれ、どこ、何度、etc.) followed by て-forms followed by も indicate 'no matter what/when/who/where/how often,' etc.

a) 富士山は、いつ見てもきれいです。

(Mt. Fuji is beautiful no matter when we look at it.)

b) 何を食べても太らない人がうらやましいです。

(I envy people who never get fat no matter what they eat.)

c) 東京の町は、どこへ行っても人で込んでいます。

(Tokyo is crowded with people no matter where you go.)

5◯〜を始め＝'starting with 〜; including 〜' [読み物/ℓ.20：ベーブ・ルースを始め]

> This phrase introduces the most obvious example, as in the following examples.

a) アメリカではフットボールを始め、バスケット、アイスホッケーなどのスポーツも盛んです。

(In America, sports such as basketball and ice hockey, not to mention football, are popular.)

b) 黒沢明は、「羅生門」を始め、「七人の侍」「乱」など、多くの名画の監督である。

(Akira Kurosawa is the director of many famous movies such as *Seven Samurai* and *Ran*, not to mention *Rashomon*.)

6◯〜的＝'〜type; 〜ic; 〜ical' [読み物/ℓ.41：伝統的な]

> 〜的 is a suffix which attaches to nouns (mostly kanji compounds) and forms な-adjectives. 〜的に is an adverbial form. Its meaning varies depending on the words, but in [X は Y 的] it often indicates that X has a characteristic quality of Y or X has something to do with Y.

a) 日本的なおみやげと言うと、着物とか扇子などだろう。

(A typical Japanese souvenir might be a kimono or a fan.)

b) 日常の会話で「です」「ます」を使うと、女性的に聞こえるらしい。

(It seems that speaking in the *desu/masu* style in casual situations sounds feminine.)

c) 黒沢は世界的に有名な監督である。

(Kurosawa is a world-famous movie director.)

d) 最近では、どの国でもエネルギーを経済的に使おうとしている。

(In recent years, every country is making an attempt to use energy efficiently [economically].)

7◯何と言っても＝'undeniably; no doubt; by any account' [読み物/ℓ.42]

a) 日本の映画監督の中で最も有名なのは、何と言っても黒沢明だろう。

(The most famous movie director in Japan by any account must be Akira Kurosawa.)

b) 日本が経済大国になれたのは、何と言ってもアメリカのおかげだろう。

(No doubt it was thanks to America that Japan became an economic power.)

8○面白いことに

［読み物/ℓ.43］

［面白い＋ことに］　introduces the content of what is interesting in the remainder of the sentence. Any adjective or verb which expresses a speaker's emotional response can be similarly used.

a) 驚いたことに、アメリカの大学では、先生が学生をファースト・ネームで呼んでいるのだ。

(To my surprise, teachers call students by their first names at American universities.)

b) 面白いことに、十世紀(century)から十一世紀に日本で有名な作家は、みんな女性であった。

(Interestingly, famous writers in tenth and eleventh century Japan were all women.)

◯········ **文法**練習

1········ Vようにする ▶文法ノート1

◯次の絵を見て、「Vようにしてください」と友達に言いなさい。

[例] ご飯は、一日に三度<u>食べるようにしてください</u>。

2········ Question word ＋～ても ▶文法ノート4

◯「Question word ＋～ても」を使って、次の会話を完成しなさい。

a) A：どうしたんですか。頭でも痛いんですか。

B：ええ、明日のゼミのためにこの論文を読まなければいけないんですけど、＿＿＿＿＿

＿＿＿＿＿＿＿＿＿＿＿＿＿分からないんですよ。

b) A：この言葉の意味がよく分からないんですけど。

B：じゃ、加藤さんに聞いたらどうですか。加藤さんは、生き字引（*lit.*, living dic-

tionary）みたいな人で、＿＿＿＿＿＿＿＿＿＿＿＿よく知っていますから。

c) A：大変な人出（crowd）ですね。

B：ええ、ゴールデンウィークの時は、＿＿＿＿＿＿＿＿＿＿人でいっぱいなんです

よ。

d) A：佐藤さんは、どこかへ旅行にでも行ったんでしょうか。

B：そんなはずはないと思いますけど。

A：＿＿＿＿＿＿＿＿＿＿＿＿電話に出ないんですよ。

3 ……… **〜を始め** ▶文法ノート5

○「〜を始め」を使って、次の質問に答えなさい。

a) 日本ではどんなスポーツが盛んだと思いますか。

_____

b) あなたはどんなコースを取っていますか。

_____

c) 日本はアメリカへどんなものを輸出(to export)していますか。

_____

d) あなたはどんなことをするのが好きですか。

_____

4 ……… **〜的** ▶文法ノート6

○次のリストの中から選んで、文を完成しなさい。

[歴史的　　家庭的　　経済的　　国際的　　心理的(psychological)]

a) 横浜は、外国人が多くて、_____な町である。

b) あの人は病気じゃないけど、_____にいろいろ問題があるようだ。

c) 鎌倉は、_____に有名な所である。

d) _____な人というのは、家の仕事が好きな人のことです。

e) 安いものはすぐだめになるから、_____じゃない。

運用練習

1 ロールプレイ

ペアになり、一人は留学生、もう一人は日本語の先生になりなさい。留学生は、自分の
アパートでパーティーをするので、先生を招待します。日時は自由(as you like)。どのよ
うなパーティーかも、自分で決めなさい。留学生は敬語を使うこと。先生は招待を断りま
す(to decline)が、なぜ行けないかを上手に説明しなければいけません。

2 ロールプレイ

ペアになり、一人は留学生、もう一人は日本のホストファミリーのお母さんになりなさ
い。お母さんは、今晩家族を連れてファミリー・レストランへ行くので、留学生を招待し
ます。留学生はどう答えてもよい。

3 ロールプレイ

ペアになり、一人は留学生、もう一人はその友達の日本人学生になりなさい。日本人学
生は、留学生を自分の家族に紹介したいので、自分の家へ夕食に招待します。留学生は日
本人の家に行ったことがないので喜びます。名前、日時は自由。二人ともくだけた言葉で
話しなさい。

（先生は、駅から日本人学生の家までの簡単な地図を作り、学生たちがそれを使って会話
ができるようにしてください。）

4 ペアワーク

a) ペアに分かれ、どんなスポーツが好きか、どうして好きか、いつからやっているか、
上手かどうかなど、なるべくたくさん質問して答えを聞き、後でクラスに発表しなさ
い。

b) 最近見た映画についてお互いに質問し、聞いた答えを後でクラスに発表しなさい。次の単語表の単語を使ってもよい。

俳優	actor/actress	現代物	contemporary drama
アニメ	cartoon (*lit.*, anima[tion])	時代物	period drama
コメディー	comedy	ハッピー・エンド	happy end[ing]
ホラー映画	horror film	すじ	plot of a film
ＳＦ	science fiction		

5 ⸺ 作 文

「私とスポーツ」という題で、百字から百五十字の作文を書きなさい。

◖◗ 聞き取り練習

◖◗ ジェリーが友達の真美の家に電話をかけています。テープを聞いて、次の質問に答えなさい。

騒ぐ	to make a lot of noise

a) 真美の苗字（family name）は何といいますか。

b) ジェリーが電話をかけた時、初めにだれが出ましたか。どうして分かりますか。

c) ジェリーは、真美を何に誘いましたか。

d) パーティーは何時ごろ終わるでしょうか。

e) 真美はジェリーのアパートに行ったことがあるでしょうか。どうして分かりますか。

速読

「どこに座るか」

エミリーは、アメリカの大学の大学院で経済を専攻しているが、今年は日本に留学している。留学先は東京のK大学で、有名なY教授のゼミに入れてもらった。ゼミは10人ぐらいのグループで、アメリカやイギリスの論文を英語で読んで、それについてディスカッションをする。読む物は英語だから問題ないが、ディスカッションは日本語なので、エミリーは、日本語の単語をたくさん覚えなければならなくて大変だ。

5

ゼミが始まって二ヵ月後に、ゼミの学生たちがY教授を招待してコンパをすることになった。コンパというのは、学生たちが一緒に飲んだり食べたりしながら話し合うパーティーのようなものだそうで、エミリーには初めての経験である。場所はSというすきやき屋に決まった。エミリーはゼミの友人斉藤君に地図を描いてもらったが、道に迷うと困ると思って早く出かけて行ったので、だれよりも早く着いてしまった。コンパの部屋に案内されると、和室だった。八畳の部屋には、低いテーブルがいくつか置かれ、座ぶとんがたくさん敷かれていた。エミリーは靴をぬいで上がったが、どこに座ったら

10

いいのか分からなかった。しかし、多分一番奥に座るのがいいだろうと思って、床の間の前に座った。五分後に斉藤君がY教授と現れた。斉藤君は、エミリーが座っているのを見ると、ちょっとびっくりしたような顔をして、「エミリー、すまないけど、もっと横の方に座って」と言った。そして、エミリーの座っていた、床の間の前の所に、Y教授を座らせた。

15

コンパは楽しかったが、エミリーはなぜ自分が動かせられたのか、どうしても分からなかった。翌日大学で斉藤君に会った時聞いてみると、斉藤君は次のように答えた。「和室では、床の間の前に、一番目上の人が座ることに決まっているんだよ。そこにエミリーが座ったら、Y先生の座る所がなくなっちゃうじゃないか。本当にびっくりしちゃったよ。」

20

単語			
ゼミ	a group of students that meets regularly with a designated professor to study specific topics	八畳（はちじょう）	eight-mat room (12'x 12')
		低い（ひくい）	low (↔高い)
論文（ろんぶん）	article, essay, thesis	座ぶとん（ざ）	a small cushion for sitting on（＝座る時に使う小さなふとん）
道に迷う（みち・まよ）	to get lost（＝道が分からなくなる）	敷く（し）	to lay flat [to sit on]
案内する（あんない）	to show [someone] the way to a place	奥（おく）	the back（＝入り口から遠い所）
和室（わしつ）	a tatami room（＝たたみの部屋）	床の間（とこ・ま）	alcove
		現われる（あら）	appear; arrive（＝やってくる）
		動く（うご）	to move (v.i.)
		翌日（よくじつ）	the next day（＝次の日）

○次の文を読んで、正（ただ）しいものに○、間違っているものに×をつけなさい。

（　　）**a)** エミリーはひとりですきやき屋に行った。

（　　）**b)** エミリーは前にもコンパに出たことがあった。

（　　）**c)** Y教授が学生をこのパーティーに招待した。

（　　）**d)** エミリーが着いた時には、まだだれも来ていなかった。

（　　）**e)** Y教授は、エミリーが床の間の前に座っていたので「それは困る」と言った。

ことわざ
4

サルも木から落ちる

(*lit.*, Even monkeys fall from trees.)

第 **8** 課

▼

アルバイト探^{さが}し

仕事を探す

C U L T U R E N O T E S

Jobs for Students
———

In the U.S., even elementary school and junior high school children sometimes work to earn pocket money by babysitting, delivering newspapers, mowing grass for others, etc. High school students with part-time jobs are not at all rare. In Japan, on the other hand, youngsters through high school are usually discouraged by their parents and teachers from working part-time since they must study hard in and out of school to survive "examination hell." They are expected to devote their full energy to studying to get into the "right" school or college. They simply do not have time for part-time jobs.

Once in college, however, things change dramatically. Since course work is not even half as rigorous in Japan as in the U.S., many college students acquire part-time jobs. The best kind of job is tutoring students from elementary school to high school to prepare them for entrance exams. They also work as interpreters/translators, sports instructors, sales clerks, or anything else as long as it brings in money.

In the U.S., one often hears about students working their way through college. That is not usually the case in Japan. Parents are supposed to take care of their children through college, and they do. Japanese college students, therefore, work part-time to earn extra money for enjoyment. They may buy small used cars, motor scooters, sporting goods, or go on trips abroad.

Job Interviews
———

When looking for a part-time job, an American student in Japan may be expected to speak in Japanese, depending on the type of work he/she wants. When interviewed in Japanese, either face-to-face or over the phone, you must speak very politely, using 敬語. There have been cases of Americans selected over their competitors only because their 敬語 was better. Therefore, learn to use expressions such as 失礼ですが and, above all, never refer to the interviewer as あなた！

会話 1

●ビル・グラントが、ある英会話学校へアルバイトのことで電話する。

受付の人：　マディソン英会話学院です。

ビ ル：　もしもし、こちらはグラントと申しますが、英会話教師の仕事のことで
ちょっと伺いたいんですが。

5 受付の人：　それでは、係の者と代わりますので、少々お待ちください。

＊　　　＊　　　＊

石 田：　もしもし、代わりました。主任の石田ですが。

ビ ル：　こちらは南西大学の留学生でグラントと申します。南西大学の横山先生か
ら、そちらで英会話教師を探していらっしゃると伺ったので、お電話いた
しました。

10 石 田：　ああ、それはどうも。今こちらで探しているのは、中高生対象のクラスを
教えられる先生ですが、経験はありますか。

ビ ル：　アメリカで、日本からの高校留学生にボランティアで教えたくらいです
が。　　　　　　　　　　　　　　　　　　　　1

石 田：　そうですか。それでは、お目にかかって詳しいことをお話ししたいと思い
15 ますので、一度こちらへいらしていただけますか。

ビ ル：　はい、いつ伺いましょうか。私は、毎日午後三時以後なら、あいておりま
すが。

石 田：　それでは、あさって、木曜日の四時はいかがですか。

ビ ル：　はい、けっこうです。それでは、よろしくお願いいたします。

20 石 田：　じゃ、その時に。

ビ ル：　失礼します。

会話
2

○留学生スーザン、友達のよし子とアルバイトの話をしている。

スーザン：　何かアルバイトしたいんだけど、いいアルバイト知らない？

よし子：　そうねえ。やっぱり英会話教えるのが一番手っ取り早いんじゃない？

スーザン：　全然経験ないんだけど。

5　よし子：　英語さえしゃべれれば、だいじょうぶよ、家庭教師ならやさしいから。

スーザン：　「かていきょうし」って？

よし子：　自分のうちか生徒のうちで教えることよ。家庭教師なら、会話の相手をしてあげるだけで、けっこういいお金がもらえるはずよ。

スーザン：　生徒って、どんな人かしら。

10　よし子：　主婦とか、学生とか、ＯＬとか、会社員なんかね。

スーザン：　でも、そんな生徒どうやって見つけるの？

よし子：　コネよ。

スーザン：　コネって？

よし子：　知ってる人に頼むのよ。大学で、ほかの留学生たちに聞いてみたら？ それ
15　から、ホストファミリーにも頼んでおくといいんじゃない？ 家族の知っている人や親類なんかで、英会話の勉強をやりたい人が必ずいるから。私も友達なんかに聞いといてあげる。

スーザン：　英語教えるほかにも、何かあるかしら。

よし子：　そうね。翻訳のアルバイトなんかあるんじゃないかな。大学で学生部の掲
20　示板見てみたら？ それから、アメリカ人の女の人だと、モデルなんかする人もいるみたいだけど。

スーザン：　モデル？

よし子：　うん、ファッションモデル。

スーザン：　でも、それはちょっと……。

会 話 ③

●ジェイソンが、留学先の大学で、留学生係の人と話している。

ジェイソン：　実はお金が少し足りなくなってきたので、アルバイトをしたいと思っているんですが、何かないでしょうか。英語教師の口ならあるんですけど、あまりしたくないので。

5　留学生係：　何か特技がありますか。

ジェイソン：　「とくぎ」って何でしょうか。

留学生係：　何かほかの人より上手にできること、例えば、コンピューターが使えるとか、雑誌の編集をしたことがあるとか……。

ジェイソン：　編集なら、大学で学生新聞の仕事をちょっとやってました。

10　留学生係：　今、ちょうど英字新聞で編集のパートを探していますよ。電話番号をあげますから、電話してみたらどうですか。

ジェイソン：　じゃ、早速かけてみます。

　　　　　　　＊　　　＊　　　＊

●翌日

ジェイソン：　きのう英字新聞に電話してみたんですが、だめでした。

15　留学生係：　だめって？

ジェイソン：　もうほかの人を雇っちゃったんだそうです。

留学生係：　残念でしたね。でも、今日は面白いアルバイトが入っていますよ。

ジェイソン：　どんな仕事ですか。

留学生係：　デパートで、サンタクロースになってくれる人を探していて、外国人がいいって言うんです。一日三万円で、五日間だそうですよ。

20

ジェイソン：　えっ、それはすごい！　ぜひお願いします。

留学生係：　明日から冬休みだから、ちょうどよかったですね。

35

マクドナルドから英語を習った十二人の侍の中に、森山栄之助という男がいた。彼は語学の天才で、英語をよく覚えた。一八五三年に日本の開国を求めて江戸湾へやってきたペリーが、翌年の一月にまた江戸へ戻ってきた時、条約‥‥‥‥‥‥‥‥‥

の日本語訳の仕事をしたのがこの森山だった。マクドナルドから習った英語が、日米交渉のために立派に役立ったわけである。

条約の交渉に向かうペリー
(『ペリー提督日本遠征記』
横浜開港資料 館所蔵)

ラナルド・マクドナルドは、一八二四年にアメリカ大陸のフォート・ジョージという町で生まれた。父はスコットランド人、母はインディアンであった。一八三五年の秋、マクドナルドは三人の日本人漂流者がアメリカ大陸に流れ着いたというニュースを聞いた。その三人がインディアンに似ていると聞いて、マクドナルドは感動した。そして、インディアンの祖先がアジアからやってきたという伝説を思い出し、日本に対する憧れを抱くようになった。そのころの日本は鎖国中で、オランダ人以外の白人の入国は許されなかったが、マクドナルドは、自分はインディアンだから、日本人が温かく迎えてくれそうな気がした。

マクドナルドは、やがて日本へ行こうと決心し、そのためには日本近海へ出かけていく捕鯨船の船員になるのが一番いい方法だろうと考えた。幸い、ちょうど日本方面へ向かう捕鯨船プリマス号の船員として、雇ってもらうことができた。一八四八年六月、プリマス号が北海道に近づいた時、マクドナルドは船長からボートをもらい、一人で陸地

へ向かった。そして北海道の近くの利尻島という島に上陸した。

幕府はマクドナルドのことを聞いて驚いた。そして、九州の長崎からオランダ船で国外へ送り出すことに決定し、彼を長崎へ送らせた。そのころ、多くのアメリカの捕鯨船が日本近海に現れるようになり、中には難破して日本に上陸する者もあった。また、イギリス船も現れ始めていた。そのころ幕府にはオランダ語のできる通訳がいないため、大変不便に感じていた。そこで幕府は、オランダ語の通訳の中から十二人を選び、マクドナルドから英語を学ばせることにした。マクドナルドは、アメリカ人としては日本で初めての英語教師となり、この十二人の侍に英語を教えたが、翌一八四九年四月に長崎へやってきたアメリカの軍艦で北アメリカへ送り返された。

彼は一生日本のことが忘れられなかったらしく、一八九四年にワシントン州の姪の家で病死した時、姪に「サヨナラ、マイ・ディア、サヨナラ」と言って死んだと言われている。

単語

会話 1

探す	to look for	6 主任	a person in charge
2 受付	receptionist	石田	(family name)
学院	school (＝学校；often used for names of schools)	7 横山	(family name)
3 教師	teacher (＝先生)	10 中高生	junior and senior high school students
4 伺う	to ask, to hear or to visit (humble form)	対象	target; object of
5 係の者	person who handles a particular business matter (者 is generally a humble expression for 人)	12 ボランティア	volunteer
		14 お目にかかる	to meet (humble form of 会う) (*v.i.*)
～と代わる	to replace someone (*v.i.*)	詳しい	detailed
少々	a little; short [time] (formal for 少し)	16 以後	after

会話 2

3 手っ取り早い	quick and simple	12 コネ	connection[s]
5 しゃべる	to chatter(＝話す)	16 親類	relative[s]
家庭教師	private tutor	必ず	surely
7 相手をする	to keep company with; to be a companion to	19 翻訳	translation
10 主婦	housewife	掲示板	bulletin board
OL	female office worker[s] (*lit.*, <u>o</u>ffice <u>l</u>ady)	20 モデル	fashion model

会話 3

1 留学生係	person who deals with matters pertaining to foreign students	3 口	job opening (*lit.*, mouth)
		5 特技	special talent; skill

8 雑誌 magazine

編集 editing

10 パート part-time job

12 早速〜する to lose no time in 〜ing

16 雇う to hire

19 サンタクロース Santa Claus

21 ぜひ by all means

読み物

0 森山 (family name)

1 ラナルド・マクドナルド Ranald McDonald

大陸 continent

2 フォート・ジョージ Fort George

スコットランド人 Scot

3 インディアン American Indian

4 漂流者 a person who goes adrift on the ocean

[〜に]流れ着く to drift ashore

6 感動する to be moved; to be impressed

7 祖先 ancestor[s]

伝説 legend

8 思い出す to recall

〜に対する toward 〜

憧れ longing; yearning

抱く to hold (*v.t.*) (written expression)

9 鎖国 national isolation

オランダ人 Dutch [person]

白人 Caucasian

入国 to enter a country (＝国に入ること)

許す to allow

11 温かく warmly

〜そうな気がする to feel as if 〜

12 やがて before long; soon

[〜と]決心する to be determined to 〜; to resolve to 〜

13 日本近海 Japanese waters; off the coast of Japan

捕鯨船 whaling vessel

船員 crew member

14 方法 method

幸い fortunately; luckily

方面 direction; area

〜へ向かう to head toward 〜 (*v.i.*)

15 プリマス号 (name of a ship)

16 北海道 (the biggest island in the north of Japan) (＝日本の一番北の大きい島)

[〜に]近づく to approach [〜] (*v.i.*)

17 船長 captain of a ship

陸地 land

18 [〜に]上陸する to land [on 〜]

20 幕府 the Shogunate

驚く to be surprised

九州 (the name of one of the four major islands of Japan)

21 長崎 (name of a city)

　　オランダ船 Dutch ship

　　国外 overseas; abroad

　　[〜に]決定する to decide (＝〜に決める)

22 彼 (third-person pronoun for a male)

23 現れる to appear (*v.i.*)

　　難破する to be shipwrecked

25 通訳 interpreter

26 不便[な] inconvenient

28 学ぶ to learn; to study

30 翌 the next [day/year/etc.] (＝次の)

31 軍艦 warship

　　送り返す to send back

32 一生 throughout [one's] life

33 姪 niece

33 病死する to die from an illness (＝病気で死ぬ)

36 栄之助 (male given name)

　　語学 language study

　　天才 genius

37 開国 to open up the country [to foreigners] (＝国を開くこと)

　　江戸湾 Edo Bay

38 ペリー Commodore Perry

　　戻る to return (*v.i.*)

　　条約 treaty

40 日米 Japan-U.S. (＝日本とアメリカ)

　　交渉 negotiation

　　立派に splendidly

　　役立つ to be useful; to be helpful (＝役に立つ)

漢字リスト

書くのを覚える漢字
読み方を覚えましょう。また、書けるようになるまで練習しましょう。

1．教師	2．係	3．主任	4．南西	5．探す
6．経験	7．全然	8．家庭	9．足りる	10．特技
11．早速	12．感動	13．白人	14．許す	15．決心
16．近海	17．方法	18．幸い	19．向かう	20．北海道
21．決定	22．彼	23．現れる	24．通訳	25．不便
26．学ぶ	27．返す	28．病死	29．天才	30．江戸

読めればいい漢字
読み方を覚えましょう。

1．対象	2．詳しい	3．主婦	4．親類	5．翻訳
6．掲示板	7．雑誌	8．編集	9．雇う	10．森山
11．大陸	12．漂流者	13．流れ着く	14．祖先	15．憧れ
16．抱く	17．鎖国	18．温かい	19．船員	20．陸地
21．幕府	22．驚く	23．長崎	24．難破	25．翌〜年
26．姪	27．開国	28．湾	29．戻る	30．条約
31．立派				

漢字の部首
8
のぎへん

禾

This radical stands for a rice plant and is generally used for characters representing kinds of rice plant, states of, or uses for, the rice plant, etc.
「私」「秋」「和」など

TELEPHONE CONVERSATIONS

1. In Japan, as in the United States, the party that answers the phone speaks first by saying もしもし. Some people skip もしもし and identify themselves as soon as they pick up the receiver, saying, for example, 三浦でございます. Business establishments normally identify themselves immediately, without saying もしもし, as is the case with 会話1 of this lesson, *i.e.*, マディソン英会話学院です／でございます.

2. Another difference between Japan and America is that the caller must identify himself/herself before being asked. He/She would then ask for the person he/she wishes to talk to, *e.g.*, 南西大学のグラントと申しますが、横山先生いらっしゃるでしょうか. If you forget to identify yourself, the person answering would ask, 失礼ですがどちら様 (polite for だれ) でしょうか. The latest trend seems to be to leave out the latter half of this sentence, leaving only 失礼ですが intact.

3. In English, for identification on the phone, one would say, "This is so-and-so" or "Is this so-and-so?" instead of "I am . . ." or "Are you . . . ?" Likewise, in Japanese, one would say, こちらは池田ですが (This is Ikeda/the Ikedas.) and そちらは加藤さんのお宅ですか (Is that the Katos?).

4. Polite Telephone Conversation Formulas
    a) Opening

    ジェイソン：もしもし、富田さんのお宅でしょうか。

    富田母　　：はい、そうですが。

    ジェイソン：こちらは南西大学のトンプソンですが、真美さんいらっしゃいますか。

    富田母　　：はい、少々お待ちください。

    b) If the person you wish to talk to is out

    富田母　　：あの、娘は今ちょっと出かけておりますが。

    ジェイソン：あ、そうですか。何時ごろお帰りでしょうか。

    富田母　　：そうですね。八時ごろには戻ると思いますけど。

    ジェイソン：そうですか。じゃ、また九時ごろお電話します。

    富田母　　：どうも申しわけありません。

c) If you wish to leave a message

ジェイソン：そうですか。それじゃ、お帰りになったら、こちらへお電話くださるようお伝え(to give a message)くださいませんか。

富田母　：分かりました。

d) Ending

ジェイソン：じゃ、失礼します。

富田母　：ごめんください。

5.　Sample Telephone Conversation by Someone Looking for a Tutoring Job:

ビル・グラント：もしもし、田中さんのお宅ですか。

田中とし子：はい、そうですが……。

ビ　ル：こちらは、お宅のお隣の中山さんの所でホームステイをしているビル・グラントという留学生ですが……。

とし子：あ、はじめまして。

ビ　ル：英会話の勉強をなさりたいそうですが、僕もちょうどアルバイトをしたいと思っていたので……。

とし子：あ、それじゃ、ぜひお願いします。

ビ　ル：週に何度ぐらいがいいですか。

とし子：そうですね。二回ぐらいじゃどうでしょうか。

ビ　ル：いいですよ。僕は月・水の午後八時から九時までが一番いいんですけど。

とし子：それでけっこうです。

ビ　ル：場所は中山さんの所でいいですか。

とし子：ええ、もちろん。

ビ　ル：じゃ、明日はちょうど月曜日だから、早速始めましょうか。

とし子：あの、お礼(remuneration; tuition)はおいくらでしょうか。

ビ　ル：普通一回三千円ぐらいだと思いますけど。

とし子：けっこうです。じゃ、明日夜の八時に。

ビ　ル：じゃ、失礼します。

文法ノート

1 ○ XはYくらいです＝'Y is about the only X.'
[会話1/ℓ.12：教えたくらいですが]

> This expression is used when Y is about the only case where X holds true. X and Y are both either nouns or noun phrases.

a) 日本人がのんびりできるのは、大学生の時くらいかもしれない。

(College years might be the only time when the Japanese can relax.)

b) 東京が静（しず）かになるのは、お盆（ぼん）のころくらいです。

(About the only time Tokyo becomes quiet is around the *Bon* festival.)

c) 教えた経験は、ボランティアで子供に日本語を教えたくらいです。

(About the only teaching experience [I have] is teaching Japanese to children as a volunteer.)

2 ○ やっぱり＝'as expected; also; again'
[会話2/ℓ.3]

> やっぱり is a conversational form of やはり. It is an adverb which indicates that what is being said is what is expected from our general or specific knowledge.

a) ジョン・ケネディは政治家だった。彼（かれ）の弟（おとうと）たちもやはり政治家になった。

(John Kennedy was a politician. His brothers also became politicians.)

b) 漢字は面白いですが、やっぱり覚えるのに時間がかかります。

(Kanji are interesting, but [as might be expected] they take a long time to learn.)

3 ○ 〜さえ〜ば＝'if only you 〜'
[会話2/ℓ.5：英語さえしゃべれれば]

> This expression states a sufficient condition for attaining a desired result. さえ can be attached to a noun, a verb stem and the て-form of a verb, as in the following:
>
> | | |
> |---|---|
> | N さえ V(ば-form): | くすりさえ飲めば |
> | V(stem) さえすれば: | くすりを飲みさえすれば |
> | V(て-form) さえいれば: | くすりを飲んでさえいれば |
>
> Particles が, を, は and も are dropped when さえ is attached, but other particles are retained as in クラスにさえ出れば. ば is a conditional form.

a) 運動（うんどう）さえすれば病気になりません。

(If you don't want to get sick, all you have to do is to exercise.)

b) 寝さえすれば治（なお）ります。

(If you only sleep, you will get better.)

c) クラスに出てノートをとってさえいれば、だいじょうぶです。

(If you only attend classes and take notes, you will do fine.)

d) 漢字さえ知っていれば新聞が読めるというわけではありません。

(It's not the case that knowing kanji guarantees that you are able to read newspapers.)

e) 暇さえあれば、しあわせです。

(The only thing I need to be happy is free time.)

> In some cases, there is a choice between Nさえ Vば or Vさえすれば as in the following examples:

f) くすりさえ飲めば、治ります。

g) くすりを飲みさえすれば、治ります。

(If only you would take your medicine, you would get better.)

> When さえ is attached to a noun, さえ emphasizes that noun. Hence, f), for example, implies that one only has to take medicine and no other substance. Sentence g), on the other hand, emphasizes the action of taking medicine as opposed to other actions such as sleeping, listening to music, etc.

4◯〜はず

[会話2/ℓ.8：けっこういいお金がもらえるはずよ]

> 〜はず, which means 'supposed to,' 'expected to,' expresses one's conjecture with some certainty. It follows noun ＋ の, な-adjective な, and plain forms of verbs and い-adjectives.

a) 今日は日曜日だから、銀行は休みのはずです。

(It's Sunday today, and so banks are supposed to be closed.)

b) 日本に住んでいたから日本語が上手なはずです。

(His Japanese should be good since he lived in Japan.)

c) 中古なら安いはずです。

(If it's a used one, it should be cheap.)

d) スペイン語を知っている人にとって、イタリア語は難しくないはずです。

(For people who know Spanish, Italian is not supposed to be difficult.)

e) 日本語の三年になれば、日本語の新聞が読めるはずです。

(Students who are in Third Year Japanese should be able to read newpapers in Japanese.)

5 ○ ～みたい

[会話2/ℓ.21：モデルなんかする人もいるみたい]

> みたい is a colloquial form of ようだ. Unlike ようだ, みたい follows bare nouns (*e.g.*, 日本人みたい) and な-adjective stem (*e.g.*, にぎやかみたい). Like ようだ, it follows plain forms of い-adjectives and verbs (*e.g.*, 安いみたい; 行くみたい).

a) まるで夢みたい。

(It's like a dream.)

b) こんな高いものを買わされて、ばかみたい。

(I feel stupid being forced into buying an expensive thing like this.)

c) なかなか仕事がないみたいだね。

(It seems difficult to find a job.)

d) 来年結婚するみたいよ。

(It looks like [he] is going to get married next year.)

6 ○ ～として ='as～'

[読み物/ℓ.15：船員として]

a) 英語の教師として日本へ行くアメリカ人は、年々増えているようだ。

(It seems that the number of Americans who go to Japan as English teachers is increasing every year.)

b) チョムスキーは、言語学者としてよりも政治運動で有名かもしれない。

(Chomsky is perhaps more famous for his political activities than as a linguist.)

7 ○ ～ため(に) ='because (of); due to'

[読み物/ℓ.26：通訳がいないため]

> ～ため(に) follows a noun + の, な-adjective な-form and plain forms of い-adjectives and verbs. It indicates the reason or cause for the following clause. ～ため is a formal expression, and hence is used in writing or in formal situations.

a) 大雪のためフライトがキャンセルされた。

(The flight was cancelled because of heavy snow.)

b) 漢字は複雑なため、覚えるのに時間がかかる。

(Kanji take a long time to learn because of their complexity.)

c) 英語のできる通訳がいないため、幕府は大変不便に感じていた。

(Because there was no interpreter who could handle English, the Shogunate was greatly inconvenienced.)

d) 景気が悪くなったため、首になった人も多い。

(Because of the deteriorating economic conditions, many people have been laid off.)

〜ため(に) also indicates a purpose for an action （cf. Lesson 5）. Whether ため(に) is interpreted as a "purpose" or "reason" partly depends on the context. However, if ため(に) follows an adjective or a verb which indicates a state such as 分かる, できる, ある, etc., it always indicates a "reason." (Past-tense forms, too, always indicate reasons.)

e) 日本語を<u>勉強する</u>ため(に)、日本へ行った。

(He went to Japan in order to study Japanese.)

f) 日本語を<u>勉強した</u>ため(に)、日本へ行った。

(He went to Japan because he studied Japanese.)

○…………… **文法**練習

1…………　**XはYくらいです**　　　　　　　　　　　　　▶文法ノート1

○次の会話を完成しなさい。

a) 日本人　：日本料理は、何でも好きですか。

　　アメリカ人：いいえ、私が好きなのは＿＿＿＿＿＿＿＿＿くらいです。

　　日本人　：それは、残念ですね。

b) A　：このごろの日本の子供は、本をあまり読まないと聞きましたが。

　　B　：ええ、本当に。＿＿＿＿＿＿＿は、＿＿＿＿＿＿くらいなんですよ。

　　A　：それは困りましたね。

c) 田　中：鈴木さんはスポーツは何でもできるんでしょ。

　　鈴　木：いいえ、僕が＿＿＿＿＿＿＿のは＿＿＿＿＿＿＿くらいですよ。

2…………　**やっぱり**　　　　　　　　　　　　　　　　▶文法ノート2

○例にならって、次の会話を完成しなさい。

　［例］　A　：文部省の試験はどうでしたか。

　　　　　B　：難しいと聞いていたんですけど、やっぱり<u>難しかったです</u>。

a) 山　田　　：夏はどうしたんですか。

　　ベーカー：日本語を勉強しました。

　　山　田　　：じゃあ、たくさん勉強できたでしょう。

　　ベーカー：ええ、でも、夏はやっぱり＿＿＿＿＿＿＿＿＿と思いました。

b) スミス：きのうはどんなレストランへ行ったんですか。

　　加　藤：ステーキのレストランへ行きました。

　　スミス：おいしかったですか。

　　加　藤：ええ、でも、私は日本人だから、やっぱり＿＿＿＿＿＿＿＿＿＿＿。

c) 小　川：お宅のおじょうさんは今度大学だそうですが、どちらの大学にいらっしゃる

んですか。

三上：東京大学に入りました。

小川：やっぱり＿＿＿＿＿＿＿＿＿ですねえ。

d) 山田：夏休みはどうしたの？

村上：カリフォルニアまで車で旅行したんだけど。

山田：わあ！

村上：アメリカはやっぱり＿＿＿＿＿＿＿＿と思ったよ。

---

3 ┄┄┄┄ **〜さえ〜ば**　　　　　　　　　　▶文法ノート3

◐「〜さえ〜ば」を使って次の文を完成しなさい。

［例］　勉強さえすれば、試験はできるでしょう。

a) ＿＿＿＿＿＿＿＿＿＿何でも好きなことができます。

b) 分からない漢字は、＿＿＿＿＿＿＿＿＿＿分かります。

c) 日本語は、＿＿＿＿＿＿＿＿＿＿話せるようになります。

d) 病気は、＿＿＿＿＿＿＿＿＿＿よくなります。

e) 私は、＿＿＿＿＿＿＿＿＿＿しあわせです。（about yourself）

---

4 ┄┄┄┄ **〜はず**　　　　　　　　　　▶文法ノート4

◐「〜はず」を使って、次の会話を完成しなさい。

a) A：あのレストランはいつも込んでいますね。

B：ええ、でも、お昼前に行けば＿＿＿＿＿＿＿＿＿よ。

b) A：佐藤さんは来るんでしょうか。

B：ええ、さっき出かけると電話がありましたから、もうそろそろ＿＿＿＿＿＿

＿＿＿＿＿＿。

c) A：スミスさんは、日本語、できるんでしょうか。

B：ええ、日本に住んでいたから、＿＿＿＿＿＿＿＿＿。

d) A：車を買いたいんだけど、高いだろうね。

B：中古なら＿＿＿＿＿＿＿＿＿。

○‥‥‥‥運用練習

1‥‥‥‥ロールプレイ

　ペアになりなさい。一人は日本にいる留学生で、英語を教えるアルバイトをしたいので、いろいろな英語学校に電話をかけています。もう一人は TLC 英会話学院の主任で、その学校では、今ちょうど先生を探しています。この二人の会話を練習しなさい。会話の細かい点(detail)は自由。

2‥‥‥‥ロールプレイ

　ペアに分かれ、一人は留学生、もう一人は会社員／OL になりなさい。留学生が初めて会社員／OL に電話をかけて、英語のレッスンについて話し合う会話を練習しなさい。Notes on Telephone Conversations の中の会話例をモデルとして、次のことを話し合うが、曜日、時間、場所、お礼などの細かい点は自由。

a) When should they begin?

b) How many times a week should they meet?

c) Where should they meet?

d) From what time to what time?

e) How much should the tuition be?

3‥‥‥‥ロールプレイ

　ペアになりなさい。会話3のジェイソンは、「英字新聞に電話をしてみた」と言っていますが、彼が英字新聞に電話をかけた時の会話を考え、一人がジェイソン、もう一人が新聞社の人になって、練習しなさい。

4　ブレーンストーミング

日本で英語を習う日本人は、英語を話さなければならなくなると、恥ずかしがって（to act shy）なかなか話そうとしません。どうしたら、話させることができるでしょうか。小グループを作って、アイディアを出し合い、リスト・アップしなさい。リストができたら、クラスの人たちに発表しなさい。

5　ペアワーク

ペアになり、自分の今までで一番楽しかった（または一番いやだった）アルバイトについて、話し合いなさい。

6　作　文

自分のしたことのあるアルバイトについて、「私とアルバイト」という題で百五十字ぐらいの作文を書きなさい。

▶············ **聞き取り**練習

◦アメリカの留学生ジェリーと空手部の友人坂本_(さかもと)が話しています。テープを聞いて、正しいものに○をつけなさい。

a) 坂本は ABC アカデミー
( ) の名前しか知らない。
( ) のことをよく知っている。
( ) に行ったことがある。

b) ジェリーは
( ) あした ABC アカデミーに行ってみるつもりだ。
( ) ABC アカデミーに行ったことがある。
( ) ABC アカデミーで勉強したことがある。

c) ジェリーは ABC アカデミーで
( ) 毎日教えるだろう。
( ) 毎週三時間教えるだろう。
( ) 一週間に六時間教えるだろう。

d) ジェリーは
( ) 中学と高校で教えることになった。
( ) 中学生と高校生を一緒に教えるだろう。
( ) 中学生と高校生に会話だけ教えればいいと言われた。

e) ジェリーは
( ) 一時間に三千円もらうだろう。
( ) 一日に三千円もらうだろう。
( ) 一時間に三百円もらうだろう。

　ベティーが日本に留学してびっくりしたことの一つは、日本人のブランド志向だった。日本へ行く時、ホストファミリーに何かおみやげを持っていった方がいいと思い、お父さんにはネクタイ、お母さんにはハンドバッグ、子供たちにはアメリカの大学のＴシャツを買っていった。お父さんと子供たち
5 は喜んでくれたが、お母さんはあまりうれしそうな顔をしなかった。そのハンドバッグは、故郷の町のアート・フェアで買った手作りのバッグで、けっこう高い物だったから、ベティーはがっかりしてしまった。あとで、お母さんの持っているバッグは全部ブランド物ばかりだということに気づいた。バッグだけでなく、ブラウスやベルトやソックスもブランド物ばかりなのだ。
10 その上、トイレのスリッパまでピエール・カルダンの名の入ったブランド物なので、ベティーはトイレに入るたびにおかしくて笑ってしまった。

単語			
ブランド志向	lit., brand-oriented, i.e., liking for namebrand goods	手作り	handmade（＝手で作った）
		がっかりする	to be disappointed
故郷の町	hometown	～たびに	whenever ～

▶次の文を読んで、正しいものに○、間違っているものに×をつけなさい。

（　）a) ベティーは、留学する前にホームステイの家族にプレゼントを送った。

（　）b) ホストファミリーのお母さんは、喜んでくれなかった。

（　）c) そのお母さんにあげた物は、日本に着いてから買った物だった。

（　）d) そのお母さんは、ブランド物がとても好きらしい。

（　）e) ホストファミリーの家には、トイレにもブランド物がある。

俳句 4

菜の花や　月は東に　日は西に
（蕪村，1716-83）

第 **9** 課

▼

贈<ruby>おく</ruby>り物

あげる／もらう

◆ これつまらない物ですけど、お歳暮<ruby>せいぼ</ruby>のおしるしに。 …⊙会話１

◆ どうも恐れ入<ruby>おそ い</ruby>ります。

◆ これ京都で買ってきたから、あげるよ。 ⊙会話３

◆ ずいぶん教えてもらったから、そのお礼なんだ。

◆ これ、使わせてもらうよ。

◆ どうもありがとう。

C U L T U R E N O T E S

Humble Expressions

When one gives a gift in Japan, one uses an expression that minimizes its importance: つまらない物ですが (*lit.*, it's just something insignificant). The spirit of humbleness has always been valued in Japan. It is the same spirit that makes Japanese speakers say 何もございませんが (*lit.*, there's nothing worthwhile) when they serve a meal to guests, or いいえ、とんでもありません (*lit.*, it's far from the truth) when they are complimented, for example, on a member of their family.

Gift-giving

When one receives a gift in Japan, one is not supposed to open it right away. Wanting to open a gift immediately has traditionally been interpreted as a sign of being materialistic. Don't be surprised, therefore, if someone you give a gift to in Japan does not open it in your presence. Likewise, if you receive a gift, thank the giver profusely, but do not look too eager to know what is inside. Like so many things in Japan, however, this custom, too, is perhaps in the process of changing. Some young people nowadays may ask you to open what they give you at once.

Another difference in gift-giving between the U.S. and Japan is that when one receives a gift in Japan, one often starts worrying about what gift to give back. For example, if one receives an お歳暮 (*i.e.*, a year-end gift) from a neighbor, one must give back a gift (*i.e.*, an お返し) of equal or near-equal value. When you are in a student-teacher situation where you are the teacher, however, you do not have to worry about this. In other words, if you receive a year-end gift from a student you have been tutoring, you are not expected to give anything back.

Since an average middle-class Japanese family is accustomed to receiving so many gifts, they are not easily surprised these days. It may be difficult to give them the kind of present they might find extraordinary. The best kind of gift for a 留学生 to take to Japan for his/her host family, therefore, would be something that would be hard to obtain in Japan. Take with you, for example, T-shirts from your college if there are teenagers in the family. Picture books with beautiful color photos of your city or state might be another good choice.

会　話

❶スーザンのホストファミリーの家に、会社の部下の奥さんがお歳暮を持ってくる。

田　口：　ごめんください。

高　田：　あ、おはようございます。

田　口：　お寒くなりましたねえ。

5 高　田：　そうですねえ。

田　口：　いつも主人がお世話になりまして。

高　田：　いいえ、こちらこそ。

田　口：　あの、これつまらない物ですけど、お歳暮のおしるしに。

高　田：　あ、どうも恐れ入ります。よろしかったら、お上がりになりませんか。

10 田　口：　ええ、でもまだほかに用もありますので。

高　田：　そうですか。わざわざどうもありがとうございました。

田　口：　いいえ、ほんの少しばかりで。じゃ、これで失礼します。

高　田：　ごめんください。

❷リビング・ルームに戻ってきてお歳暮をあけている高田夫人に、さっきの会話を隣の部屋で聞いてい

15　　たスーザンが聞く。

スーザン：　お母さん、「おせいぼ」って何ですか。

お母さん：　お歳暮っていうのは、年末の贈り物で、お世話になっている人にあげるの
　　　　　　よ。

スーザン：　お世話になっているっていうと、例えばどんな人たちですか。

20 お母さん：　そうね。例えば、子供たちの学校の先生とか、会社の上司とかよ。

スーザン：　じゃ今の人は？

お母さん：　うちのお父さんは、課長でしょう？　今の人は、お父さんの下で働いてい
　　　　　　る人の奥さんなのよ。

スーザン：　ああ、そうですか。で、どんな物をあげるんですか。

25 お母さん：　何でもいいけど、食べ物とか飲み物なんかが多いわね。ほら、これもそう
　　　　　　でしょう。（今もらったお歳暮を見せる。）

スーザン：　ワインとチーズですね。私も南西大学の先生たちに、何かあげなくちゃ
　　　　　　いけないんですか。

お母さん：　ううん、学生はそんなこと考えなくていいのよ。

30 スーザン：　ああ、よかった。

会話

2

○ジェイソンが留学生係の人と話している。

ジェイソン：　今日はちょっと質問があるんですけど。

留学生係：　何でしょうか。

ジェイソン：　日本人の友達の結婚披露宴に呼ばれたんですが、どうしたらいいのか、さっ
5　　　　　　ぱり分からなくて困っているんです。

留学生係：　何が分からないんですか。

ジェイソン：　とにかく、日本で披露宴に呼ばれたことがないので、何を着ていったらい
　　　　　　いのかも分からないんです。

留学生係：　そんなことだったら、何も心配しなくてだいじょうぶですよ。背広は持っ
10　　　　　　てきてますか。

ジェイソン：　ええ、でも一着しかないんです。それを着ていくより仕方がないかな。
　　　　　　　　　　　　　　　　　　　　　　　　　　　　1

留学生係：　何色ですか。

ジェイソン：　何色っていうのか、navy blue ですけど。

留学生係：　ああ、紺ですね。じゃそれを着ていけばいいんですよ。

15　ジェイソン：　ああ、よかった。贈り物はどうでしょうか。日本では、披露宴に呼ばれる
　　　　　　と、普通お金を持っていくって聞いたんですが、いくら持っていったらい
　　　　　　いと思われますか。
　　　　　　　　　2

留学生係：　トンプソンさんは学生だから、一万円ぐらいでいいと思いますよ。

ジェイソン：　分かりました。じゃ、そうします。どうもありがとうございました。

20　留学生係：　いいえ。いつでもどうぞ。

会 話

3

○ジェリー、友人の坂本と話している。

坂　本：　京都へ行ったことある？

ジェリー：　まだ行ったことないんだ。<u>せめて一度は行かなきゃだめだ</u>ってみんなに言われてるから、春休みに行ってみるつもりだけど。

5 坂　本：　僕ね、この週末に行ってきたんだ。

ジェリー：　ふうん。どうだった？

坂　本：　よかったよ。これ京都で買ってきたから、あげるよ。ジェリーには、この間、英語の試験の前にずいぶん教えてもらったから、そのお礼なんだ。

ジェリー：　そうか。あけてもいい？

10 坂　本：　いいよ。

ジェリー：　あ、きれいだなあ。

坂　本：　京都の湯のみだけど、そんな物、使う？

ジェリー：　使うよ。このごろ日本茶が好きになってきたから、これ使わせてもらうよ。

坂　本：　ちょうどよかったね。

15 ジェリー：　うん、どうもありがとう。

35 40 45 50

クリスマスや「バレンタイン・デー」などにもプレゼントをあげる習慣が生まれた。クリスマスと言っても、日本にはクリスチャンが少ないので、教会に行くわけでもなく、ただプレゼントを交換するのである。しかし、家族内や友人同士でクリスマス・プレゼントを交換するという日本人は、まだ少数だろう。バレンタイン・デーは、日本では、女性が男性の友人や同僚や上司にチョコレートなどをあげる日になってしまった。別に恋人にあげるというのではなく、どんな人にでもあげてしまうというのが、贈り物好きの日本人らしいところである。しかも、バレンタイン・デーからちょうど一ヵ月後の三月十四日は、バレンタイン・デーにプレゼントをもらった男性が、プレゼントをくれた女性にお返しをあげる「ホワイト・デー」と呼ばれる日になっている。これは、アメリカの習慣が日本に入るとずいぶん変わってしまうことのいい例だろう。

留学生も日本で贈り物をもらうことが多いと思うが、そんな時には、ホストファミリーや大学の留学生係や日本人の友達によく聞いて、どうしたらいいかを決めるのがいいだろう。

「どれにしようかな……」──
デパートでバレンタイン・デー
のチョコレートを選ぶOL

日本の贈り物の季節は、伝統的には年に二回である。そのうちの一度は七月の初めごろで、その時の贈り物は「お中元」と呼ばれる。もう一度は年末で、その時の贈り物は「お歳暮」と呼ばれる。どちらも、会社の上司とか、子供の学校の先生など、いつもお世話になっている人にあげるのが普通である。相手の喜びそうな物をあげることもあるし、その人の家族が一緒に楽しめるように、食べ物や飲み物をあげることもある。そして、相手の家に行かないで、買った店からその人の家に届けてもらってもよい。お中元とお歳暮のほか、お正月には「お年玉」の習慣もある。これは、自分の子供や親戚の子供一人一人に渡すお金のプレゼントである。

こういう季節のほかにも、日本人はよく贈り物をする。例えば、人の家を訪ねる時には何か持っていくことが多い。持っていくのは、果物やケーキなどの食べ物が普通だろう。そんな贈り物は、「おみやげ」と呼ばれる。旅行へ行った時には、家族などのために、その土地の産物を買って帰る。

それも「おみやげ」と呼ばれる。この、おみやげの習慣は、最近ちょっとひどくなりすぎている。日本では、このごろ外国への観光客が非常に増えているが、この人たちは外国に着くとすぐおみやげのことを心配して買い物を始める。その土地の人たちには、それが不気味に見えるそうである。

そのほかにも、お祝いの贈り物がある。例えば、結婚のお祝いには現金をあげることが多い。結婚披露宴はお金がかかるから、親類などがお金を出して助け合うというのが本来の習慣だったわけだが、このごろは、披露宴が大変贅沢になってきているから、新郎・新婦の親たちは、招待された人々がお金を持ってきてくれなければ、本当に困ってしまうだろう。しかし、お客さんたちがお金を持ってきてくれると思うからこそ、親たちは披露宴にますますお金をかけてしまうのだから、これは明らかに悪循環と言えるだろう。

最近は、アメリカの影響で、お中元やお歳暮のほかに、

単語

会話 1

贈り物	gift; present		11 わざわざ	taking the trouble (to do)
				(See第11課○文法ノート7)
1 部下	one's subordinate（＝会社などで自分より目下の人）		12 ほんの少し	nothing much（＝大変少ない）
奥さん	[someone else's] wife		14 高田夫人	Mrs. Takada
お歳暮	end-of-the-year gift		17 年末	end of the year（＝年の終わり）
6 主人	[one's own] husband			
お世話になる	to be indebted to someone (v.i.)		20 上司	one's superior（＝会社などで自分より上の人[課長、部長など]）
8 しるし	token; sign			
9 恐れ入ります	Thank you very much. (formal and polite)		22 働く	to work
			27 ワイン	wine
10 用	errand; business [to take care of]		チーズ	cheese

会話 2

4 結婚披露宴	wedding reception		11 ～より仕方がない	to have no choice but to ～（○文法ノート1）
さっぱり～ない	not at all		12 色	color
7 着る	to wear			
9 背広	men's suit		14 紺	navy blue
11 ～着	(counter for suits)			

会話 3

1 坂本	(family name)		6 ふうん	Really?
3 せめて一度	at least once（○文法ノート 3）		8 お礼	gift of appreciation
～なきゃ	(contraction of ～なければ)		12 湯のみ	tea cup

読み物

0	～好き	fond of ～ （＝～が好きな）
1	季節	season
	伝統的に	traditionally
2	お中元	mid-year gift
6	喜ぶ	to rejoice
7	楽しむ	to enjoy
9	届ける	to deliver （*v.t.*）
10	お正月	New Year
	お年玉	New Year's gift of cash
11	親戚	relative[s]
15	果物	fruit
17	土地の産物	local product
19	最近	in recent years; recently
20	観光客	tourist[s]
22	不気味に	weird; eery
25	現金	cash
26	親類	relative[s] （＝親戚）
	助け合う	to help each other
27	本来の	original
	贅沢[な]	extravagant; luxurious
28	新郎	groom
28	新婦	bride
31	ますます	increasingly（＝もっと）
32	明らかに	clearly
	悪循環	vicious circle
34	影響	influence
37	クリスチャン	Christian
	教会	church
38	ただ	just; only　（●文法ノート 8）
	交換する	to exchange
	～内	within ～
39	同士	one another
40	少数	minority （＝少ない）
41	チョコレート	chocolate
42	恋人	lover; sweetheart
44	しかも	moreover
45	ちょうど	exactly
47	お返し	reciprocal gift
52	決める	to decide （*v.t.*）

漢字リスト

書くのを覚える漢字
読み方を覚えましょう。また、書けるようになるまで練習しましょう。

1．部下	2．奥さん	3．世話	4．戻る	5．夫人
6．上司	7．結婚	8．着る	9．背広	10．一着
11．色	12．京都	13．中元	14．喜ぶ	15．家族
16．届ける	17．お正月	18．お年玉	19．訪ねる	20．土地
21．最近	22．非常	23．増える	24．不気味	25．新郎
26．新婦	27．明らか	28．同士	29．恋人	

読めればいい漢字
読み方を覚えましょう。

1．贈り物	2．歳暮	3．恐れ入る	4．働く	5．披露宴
6．紺	7．坂本	8．湯のみ	9．季節	10．親戚
11．果物	12．産物	13．観光客	14．贅沢	15．悪循環
16．影響	17．少数			

漢字の部首
9
しめすへん

ネ

This radical comes from 示 and is generally used for characters representing god-related objects and activities.
「礼」「社」「祝」など

文法ノート

1○Xより仕方がない＝'to have no choice but to 〜'

［会話2/ℓ.11：それを着ていくより仕方がないかな］

> This expression means that X is not what one normally wants to do but one has no choice but to do it.

a) お金がない時は、アルバイトをするより仕方がない。

   (When one does not have any money, one does not have any choice but to work part-time.)

b) 車がないから、歩いて行くより仕方がない。

   (Since I don't have a car, I have no alternative but to go on foot.)

2○Vれる／られる

［会話2/ℓ.17：…と思われますか］

> The Vれる／られる form, which is homophonous to the passive form, may be used as 尊敬語 (honorific form), as in the following examples.

a) 先生、本を書かれたそうですが、いつご出版のご予定でしょうか。

   (Professor, I hear you have written a book. When is it scheduled to be published?)

b) 先生がアメリカへ来られたころは、今とずいぶん違っていたんでしょうね。

   ([Talking to a professor] When you came to America, things were very different from what they are now, weren't they?)

> This form is not as polite as regular honorific forms such as お〜になる、いらっしゃる, etc., but it is widely used especially in men's speech, newspapers and other formal writings. There is no 〜れる／られる forms for verbs such as 分かる and できる.

3○せめて（〜は）＝'at least'

［会話3/ℓ.3：せめて一度は行かなきゃだめだ］

a) 漢字をたくさん習いたいが、時間がないので、**せめて**教育漢字は読み書きできるようになりたい。

   (I want to learn lots of kanji, but I don't have much time. I would like to be able to read and write at least Kyoiku Kanji, though.)

b) **せめて**一度は日本へ行ってみたいと思う人が多いだろう。

   (There must be lots of people who would like to visit Japan at least once.)

c) 毎晩**せめて**一時間ぐらいは日本語を勉強してもらいたいものだ。

(I would like [them] to spend at least one hour every night studying Japanese.)

d) 夫にせめてお皿洗いぐらいしてもらいたいと思う主婦は多いだろう。

(There must be many wives who want their husbands to wash dishes, at least.)

This expression is used only when there is an implication that more of something is desirable. So, in **a)**, the implication is that one wants to learn as many Chinese characters as possible. The use of くらい／ぐらい makes the statement less specific in the sense that the speaker gives an item or number just as an example.

4○〜ように ＝ 'so that 〜'

[読み物／ℓ.7：楽しめるように]

[X ように Y] means [Y so that X]. In this construction, X often contains a potential verb, negative form or stative verb, which normally can't be controlled by one's will.

a) みんなが楽しめるようにチョコレートをあげた。

(I gave [them] chocolate so that they can all enjoy it.)

b) 忘れないように書いておいてください。

(Please write it down so that you won't forget.)

c) 日本へ行けるようにお金をためています。

(I am saving money so that I can go to Japan.)

d) 子供の本は子供にも分かるようにやさしい言葉で書いてあります。

(Children's books are written in an easy language so that they'll be easy to understand.)

5○〜に／く見える ＝ 'seems 〜; appears 〜'

[読み物／ℓ.22：不気味に見えるそうである]

な-adjectives and い-adjectives both appear in an adverbial form as follows.

a) 日本人は年より若く見える。

(Japanese look younger than their age.)

b) いつも元気に見える。

([He] always seems to be in good health.)

6○こそ

[読み物／ℓ.31：…と思うからこそ]

こそ emphasizes the preceding noun or phrase.

a) 日本語は漢字があるからこそ、面白いのです。

(Japanese is interesting precisely because it has kanji.)

b) 来年こそ日本へ行きたいと思っています。

(I do want to go to Japan next year [for sure].)

> There seems to be some reason why one has to emphasize a particular noun or phrase. Sentence **a)**, for example, would be used when someone has said that kanji is troublesome or that he wishes there were no kanji. The speaker then rejects that idea by emphasizing the reason clause.
>
> こそ generally replaces particles が／を／も／は, but is attached to other particles, as in へこそ, とこそ, etc.

7◯Xと言ってもY='It's true that X, but Y; Although I said X, Y'

[読み物/ℓ.36：クリスマスと言っても]

> と言っても follows plain forms, but a copula だ is generally omitted. In this expression, Y is given to qualify X.

a) クリスマスと言っても、日本にはクリスチャンはあまりいません。

(Although I said Christmas, there are very few Christians in Japan.)

b) 寒いと言っても、湖が凍<ruby>凍<rt>こお</rt></ruby>ることはありません。

(Although I said it's cold, the lakes never freeze.)

8◯ただ='just; only'

[読み物/ℓ.38]

a) ただいい成績を取ることしか考えていないような学生は困ります。

(A student who is only concerned about getting good grades is problematic.)

b) ただ家の仕事だけしているのは、つまらないと思います。

(I think it's boring to be doing just housework.)

c) ただ英語が話せるようになることだけが国際化じゃありません。

(Internationalization is not just to become able to speak English.)

9◯どんなN(＋particle)でも='any 〜'

[読み物/ℓ.43：どんな人にでも]

a) どんな人からでも手紙をもらうとうれしい。

(It's nice to receive a letter no matter who it is from.)

b) どんな所でも、住めば都<ruby>都<rt>みやこ</rt></ruby>だ。

(Any place is a home once you live there.)

○········· **文法**練習

1 ·········· ～より仕方がない　　　　　　　　　　　　▶文法ノート1

○「～より仕方がない」を使って、答えなさい。

[例]　A：車が故障 (to break down) したんですが。

　　　B：じゃ、<u>歩いて行くより仕方がありませんねえ</u>。

a) 学生：図書館に本がないんですが。

　　先生：じゃ、＿＿＿＿＿＿＿＿＿＿＿＿＿＿＿＿＿＿。

b) 学生：聴解 (listening comprehension) ができなくて困っているんですが。

　　先生：でも、＿＿＿＿＿＿＿＿＿＿＿＿＿＿＿＿＿。

c) 学生A（女）：今日の宿題、忘れてきちゃったのよ。

　　学生B（女／男）：じゃ、＿＿＿＿＿＿＿＿＿＿＿＿＿＿＿。

d) 学生A（男）：日本文化のコースを取りたいと思っていたんだけど、ほかのコースと同

　　　　　　　　　じ時間なんだ。

　　学生B（女／男）：じゃ、＿＿＿＿＿＿＿＿＿＿＿＿＿＿＿。

2 ·········· せめて　　　　　　　　　　　　　　　　　　▶文法ノート3

○「せめて～くらい」を使って、次の会話を完成しなさい。

a) 日本人：あの人は、三年も日本に住んでいたんですよ。

　　アメリカ人：ああ、だから、日本語が上手なんですね。私も＿＿＿＿＿＿＿＿＿

　　　　　　　　日本に住んでみたいんですがねえ。

b) A：今年は、休暇取るんでしょ。

　　B：それが、忙しくて、取れそうにないんですよ。＿＿＿＿＿＿＿＿＿＿取れ

　　　　ると助かるんですがねえ。

c) A：この間テレビで百八歳の誕生日を迎えた人の話をしていましたよ。

　　B：へえ、すごいですねえ。百八歳まで生きるのは無理かもしれないけど、私も

　　　　＿＿＿＿＿＿＿＿＿＿＿＿＿＿生きたいものですねえ。(生きる＝to live one's life)

3　〜ように　　　　　　　　　　　　　　　　　　　　　　▶文法ノート4

○次の会話を完成しなさい。

［例］　むすこ：あしたは早く起きなきゃならないんだ。

　　　　母：じゃ、<u>早く起きられる</u>ように、<u>早く寝</u>なさい。

a) むすこ：試験の点が悪かったんで、先生にしかられちゃった。

　　　母：じゃ、今度はしかられないように＿＿＿＿＿＿＿＿＿＿＿＿なさいよ。

b) A：私は冬になるとよくかぜを引くんですよ。

　　　B：じゃ、今年はかぜを＿＿＿＿＿＿ように＿＿＿＿＿＿＿たらどうですか。

c) 日本語の学生：卒業したら、日本の会社に勤めたいと思っているんです。

　　　日本語の先生：じゃ、日本の会社に＿＿＿＿＿＿ように＿＿＿＿＿＿＿方が

　　　　　　　　　　いいですね。

d) 日本人学生A：スミスさんの英語分かる？

　　　日本人学生B：うん、日本人にも分かるように＿＿＿＿＿＿＿＿＿＿＿＿＿＿

　　　　　　　　　　から、よく分かるよ。

e) 夫：今晩はレストランへ行って食べようか。

　　　妻：じゃ、待たなくてもいいように＿＿＿＿＿＿＿＿＿＿ましょう。

4　こそ　　　　　　　　　　　　　　　　　　　　　　　　▶文法ノート6

○「こそ」を使って、文を書きかえなさい。

a) 先生：じゃ、今度がんばってくださいね。

　　　学生：はい、今度がんばります。→＿＿＿＿＿＿＿＿＿＿＿＿＿＿＿＿＿＿

b) 日本人：毎日漢字テストがあって、大変でしょう。

　　　アメリカ人：ええ、でも、漢字テストがあるから、漢字を覚えるんじゃないでしょうか。

　　　　　　→＿＿＿＿＿＿＿＿＿＿＿＿＿＿＿＿＿＿＿＿＿＿＿＿＿＿＿

c) 学生A：今日も先生に間違いを直されちゃった。（直す＝to correct）

　　　学生B：でも、先生だから、直してくれるんじゃない。ありがたいと思わなくちゃ。

　　　　　　→＿＿＿＿＿＿＿＿＿＿＿＿＿＿＿＿＿＿＿＿＿＿＿＿＿＿＿

d) 男：ちょっと休んだら？

女：あなたも休んだら？ →_____

5............ **Xと言ってもY** ▶文法ノート7

○次の会話を完成しなさい。

a) 先輩(男)：車を買ったんだってね。

後輩(男)：いやあ、車と言っても_____よ。

b) 先生(女)：旅行に行くんですってね。

学生(女)：ええ、でも、旅行と言っても_____。

c) 友人1(男)：ボーナス、もらったんだってね。

友人2(男)：うん、でも、ボーナスと言っても_____。

d) 先生：このごろ忙しいらしいですね。

学生：はい、でも、忙しいと言っても、_____。

6............ **どんな N (＋particle) でも** ▶文法ノート9

○下線の部分を「どんな〜でも」を使って書きかえなさい。

a) 立派な先生も間違えます。(間違える＝間違う)

→_____

b) 難しい本も何度も読めば分かります。

→_____

c) いろいろな人とうまくやっていける人は得です (advantageous; lucky)。

→_____

d) あの人はいろいろなことについて意見 (opinion)を持っています。

→_____

e) 漢字の辞書は、一冊持っていれば役に立つでしょう。

→_____

○·············**運用**練習

1 ············ ペアワーク

ペアになって、自分が今までもらって一番うれしかった贈り物について話し合い、どんなプレゼントだったか、なぜうれしかったかを説明しなさい。

[例]　「僕は、去年のクリスマスにガールフレンドから靴下（くつした）をもらったのが、一番うれしかったんです。彼女は編み物（かのじょ）（あ）(knitting)が下手（へた）で、何も編んだことがなかったのに、僕のために編んでくれたんです。その靴下は、あまり上手にできていなかったけれど、僕は彼女の気持ちがとてもうれしくて、今でもそれを大事にしています。」

2 ············ 小（しょう）グループワーク

a) 日本人の結婚式（けっこんしき）か披露宴（ひろうえん）に行ったことのある学生を中心に小（しょう）グループを作り、その学生にその時の経験についていろいろ質問しなさい。（もしそういう学生がいなければ、先生に質問する。）

[例]　「いつ行きましたか。」
　　　「だれが結婚したんですか。」

b) 日本へ行ったことのある学生を中心に小グループを作り、その学生に、日本でどんな時にどんなプレゼントをもらったかを質問しなさい。

3 ············ ロールプレイ

ペアになり、一人が留学生、もう一人がホストファミリーの人になりなさい。**a)** の留学生の言葉以外は、くだけた日本語にする。）

a) 日本に着いたばかりの留学生が、自分の国（くに）から持ってきたプレゼントを出して渡す。

ホストファミリーのお父さん（お母さん）がそれをあけようとしないので、留学生は

それをあけさせて、そのプレゼントについていろいろ説明する。

b) クリスマスの日、ホストファミリーの弟(妹)がプレゼントをくれる。

c) ホストファミリーの弟(妹)の誕生日に、プレゼントをあげる。

4 ┈┈┈┈┈ 作 文

1 で話し合ったプレゼントの思い出について、「うれしかった贈り物」という題で作文を

書きなさい。長さは百字から百五十字。（上の例をよく読んでから書くとよい。）

○┈┈┈┈ 聞き取り練習

○日本人がデパートで買い物をしています。テープを聞いて、次の文が正しければ○、間違って

いれば×を入れなさい。

お箸（はし）	chopsticks	品（しな）	merchandise
贈答品（ぞうとうひん）	（＝贈り物）	てごろ	affordable
鎌倉彫（かまくらぼり）	Kamakura-style carving		

（　　） **a)** この人はアメリカへプレゼントを持っていきたいと思っている。

（　　） **b)** アメリカにいる友達は、アメリカ人かもしれないし、日本人かもしれない。

（　　） **c)** その友達は女の人らしい。

（　　） **d)** お箸の値段（ねだん）は五千円である。

（　　） **e)** この人は、お箸のほかに紙（かみ）も買ったのだろう。

（スーザン、アメリカの大学の石山先生に手紙を書く。）

1月20日

石山　明先生

拝啓

　　長い間ごぶさたしているうちに、いつのまにか一月になってしまいました
5 が、先生はお元気でいらっしゃいますか。そちらは、お寒いことでしょう。
日本はそんなに寒くありませんが、私のホームステイの家はセントラル・ヒー
ティングがないので、リビングルーム以外はずいぶん寒いです。ですから、
いつも温かいセーターを着て、厚いソックスをはいています。

　　さて、最近のビッグ・ニュースは、初めて日本人の結婚披露宴に呼ばれた
10 ことです。その人はOLで、私の英語の生徒ですが、大学の時からのボーイ
フレンドと結婚したのです。日本でも、このごろは恋愛結婚が多くて、見合
い結婚の方が少なくなったそうですね。ちょっとびっくりしたのは、結婚披
露宴に招待されただけで、式には招待されなかったことでした。日本では、
家族や親戚など、本当に近い関係の人たちしか式に呼ばれないと聞いて驚き
15 ました。それから、お金を持っていかなければいけないということも、私に
は初めての経験でした。実は、来月も日本人の友達の結婚披露宴に呼ばれて
いるんですが、私は今お金が足りなくて困っているので、どうしたらいいだ
ろうかと思っています。それから、一番びっくりしたのは、披露宴が終わっ
て帰る時に、お客さんたちがみんなプレゼントをもらったことでした。家へ
20 帰ってあけてみたら、高そうなお皿が一枚入っていました。やっぱりアメリ
カと日本は、いろいろ違うんですね。

　　では、これから宿題をしなければならないので、今日はこれで失礼します。
どうぞかぜなどお引きにならないよう、お大事になさってください。

かしこ

25　　　　　　　　　　　　　　　　　　　　　　　　　　スーザン・ラーセン

速読

「日本の結婚」

単語		関係	relationship
		式	ceremony
ごぶさたする	to have not written for a while	お皿	plate
恋愛結婚	love marriage	かしこ	complimentary close used by women
見合い結婚	arranged marriage		

◯上の文を読んで、次の質問に答えなさい。

a) スーザンはなぜ家の中で温かいセーターを着たり、厚いソックスをはいたりしているのですか。

b) スーザンは、最近日本人の結婚披露宴に呼ばれましたが、その前に、日本人の結婚披露宴に行ったことがあるのでしょうか。どうして分かりますか。

c) スーザンは結婚式にも出ましたか。

d) それはなぜですか。

e) 日本では、このごろ恋愛結婚と見合い結婚と、どちらの方が多いのですか。

ことわざ
5

千里の道も一歩より

(*lit.*, Even a thousand-*ri* trip starts with one step.)

第 **10** 課

▼

旅　行

C U L T U R E   N O T E S

Shinkansen

The *Shinkansen*, or the Bullet Train, started as one line in the 60's, but has since expanded to a few lines running the length of Honshu, Japan's main island. It is not inexpensive, yet it is a fast, safe, and comfortable way to travel. Trains are on time 99% of the time, and even if you miss one, you don't have to wait very long for the next one.

Ryokan

There are enough hotels throughout Japan, but if you really want to relax, go to a 旅館, a Japanese-style inn. It is expensive, but if you wish to experience part of traditional Japan, splurge one night and stay at an above-average 旅館 in a hot-spring town. Soak yourself in the hot tub, eat the food they serve, and get a good night's sleep on a futon. Hopefully you will feel all refreshed the next morning.

Travelling

Japan is a populous country, and everyone loves to travel, which means wherever you go, it is usually crowded. In the spring and in the fall, many schools have so-called 修学旅行, teacher-led trips for elementary through high school students. Although it is impossible to avoid these crowds completely, you should at least try to find out from travel agencies when the peak times for school excursions are so that you can enjoy at least some semblance of privacy and quietude.

会話 1

○ JR の駅のみどりの窓口で。

ビ　ル：　新幹線の切符がほしいんですけど。

駅　員：　あそこの机の上に申し込み用紙がありますから、書き込んでください。

ビ　ル：　時刻表はありますか。

5　駅　員：　同じ机の上にありますよ。

ビ　ル：　そうですか。

○十分後

ビ　ル：　これでいいですか。

駅　員：　いいです。じゃ、切符を作りますから、ちょっとお待ちください。

10　○三分後

駅　員：　はい、できました。3月20日名古屋発15時09分のひかり84号、東京着が17
　　　　　時12分、座席は6号車20のDです。

ビ　ル：　指定席券は、いらないんですか。

駅　員：　乗車券、特急券、指定席券、全部一緒です。

15　ビ　ル：　そうですか。便利ですね。いくらですか。

駅　員：　特急料金4,410円、運賃5,970円、全部で10,380円になりますが。

ビ　ル：　（一万円札と五百円玉を一枚ずつ渡して）じゃこれで。

駅　員：　一万と五百円お預かりします。……
　　　　　お待たせしました。120円のおつりです。

20　ビ　ル：　どうも。

会 話 2

○ アメリカから東京へ出張してきたミラー、週末に箱根で体を休めることにし、JTBで旅館の予約を
する。

社員（女）： いらっしゃいませ。

ミラー： あしたから一泊で箱根へ行きたいんですが、どこか静かであまり高くない
5   旅館はないでしょうか。

社 員： ちょっと調べてみますから、お待ちください。

○ 三、四分後

社 員： ちょうどよさそうなのがございました。箱根湯本のK館で、二食付き一泊
二万円ですが。

10 ミラー： どんな旅館ですか。

社 員： あまり大きい旅館じゃありませんから、静かでいい所だろうと思います
が。眺めもとてもよろしいそうです。

ミラー： 和室でしょうね。

社 員： ええ、もちろん和室でございます。バス・トイレ付きですと、二万五千円
15   になりますが、どうなさいますか。

ミラー： そうですね。ちょっと高いけど、バス・トイレ付きの方がいいから、二万
五千円の方にしてください。

社 員： では、早速コンピューターで予約を入れてみますから、この用紙にお名前
とご住所をどうぞ。

20 ミラー： 住所はアメリカですが。

社 員： そうですか。じゃ、日本の連絡先でけっこうですから。

ミラー： 分かりました。

○ 二、三分後

ミラー： これでいいでしょうか。

25 社 員： けっこうです。少々お待ちください。

○ 二、三分後

社 員： お待たせしました。いいお部屋があいておりましたので、予約をお入れし
ておきました。

ミラー： どうも。

会 話

3

●夕方、南西大学の留学生グループが高山の民宿に着く。一緒に来た小林先生が学生たちと話している。

小 林：　みんな疲れたでしょう。

ジェイソン：そうでもありません。

小 林：　今、五時ですね。夕食は六時だそうだから、あと一時間ありますね。私は
　　　　　ちょっとお風呂に入ってくるけど、みんなどうしますか。

ビ ル：　僕は町を見物したいです。

小 林：　それは、夕食の後でみんなでしようと思っていたんだけど。

ビ ル：　じゃ、僕もお風呂に入ります。どこにあるんですか。

小 林：　下ですよ。男風呂と女風呂があるから、間違えないでね。

ジェイソン：あれぇ。一緒じゃないんですか。

小 林：　トンプソンさんは、いつも冗談ばっかり。ここは大きい民宿だから、男風
　　　　　呂と女風呂とあるんですよ。小さい民宿じゃお風呂が一つしかないけど、
　　　　　それでも男の人と女の人は、違う時間に入るのよ。ここのお風呂は大きい
　　　　　から、何人も一緒に入れますよ。

ジェイソン：じゃ、僕もグラント君と一緒に入ろうかな。

小 林：　お風呂に入る人は、浴衣を持っていってください。

ビ ル：　「ゆかた」って何ですか。

小 林：　ほら、ここにある着物のことですよ。

ビ ル：　ああ、これですか。

小 林：　お風呂の後で、これに着替えると気持ちいいですよ。

ビ ル：　はい。

小 林：　あ、それから、グラントさんは、日本の
　　　　　お風呂は初めてでしょう？

ビ ル：　ええ。

小 林：　お風呂の中で体を洗わないでくださいね。

ジェイソン：僕が教えますから、だいじょうぶですよ。

ビ ル：　ちぇっ！

35

り、一日や二日では、とても見切れない。京都から近い奈良には、日本最大の大仏もある。

四国や九州にも、見るべき所は多い。お寺、神社、お城……などのほかにも、九州なら阿蘇山や桜島などの火山を訪ねるとよい。そして、各地にある温泉でゆっくり体を休め、その土地の料理でも食べてみると面白いだろう。

40

日本へ遊びに行くアメリカ人は、JRパスを買っていく
とよい。これは、アメリカを出る前に、アメリカにある日
本の旅行社(ニューヨークやシカゴなら、JTBなどがあ
る)から買っておかなければならない。ニューヨークやシカ
ゴなどの大都市に住んでいない人は、電話で注文できる。
旅行の長さによって、一週間、二週間、三週間有効の切符
が買える。そして、この切符の有効期間中、JR(＝Japan
Railways)という鉄道に何度でも乗れる。JRは、北は北
海道から、南は九州まで走っているから、日本中どこでも
このパスで旅行できるわけである。

北海道は、日本のフロンティアと呼ばれている。日本は
どこへ行っても人や建物が多いが、北海道にはまだ美しい
大自然が残っている。北海道の農業は、アメリカの農業の
影響を受けたので、北海道を旅行すると、牛、馬、羊など
の動物もたくさんいるし、日本では珍しいサイロや、アメ
リカでbarnと呼ぶ建物などもあちこちに建っていて、
ちょっとアメリカのような景色が見られる。また、北海道

の先住民であるアイヌの村などもある。

本州は南北に長く、日本最大の島である。東京、大阪、
京都、横浜、神戸その他、国際的によく知られた大都市は、
ほとんど本州にあると言ってよい。東京は世界最大都市の
一つで、政治、経済、商業、教育、芸術、その他すべての
文化の中心となっている。外国人の中には、東京を「醜い
町」とか、「物価の世界一高い町」とか、「あまりにも混雑し
た町」とか言って、批判する人も多いようだ。たしかに、
毎日のラッシュアワーの混雑は大変なものだが、混雑の中
にも秩序があるのが、東京の特徴ではないだろうか。日本
全国の十分の一近い人口[1]が東京に集まっているというのに、
アメリカあたりの大都市と比べると、びっくりするほど犯[2]
罪が少なく、夜ひとり歩きができる町、そして何[3]よりも、
活気があって絶えず変化していく町として、東京は魅力的
だ。

古い都を訪ねたければ、京都[4]に限る。京都は第二次大戦
の被害も少なく、昔[5]のままのお寺や神社が何百、何千とあ

単語

会話 1

よやく 予約する	to make a reservation	12	ざせき 座席	seat
きっぷ 切符	ticket		～号車	number ～ car
1 JR	Japan Railways	13	していせきけん 指定席券	reserved-seat ticket
まどぐち 窓口	[ticket] window	14	じょうしゃけん 乗車券	passenger ticket
2 しんかんせん 新幹線	bullet train		とっきゅうけん 特急券	special express fare ticket
3 えきいん 駅員	railroad station employee	16	りょうきん 料金	fee; fare
つくえ 机	desk		うんちん 運賃	[passenger] fare
もうしこみ 申し込み	request; application	17	いちまんえんさつ 一万円札	10,000 yen bill
4 じこくひょう 時刻表	[train] schedule		～玉	～ coin
11 [～が]できる	to be ready; to be done	18	あずかる 預かる	to keep [something] for [someone]
なごやはつ 名古屋発	leaving Nagoya			
ひかり	(name of a bullet train)	19	おつり	change; balance of money returned to the purchaser
とうきょうちゃく 東京着	arriving Tokyo			

会話 2

1 しゅっちょう 出張	business trip	8	ケーかん K館	K Inn
はこね 箱根	(place name)		にしょくつき 二食付き	with two meals
からだをやすめる 体を休める	to rest (*lit.* to rest one's body)	12	ながめ 眺め	view
JTB	Japan Travel Bureau	13	わしつ 和室	Japanese-style room
4 いっぱく 一泊	one night's stay; overnight stay	14	バス	bath
しず 静か[な]	quiet		トイレ	bathroom; toilet
6 しらべる 調べる	to check; to look up	19	じゅうしょ 住所	address; place of residence
8 ゆもと 湯本	(place name)	21	れんらくさき 連絡先	place where one can be reached

会話 3

1 夕方	late afternoon, usually just before dinner time	16 浴衣	informal cotton kimono
民宿	private house providing lodging and meals to tourists	18 着物	kimono
2 疲れる	to become tired	20 着替える	to change [one's] clothes
5 お風呂	bath	気持ち	feeling
6 [～を]見物する	to see the sights [of ～]	気持ちいい	comfortable; pleasant; to feel good
10 あれぇ	(uttered when something unexpected happens)	25 洗う	to wash
11 冗談	joke	27 ちぇっ！	(mild expression of disgust, disappointment, etc.; used by men in casual speech)

読み物

0 国内	domestic（＝国の中）	13 農業	agriculture
1 パス	pass	14 受ける	to receive
3 旅行社	travel agency	牛	cow
5 大都市	very big city; metropolis（＝大きい町）	馬	horse
注文する	to order [something]	羊	sheep
6 有効	valid	15 動物	animal
7 [～]期間中	during the period [when～]	サイロ	silo
8 鉄道	railway	16 建つ	to stand; to be built (v.i.)
北	north	17 景色	scenery
9 南	south	18 先住民	people native to the land
走る	to run	アイヌ	Ainu
11 フロンティア	frontier	村	village
13 大自然	Mother Nature (lit., mighty nature)	19 本州	(main island of Japan)
残る	to remain (v.i.)	南北に	from north to south
		最大	largest（＝一番大きい）
		大阪	(place name)

20 横浜 (place name)

神戸 (place name)

国際的に internationally

21 世界 world

22 商業 commerce

教育 education

芸術 art

すべて all (＝全部)

23 中心 center

醜い ugly

24 混雑した crowded

25 批判する to criticize

26 ラッシュアワー rush hour

27 秩序 order

特徴 characteristics

28 十分の一 one tenth (○文法ノート1)

29 アメリカあたり America, for instance

犯罪 crime

30 ひとり歩き walking alone

31 活気 vigor; liveliness; vitality; energy

絶えず constantly

[〜が]変化する to change

31 魅力的[な] attractive

33 都 city; capital

訪ねる to visit

[〜に]限る [〜] would have to be the best choice (＝〜が一番いい) (○文法ノート4)

第二次大戦 WW II

34 被害 damage

昔 the past; the old days

寺 Buddhist temple

神社 Shinto shrine

35 見切れない can't see them all

奈良 (place name)

36 大仏 big statue of Buddha

37 四国 (smallest of the four main islands)

お城 castle

38 阿蘇山 Mt. Aso

桜島 Mt. Sakurajima

火山 volcano

39 各地 various parts of the country

温泉 hot spring

ゆっくり leisurely

漢字リスト

書くのを覚える漢字
読み方を覚えましょう。また、書けるようになるまで練習しましょう。

1. 窓口	2. 切符	3. 机	4. 用紙	5. ～発
6. 座席	7. 券	8. 乗車	9. 一万円札	10. 出張
11. 予約	12. 一泊	13. 調べる	14. 和室	15. 住所
16. 少々	17. 民宿	18. 疲れる	19. 見物	20. 着物
21. 洗う	22. 遊ぶ	23. 都市	24. 鉄道	25. 南
26. 走る	27. 建物	28. 残る	29. 牛	30. 馬
31. 村	32. 南北	33. 政治	34. 経済	35. 商業
36. 世界	37. 夜	38. 絶えず	39. 都	40. 第二次大戦
41. 昔	42. 寺	43. 神社	44. 各地	

読めればいい漢字
読み方を覚えましょう。

1. 新幹線	2. 時刻表	3. 名古屋	4. 運賃	5. 預かる
6. 箱根	7. 静か[な]	8. 眺め	9. 連絡先	10. 風呂
11. 冗談	12. 浴衣	13. 着替える	14. 有効	15. 自然
16. 農業	17. 羊	18. 景色	19. 大阪	20. 横浜
21. 神戸	22. 国際的	23. 芸術	24. 醜い	25. 混雑
26. 批判	27. 秩序	28. 特徴	29. 犯罪	30. 魅力的
31. 被害	32. 奈良	33. 城	34. 桜島	35. 温泉

漢字の部首
10
いとへん

糸

This radical comes from 糸 and is often used for characters representing kinds, conditions, products, etc., of thread.
「結」「紹」「終」など

文法ノート

1〇分数(fraction)

[読み物/ℓ.28：十分の一近い人口が]

分数(fraction) is expressed in Japanese by [(number)分の(number)]. Notice that, in Japanese, a denominator comes before a numerator, as in 五分の一(=$\frac{1}{5}$), 三分の二(=$\frac{2}{3}$), etc.

2〇Sentenceほど

[読み物/ℓ.29：びっくりするほど犯罪が少なく]

[S₁ ほど S₂] means 'S₂ to the extent S₁,' or 'it is so S₂ that S₁.' S₁ is generally in plain forms.

a) インドのカレーは、なみだが出るほどからい(spicy)ことがある。

(Sometimes, Indian curry is so hot that it brings tears to your eyes.)

b) 動けないほどおなかがいっぱいです。

(I am so full that I can't move.)

c) 東京は、びっくりするほど人が多い。

(Tokyo has an amazingly large number of people.)

This construction can be paraphrased to [S₂ (て-form), S₁ ほどです], as in **d)**.

d) インドのカレーはからくて、なみだが出るほどです。

3〇何よりも＝'more than anything'

[読み物/ℓ.30：何よりも、活気があって…]

a) 今、何よりも車がほしいですねえ。

(Right now, I want a car more than anything.)

b) 何よりも健康が一番です。

(Health is the most important thing in the world.)

4〇(Xは)Yに限る

[読み物/ℓ.33：京都に限る]

Y in this construction can be either a noun or a verb in non-past plain form. This construction means 'As for X, Y is the best thing to do; As for X, there is nothing better than Y.'

a) 暑い日には冷たいビールを飲むに限る。

(Drinking cold beer is the best thing to do on a hot day.)

b) 古い都を訪ねたければ、京都に限ります。

(If you want to visit an old city, Kyoto is the best place.)

5 ○ 〜まま

［読み物／ℓ.34：昔のままのお寺や神社が…］

> まま is attached to nouns, adjectives and verbs, and indicates that the condition/ situation (described in the まま-clause) is unchanged. It can be attached to N の, な-adjective な, い-adjective in plain *non-past* tense form and verb in plain *past* tense form.

a) 京都には昔のままのお寺や神社が多い。

(There are many old temples and shrines in Kyoto.)

b) 日本酒は冷たいまま飲んでもおいしい。

(Japanese rice wine tastes good even cold.)

c) 窓をあけたまま寝ると、かぜを引く。

(If you go to sleep with the window open, you will catch cold.)

d) どうぞそのままいらしてください。

(Please come as you are.)

e) 人からお金を借りたまま返さないのは、よくない。

(It's not good not to return the money one has borrowed from other people.)

▷·············· **文法**練習

<hr>

1············· **分数(fraction)**　ぶんすう　　　　　　　　　　　　　　▶文法ノート1

◯次の数を日本語で言ってください。

［例］　$\dfrac{1}{10}$　→　十分の一　じゅうぶん　いち

　　　a) $\dfrac{2}{5}$　　　　　　　**b)** $\dfrac{1}{3}$　　　　　　　**c)** $\dfrac{2}{3}$

　　　d) $\dfrac{1}{4}$　　　　　　　**e)** $\dfrac{3}{4}$　　　　　　　**f)** $\dfrac{2}{9}$

<hr>

2············· **〜ほど**　　　　　　　　　　　　　　　　　　　　　▶文法ノート2

◯次の絵を cue として、「ほど」を使って、文を完成しなさい。　え

［例］　<u>手が痛くなるほど</u>漢字をたくさん練習しました。

a) この本は、＿＿＿＿＿＿＿＿＿＿＿＿難しいです。

b) 隣のうちのパーティーはやかましくて、＿＿＿＿＿＿＿＿＿でした。

c) 毎日＿＿＿＿＿＿＿暇も＿＿＿＿＿＿忙しいです。

d) 道が込んでいて、＿＿＿＿＿方が＿＿＿＿＿＿＿でした。　みち

<hr>

3············· **〜に限る**　　　　　　　　　　　　　　　　　　　　▶文法ノート4

◯次の文を完成しなさい。

a) 疲れた時は、＿＿＿＿＿＿＿＿＿＿＿＿に限ります。

b) おいしい料理が食べたければ、＿＿＿＿＿＿＿＿＿＿＿に限ります。

c) 夏は＿＿＿＿＿＿＿＿＿＿＿＿＿＿＿＿＿。

d) 日本語が上手になりたかったら、＿＿＿＿＿＿＿＿＿＿＿＿＿＿＿。

4 ～まま ▶文法ノート5

○「～まま」を使って、次の会話を完成しなさい。

[例]　A：テレビを消しましょうか。

　　　B：いいえ、<u>つけたまま</u>にしておいてください。

a) A：この間図書館から借りた本、どうでした。

　　B：ああ、＿＿＿＿＿＿＿＿、まだ読んでいないんですよ。

b) A：じゃ、ちょっと着替えますので。

　　B：いいえ、＿＿＿＿＿＿＿＿いらっしゃってください。

c) A：ブラックさんはもう帰ってきましたか。

　　B：いいえ、それが朝＿＿＿＿＿＿＿＿まだ帰ってこないんですよ。

d) A：きのうの晩は夜遅くまで勉強していたの？　電気がついていたけど。

　　B：いいえ、それが、実は＿＿＿＿＿＿＿＿寝てしまったんです。

　　A：そう？　でも、電気はちゃんと消して寝た方がいいわよ。

○‥‥‥‥‥‥**運用**練習

> **1**‥‥‥‥‥**表を読む**

料金表(ひょう)(p.220)を見て、次の質問に答えなさい(上の数字は運賃(うんちん)、下は特急(とっきゅう)料金)。

a) 東京から京都まで、新幹線(しんかんせん)でいくらかかりますか。

b) 名古屋(なごや)から広島(ひろしま)までは？

> **2**‥‥‥‥‥**表を読む**

新幹線の時刻表(じこくひょう)(p.221)を見て、次の質問に答えなさい。

a) 東京から広島まで行くのに、ひかり207号は便利ですか。それはなぜですか。

b) 東京から新大阪(おおさか)まで行くのに、ひかり211号とひかり105号では、どちらの方が時間が
かかりますか。

c) こだま567号は、名古屋(なごや)から出ますか、新大阪から出ますか。

d) ひかり105号は、新横浜(よこはま)から乗れますか。

e) 名古屋から広島へ行く人が、広島に午後二時ちょっと前に着きたかったら、名古屋を
何時に出ればいいでしょうか。その列車(れっしゃ)(train)は何という列車ですか。

> **3**‥‥‥‥‥**ロールプレイ**

(**2**と同じ時刻表を使います。)ペアになり、一人は日本を旅行中のアメリカ人、もう一
人は東京のJTBの社員になりなさい。アメリカ人はJTB社員に、次のことを日本語で
言いなさい。

a) He/She cannot use the timetable because he/she cannot read kanji.

b) He/She wants to go to Kyoto on a Hikari tomorrow. He/She must be in Kyoto
by 11 a.m. and wants to take a train with a dining car (＝食堂車(しょくどうしゃ)).

c) He/She wants to know what train the clerk would recommend.

4 ········· ペアワーク

楽しかった旅行について、ペアで話し合いなさい。

5 ········· 作　文

「楽しかった旅行」という題で、百五十字から二百字ぐらいの作文を書きなさい。

聞き取り練習

○ アメリカの大学で日本語を勉強している学生が、温泉について日本語の先生に聞いています。

テープを聞いて、次の文が正しければ○、間違っていれば×を入れなさい。

（　　）**a)** 旅館では、普通メニューを見せてくれない。

（　　）**b)** 旅館の食事は、洋食 (Western food)が多い。

（　　）**c)** 旅館では、何でも好きな料理を部屋へ持ってきてくれる。

（　　）**d)** 日本人は、温泉へ行ってもよく働く。

（　　）**e)** 温泉へ行っても、あまり休まないで遊びすぎる人は少なくない。

とうかいどう・さんよう新幹線の料金表（ひかり号・こだま号）
（東海道・山陽新幹線の料金表（ひかり号・こだま号））

上の数字は運賃、下は特急料金。

東京からの 営業キロ	駅名	東京	新横浜	小田原	熱海	三島	新富士	静岡	掛川	浜松	豊橋	三河安城	名古屋	岐阜羽島	米原	京都	新大阪	新神戸	西明石	姫路	相生	岡山	新倉敷	福山	新尾道	三原	東広島	広島	新岩国	徳山	小郡	新下関	小倉	博多
28.8	新横浜	470 / ※820																																
83.9	小田原	1,420 / 2,150	930 / ※820																															
104.6	熱海	1,850 / 2,150	1,260 / 2,150	390 / ※820																														
120.7	三島	2,160 / 2,150	1,590 / 2,150	640 / 2,150	310 / ※820																													
146.2	新富士	2,470 / 2,870	1,850 / 2,870	1,090 / 2,150	720 / 2,150	470 / ※820																												
180.2	静岡	3,190 / 3,690	2,470 / 2,870	1,850 / 2,870	1,260 / 2,870	800 / 2,150	560 / ※820																											
229.3	掛川	3,810 / 3,690	3,190 / 3,690	2,470 / 2,870	1,850 / 2,870	1,850 / 2,870	1,260 / 2,150	800 / 2,150	470 / ※820																									
257.1	浜松	4,220 / 3,690	3,500 / 3,690	2,880 / 3,690	2,470 / 2,870	2,160 / 2,870	1,850 / 2,870	1,260 / 2,150	800 / 2,150	470 / ※820																								
293.6	豊橋	4,840 / 3,690	4,220 / 3,690	3,500 / 3,690	3,190 / 3,690	2,880 / 3,690	2,470 / 2,870	1,850 / 2,870	1,260 / 2,150	1,090 / 2,150	640 / ※820																							
336.3	三河安城	5,360 / 4,410	4,530 / 3,690	3,810 / 3,690	3,500 / 3,690	3,190 / 3,690	2,880 / 3,690	2,470 / 2,870	1,850 / 2,870	1,420 / 2,150	1,260 / 2,150	720 / ※820																						
366.0	名古屋	5,970 / 4,410	5,150 / 4,410	4,530 / 3,690	4,220 / 3,690	3,810 / 3,690	3,500 / 3,690	3,190 / 3,690	2,470 / 2,870	2,160 / 2,870	1,850 / 2,150	930 / 2,150	450 / ※820																					
396.3	岐阜羽島	6,180 / 4,410	5,360 / 4,410	4,840 / 3,690	4,530 / 3,690	4,220 / 3,690	3,810 / 3,690	3,500 / 3,690	3,190 / 3,690	2,880 / 2,870	2,470 / 2,870	1,850 / 2,150	1,260 / 2,150	560 / ※820																				
445.9	米原	7,000 / 4,830	6,180 / 4,830	5,670 / 4,410	5,360 / 4,410	4,840 / 4,410	4,530 / 3,690	4,220 / 3,690	3,810 / 3,690	3,500 / 3,690	3,190 / 3,690	2,470 / 2,870	1,850 / 2,870	1,260 / 2,150	1,090 / ※930																			
513.6	京都	7,830 / 5,140	7,000 / 4,830	6,490 / 4,830	6,180 / 4,830	5,970 / 4,410	5,360 / 4,410	4,840 / 4,410	4,530 / 3,690	4,220 / 3,690	3,810 / 3,690	3,190 / 3,690	2,880 / 2,870	2,470 / 2,870	1,850 / 2,870	1,030 / ※930																		
552.6	新大阪	8,340 / 5,140	7,520 / 5,140	7,000 / 4,830	6,490 / 4,830	6,180 / 4,830	5,970 / 4,830	5,360 / 4,410	4,840 / 4,410	4,530 / 3,690	4,220 / 3,690	3,810 / 3,690	3,190 / 3,690	2,880 / 2,870	2,160 / 2,870	1,500 / 2,150	610 / ※820																	
589.5	新神戸	8,860 / 5,140	8,030 / 5,140	7,520 / 5,140	7,210 / 4,830	7,000 / 4,830	6,490 / 4,830	6,180 / 4,830	5,360 / 4,410	4,840 / 4,410	4,530 / 3,690	4,220 / 3,690	3,810 / 3,690	3,500 / 3,690	2,880 / 2,870	2,160 / 2,870	1,420 / 2,150	370 / ※820																
612.3	西明石	9,170 / 5,550	8,550 / 5,140	8,030 / 5,140	7,520 / 5,140	7,210 / 4,830	7,000 / 4,830	6,490 / 4,830	5,670 / 4,410	5,150 / 4,410	4,840 / 3,690	4,530 / 3,690	4,220 / 3,690	3,810 / 3,690	3,190 / 3,690	2,470 / 2,870	1,850 / 2,150	930 / 2,150	560 / ※820															
644.3	姫路	9,370 / 5,550	8,860 / 5,550	8,340 / 5,140	8,030 / 5,140	7,520 / 5,140	7,210 / 4,830	7,000 / 4,830	6,180 / 4,830	5,670 / 4,410	5,150 / 4,410	4,840 / 3,690	4,530 / 3,690	4,220 / 3,690	3,500 / 3,690	2,880 / 2,870	2,160 / 2,870	1,420 / 2,150	930 / 2,150	560 / ※820														
665.0	相生	9,370 / 5,550	9,170 / 5,550	8,550 / 5,140	8,340 / 5,140	8,030 / 5,140	7,520 / 5,140	7,210 / 4,830	6,490 / 4,830	6,180 / 4,410	5,360 / 4,410	5,150 / 4,410	4,840 / 3,690	4,530 / 3,690	3,810 / 3,690	3,190 / 3,690	2,470 / 2,870	1,850 / 2,870	1,260 / 2,150	1,090 / ※930	470 / ※820													
732.9	岡山	9,990 / 6,060	9,680 / 6,060	9,170 / 5,550	8,860 / 5,550	8,550 / 5,140	8,340 / 5,140	8,030 / 5,140	7,210 / 4,830	7,000 / 4,830	6,490 / 4,410	6,180 / 4,410	5,670 / 4,410	5,360 / 4,410	4,840 / 3,690	4,220 / 3,690	3,500 / 3,690	2,880 / 2,870	2,470 / 2,870	2,160 / 2,870	1,850 / 2,150	930 / ※930												
758.1	新倉敷	9,990 / 6,060	9,990 / 6,060	9,370 / 5,550	9,170 / 5,550	8,860 / 5,550	8,550 / 5,140	8,340 / 5,140	7,520 / 5,140	7,210 / 4,830	6,700 / 4,830	6,490 / 4,410	5,970 / 4,410	5,670 / 4,410	5,150 / 4,410	4,530 / 3,690	3,810 / 3,690	3,190 / 3,690	2,880 / 2,870	2,470 / 2,870	2,160 / 2,150	1,260 / 2,150	560 / ※820											
791.2	福山	10,300 / 6,060	9,990 / 6,060	9,680 / 5,550	9,370 / 5,550	9,170 / 5,550	8,860 / 5,550	8,550 / 5,140	7,830 / 5,140	7,520 / 5,140	7,210 / 4,830	7,000 / 4,830	6,180 / 4,410	5,970 / 4,410	5,360 / 4,410	4,840 / 3,690	4,220 / 3,690	3,500 / 3,690	3,190 / 2,870	2,880 / 2,870	2,470 / 2,870	1,850 / 2,150	930 / 2,150	470 / ※820										
811.3	新尾道	10,610 / 6,060	9,990 / 6,060	9,680 / 6,060	9,680 / 5,550	9,370 / 5,550	9,170 / 5,550	8,860 / 5,140	8,340 / 5,140	8,030 / 5,140	7,520 / 4,830	7,210 / 4,830	6,700 / 4,830	6,490 / 4,410	5,670 / 4,410	5,150 / 3,690	4,530 / 3,690	3,810 / 3,690	3,500 / 3,690	3,190 / 2,870	2,880 / 2,870	2,160 / 2,150	1,260 / 2,150	390 / ※820										
822.8	三原	10,610 / 6,580	10,300 / 6,060	9,990 / 6,060	9,680 / 6,060	9,680 / 5,550	9,370 / 5,550	9,170 / 5,140	8,550 / 5,140	8,340 / 5,140	7,830 / 4,830	7,520 / 4,830	7,000 / 4,830	6,700 / 4,410	5,970 / 4,410	5,360 / 3,690	4,840 / 3,690	4,220 / 3,690	3,810 / 3,690	3,500 / 2,870	3,190 / 2,870	2,470 / 2,150	1,850 / 2,150	930 / ※820	230 / ※820									
862.4	東広島	10,820 / 6,580	10,610 / 6,580	10,300 / 6,060	9,990 / 6,060	9,990 / 6,060	9,370 / 5,550	9,370 / 5,550	8,860 / 5,140	8,550 / 5,140	8,030 / 4,830	8,030 / 4,830	7,520 / 4,830	7,210 / 4,830	6,490 / 4,410	5,970 / 3,690	5,360 / 3,690	4,840 / 3,690	4,530 / 3,690	4,220 / 2,870	3,810 / 2,870	3,190 / 2,870	2,880 / 2,150	2,160 / 2,150	1,260 / ※820	640 / ※820								
894.2	広島	11,120 / 6,580	10,820 / 6,580	10,610 / 6,580	10,300 / 6,060	10,300 / 6,060	9,990 / 6,060	9,680 / 5,550	9,170 / 5,140	8,860 / 5,140	8,550 / 5,140	8,340 / 4,830	7,830 / 4,830	7,520 / 4,830	7,000 / 4,410	6,180 / 3,690	5,670 / 3,690	5,150 / 3,690	4,840 / 3,690	4,530 / 3,690	4,220 / 2,870	3,810 / 2,870	3,500 / 2,870	2,880 / 2,150	2,160 / 2,150	1,260 / ※820	560 / ※820							
935.6	新岩国	11,430 / 7,090	11,120 / 7,090	10,820 / 6,580	10,610 / 6,580	10,610 / 6,580	10,300 / 6,060	9,990 / 6,060	9,370 / 5,550	9,370 / 5,550	8,860 / 5,140	8,550 / 5,140	8,340 / 4,830	8,030 / 4,830	7,210 / 4,830	6,490 / 4,410	5,970 / 4,410	5,670 / 3,690	5,360 / 3,690	5,150 / 3,690	4,840 / 3,690	4,220 / 2,870	3,810 / 2,870	3,500 / 2,870	2,880 / 2,150	2,160 / 2,150	1,590 / ※930	720 / ※820						
982.7	徳山	11,740 / 7,090	11,430 / 7,090	11,120 / 7,090	10,820 / 6,580	10,820 / 6,580	10,610 / 6,580	10,300 / 6,060	9,680 / 6,060	9,680 / 5,550	9,170 / 5,550	8,860 / 5,140	8,550 / 5,140	8,340 / 4,830	7,520 / 4,830	7,000 / 4,410	6,490 / 4,410	6,180 / 4,410	5,670 / 3,690	5,360 / 3,690	5,150 / 3,690	4,530 / 2,870	4,220 / 2,870	3,810 / 2,870	3,190 / 2,150	2,880 / 2,150	2,160 / 2,150	1,590 / 2,150	720 / ※820					
1027	小郡	12,050 / 7,610	11,740 / 7,090	11,430 / 7,090	11,120 / 7,090	11,120 / 7,090	10,820 / 6,580	10,610 / 6,580	10,300 / 6,580	9,990 / 6,060	9,680 / 5,550	9,370 / 5,550	8,860 / 5,140	8,550 / 5,140	8,030 / 4,830	7,210 / 4,830	6,700 / 4,410	6,490 / 4,410	6,180 / 4,410	5,670 / 3,690	5,360 / 3,690	5,150 / 2,870	4,840 / 2,870	4,220 / 2,870	3,500 / 2,870	3,190 / 2,150	2,880 / 2,150	1,850 / 2,150	1,090 / ※930	720 / ※820				
1088.7	新下関	12,360 / 7,610	12,050 / 7,610	11,740 / 7,090	11,430 / 7,090	11,430 / 7,090	11,120 / 7,090	10,820 / 6,580	10,610 / 6,580	10,300 / 6,580	9,990 / 6,060	9,680 / 5,550	9,370 / 5,550	9,170 / 5,140	8,340 / 4,830	7,830 / 4,830	7,210 / 4,830	7,000 / 4,410	6,700 / 4,410	6,180 / 4,410	5,970 / 3,690	5,360 / 2,870	5,150 / 2,870	4,840 / 2,870	4,220 / 2,870	3,810 / 2,870	3,500 / 2,870	2,470 / 2,150	1,850 / 2,150	1,420 / 2,150	930 / ※930			
1107.7	小倉	12,570 / 7,610	12,360 / 7,610	12,050 / 7,610	11,740 / 7,090	11,740 / 7,090	11,430 / 7,090	11,120 / 7,090	10,820 / 6,580	10,610 / 6,580	10,300 / 6,580	9,990 / 6,060	9,680 / 5,550	9,370 / 5,550	8,860 / 5,140	8,030 / 4,830	7,520 / 4,830	7,210 / 4,830	7,000 / 4,410	6,700 / 4,410	6,180 / 4,410	5,670 / 4,410	5,360 / 2,870	5,150 / 2,870	4,840 / 2,870	4,220 / 2,870	3,810 / 2,870	3,190 / 2,150	2,160 / 2,150	1,590 / 2,150	1,260 / ※930	310 / ※820		
1175.9	博多	13,180 / 8,120	12,880 / 8,120	12,570 / 7,610	12,360 / 7,610	12,360 / 7,610	12,050 / 7,610	11,740 / 7,610	11,430 / 7,090	11,120 / 7,090	10,820 / 6,580	10,610 / 6,580	10,300 / 6,580	9,990 / 6,060	9,370 / 5,550	8,860 / 5,140	8,550 / 5,140	8,340 / 5,140	8,030 / 4,830	7,830 / 4,830	7,210 / 4,830	6,700 / 4,410	6,180 / 4,410	5,970 / 4,410	5,670 / 4,410	5,150 / 4,410	4,840 / 4,410	4,220 / 3,690	3,190 / 2,870	2,470 / 2,870	2,150 / 2,150	1,420 / 2,150	1,090 / ※930	

とうかいどう　さんようしんかんせん
（東海道・山陽新幹線（下り）の時刻表）
じこくひょう

列車番号	1205A	139A	409A	6461A	5A	207A	565A	411A	1081A	209A	6037A	347A	211A	211A	105A	157A	413A	83A	6415A	7A	213A	417A	39A	215A	925A	567A	6041A
列車名	ひかり	こだま	ひかり	こだま	のぞみ	ひかり	こだま	こだま	こだま	ひかり	ひかり	ひかり	ひかり	ひかり	こだま	こだま	こだま	ひかり	こだま	のぞみ	こだま	こだま	こだま	ひかり	ひかり	こだま	ひかり
号	205	139	409	461	5	207	565	411	81	209	37	347	211	211	105	157	413	83	415	7	213	417	39	215	215	567	41

（東京・新大阪・博多　各駅発着時刻表／station departure・arrival times）

东海道线：東京発 → 新横浜 → 小田原 → 熱海 → 三島 → 新富士 → 静岡着発 → 掛川 → 浜松 → 豊橋 → 三河安城 → 名古屋着発 → 岐阜羽島 → 米原 → 京都着発 → 新大阪着

山陽線：新大阪発 → 新神戸 → 西明石 → 姫路 → 相生 → 岡山着発 → 新倉敷 → 福山 → 尾道 → 三原 → 東広島 → 広島着発 → 新岩国 → 徳山 → 防府 → 小郡 → 新下関 → 小倉着発 → 博多着

（6月8日〜30日は×個4連結・なし）
（6月30日までは×個4・なし）

速読

「鷗外と漱石」

明治(1868-1912)の小説家というと、日本人なら誰でもまず、森鷗外と夏目漱石を思い出す。鷗外と漱石は、今でも読まれるような有名な小説を残したが、それと同時に、いろいろな逸話も残した。ここでは、それぞれの逸話を一つずつ紹介しよう。

5　鷗外は、夜遅くまで起きていることが多かった。ある日、客が訪ねてきて、遅くまで話し込んでしまったことがある。その人は、時計を持っていなかったので、ちょうど出てきたお手伝いさんに、「今何時ですか」と聞いた。お手伝いさんは、ずいぶん遅いと思ったので、「もう十二時でございます」と答えた。すると、鷗外は、「まだ早いじゃないか。なぜ、もう十二時などと言うん
10　だ。まだ十二時、と言わなければいけない」と言って、大変おこったという。

漱石が大学を卒業して、四国の松山中学で英語を教え始めたころのことである。ある日クラスで漱石が、教科書に出てきた単語を日本語に訳して説明していると、生徒たちが「先生、そんな訳語は私の辞書に出ていません」「私の辞書にも出ていません」などと騒ぎ出した。すると、漱石は「そんな辞書
15　はだめだ。私が今言ったように直しておきなさい」と答えたという。

単語		
	逸話	anecdote
	訳す	to translate（＝翻訳する）
それぞれ　　each; respectively	訳語	Japanese equivalent

◖▶上の文を読んで、次の質問に答えなさい。

a) 鷗外は、お手伝いさんが「もう十二時でございます」と言った時、なぜおこったのでしょうか。

b) 漱石は、なぜ生徒たちに辞書を直させたのでしょうか。

俳句
5

うつくしや　障子の穴の　天の川
（一茶）

第 **11** 課

▼

ホストファミリー との問題

文句を言う

あやまる

C U L T U R E   N O T E S

Homestays

As we learned in 読み物「留学情報」, Lesson 3, there is nothing better than doing a homestay in Japan to understand what a Japanese family is like, to see how "ordinary Japanese" live, and to improve your speaking skills. On the whole, they will treat you well: they may put you in the best room they have, cook better (or different) food than normal just because you are there, try to take you to places they themselves may not normally go to (e.g., a sumo tournament), and they are likely to shower you with gifts. Even then you might feel uncomfortable: your room will be smaller, you might have to eat food that looks completely unfamiliar and unappetizing, go out with the family when you don't feel like it, etc. You might even resent the fact that the host mother doesn't give you enough freedom or privacy. As Mami says in 会話 3 of the current lesson, however, it is very likely that she means well, and the unpleasantness you experience is most probably a mere misunderstanding, just as much on your part as on hers. If you come to a point where you simply cannot get along with your host family, discuss it with 留学生係, who could make arrangements for another family or another type of housing for you.

Making Apologies

Americans and Japanese don't necessarily apologize in the same situations. Americans, for example, always say, "Excuse me" when they bump against someone. In Japan, however, don't expect to hear すみません, 失礼しました, etc., on crowded trains, platforms, and sidewalks although you are pushed and shoved all the time. Japanese don't usually apologize in such cases, unless they feel they really hurt you, e.g., by stepping on your foot by mistake.

On the other hand, salesclerks and service personnel in Japan would apologize much more readily and profusely than their American counterparts, at even the smallest hint of inconvenience they may have caused you.

Also, Americans don't apologize when they fear some legal or financial disadvantage that might arise. For example, in a traffic accident of which you yourself were the cause, you are not supposed to apologize in the U.S., because apologizing in such a case might be interpreted as an admission of guilt. In Japan, on the other hand, the person who was responsible for the accident must apologize at once, to show how sincere he/she is. In fact, the presence or the lack of sincerity could very well be a big factor when settling the issue.

会 話 ①

○ジェイソンがホストファミリーのお母さんと話している。

ジェイソン： おはようございます。

お母さん： おはようございます。ゆうべは遅かったのね。

ジェイソン： ええ、十二時半ごろでした。

5　お母さん： どうして遅かったの。

ジェイソン： 実は、アメリカの同じ大学からほかの大学に留学している友達と、街でばっ
たり出会ったもんですから、喫茶店やレストランで話しているうちにどん
どん時間が経っちゃって……。

お母さん： せっかく晩ご飯を作って待っているのに、帰ってきてくれないとがっかり
10　しちゃうし、気にもなるしね。それに、夜遅くまで帰ってこないと、本当
に心配になって、どうしても眠れないのよ。

ジェイソン： どうもすみません。電話しよう電話しようと思ってたんですけど、つい話
し込んじゃって。

お母さん： お父さんだって、たいてい十一時までには帰ってるんだから、あなたもそ
15　れまでには帰ってきてね。

ジェイソン： はい。

お母さん： それから、晩ご飯に帰ってこられない時は、必ず電話してちょうだい。

ジェイソン： はい、分かりました。これから気をつけます。

会話 2

●スーザンが大学の留学生係の人と話している。

留学生係： ラーセンさんのホストファミリーは高田さんでしたね。

スーザン： ええ、そうです。

留学生係： うまく行ってますか。

5　スーザン： 関係ですか。ええ、おかげさまで、別に何も問題ありません。

留学生係： そんならいいけど……。この間高田さんのお母さんと電話でお話ししたんですよ。

スーザン： そうですか。

留学生係： そうしたら、ラーセンさんのご両親から手紙が来ないのはなぜだろうかって言ってらっしゃいましたよ。

10　スーザン： えっ？

留学生係： もう、ラーセンさんが来てから三ヵ月にもなるのに、アメリカのお母さんから一度も手紙が来ないのは、どういうわけだろう、「娘がお世話になっております」なんて言ってきてもよさそうなものだけど、なんておっしゃっ

15　　　　　　　てましたよ。

スーザン： どうして母が……。

留学生係： アメリカでは、大学生は独立した人間と考えられているから、親がそんな手紙をわざわざ書くなんていうことはないんですって説明したんですけど、何だかよくお分かりにならないようでした。

20　スーザン： 困りました。どうしたらいいでしょうか。

留学生係： そうですね。やっぱり、アメリカのお母さんにそのことを知らせて、お礼の手紙を書いて出すようにお願いした方がいいんじゃないでしょうか。

スーザン： やっぱりそうでしょうか。

留学生係： そうでしょうね。

25　スーザン： じゃ、そうします。今日早速アメリカへ手紙を書きます。

留学生係： そうしてください。高田さんもきっとお喜びになると思いますよ。

会話 3

◯スーザンが友達の真美と話している。

真　美：　おはよう。

スーザン：　おはよう。

真　美：　何だか元気がないみたいね。

5　スーザン：　別に病気っていうわけじゃないんだけど、このごろホストファミリーのお
　　　　　　母さんに、よく文句言われるもんだから。

真　美：　どんな文句？

スーザン：　この間、寝坊して朝ご飯食べないで出かけちゃったら、うちへ帰ってか
　　　　　　ら、「朝ご飯食べないで出かけちゃだめよ」なんて叱られちゃったし。

10　真　美：　うちの母だって同じよ。そんなことだけ？

スーザン：　それから、この間お母さんと出かけた時、アイスクリーム買って、歩きな
　　　　　　がら食べようとしたら、「みっともないですよ」っておこられちゃったし。

真　美：　日本人は、あまり歩きながら食べないから。

スーザン：　それに、晩ご飯のあとで、いすに足のせて新聞読んでいたら、「いすに足の
15　　　　　　せないでね」なんて言うのよ。

真　美：　そうね。それも日本人はあんまりやらないからね。

◯それを横で聞いていたジェイソンが、口をはさむ。

ジェイソン：　僕のホストファミリーのお母さんも、けっこうやかましいよ。

真　美：　そう？

20　ジェイソン：　雨が降りそうだと、「かさ持っていくのよ！」なんて言うし、夜帰るのが
　　　　　　ちょっと遅くなると、うるさいし。

真　美：　ちょっと遅いって、例えば何時ごろ？

ジェイソン：　十二時とか十二時半とか。

スーザン：　えっ？　私なんか、この間十時に帰ったのに、遅いって言われちゃった。

25　真　美：　でもね。お母さんたち、みんなのこと心配してるから、文句言うのよ。日
　　　　　　本のお母さんて、みんなそんななのよ。

ジェイソン：　我慢しなきゃいけないってことかな。

スーザン：　そうなのかもしれないわね。

本当に色々なことがあったが、最後に新幹線のホームで、

ジルが涙を流しているのを見て、決してこの四ヵ月間は無

35

駄な日々ではなかったと思った。（後略）

『ホストファミリー感想文集　第一集』

（南山大学外国人留学生別科　平成元年）より

40

ホストファミリーとの楽しいひととき（中日新聞提供）

読み物

▼ジルと暮らした四ヵ月間

松本みどり

長いようで、短く思われたホームステイ。私達家族は、ジルと約四ヵ月間過ごしたことで、色々なものを得ることができた。

ジルは笑顔のとても似合う、明るくてやさしい女の子だった。私達家族一人一人に気遣う様など、父は「昔の日本女性を見ているようだ」と形容したくらいだ。（中略）

彼女はすぐに私達家族に溶け込んできた。夕食後などよく冗談を言い合ったり、ふざけ合ったりして、楽しい時を過ごしたものだ。私と兄は英語、父・母・弟は日本語と身振り手振り、そこにはコミュニケーションの相違などという言葉はなかった。ジルも習いたての日本語を使うなどして、積極的に家族の会話に参加した。時々私達が日本語だけで話していると、「何を話しているのか」と尋ねてきたりする時もあった。

彼女はよく説明を求めた。（それがアメリカ流の仕方なのかもしれないが。）「これこれするように」というとすぐに、「Why?」という単語が常に返ってきた。もちろん相手が納

得するまで説明したが、しまいには、こちらから先手を打つジルと約四ヵ月間過ごしたことで、理由を言ったものだった。こういう点では、異文化圏の人間だということを身を以て感じさせられた。

生活習慣の相違上、色々目に余ること、気にかかることもたくさんあった。そういう時は、遠慮せずに注意したり、助言を与えたりした。すぐ忘れてしまうような時には、何度となく注意したりした。「少し口喧しかったかな」と今になって時々思うこともあるが、陰でこそこそと悪口を言うよりは、あれで良かったのだと思う。

また、甘くしすぎて失敗したと思うこともある。一つは、シャワーの使用を許したこと（冬になってもシャワーしか使わず、風邪をよくひいた）。一つは、食事中にジュースを無限に飲むことを許したこと（その結果、みそ汁、日本茶など全く飲まなかった）。最後に、洗濯などをしてあげたこと（だんだんと独立精神が薄らいでいった）。この三つは、今でも本当に悔やまれる。特に、ジュースとシャワーのことは、彼女が真の日本文化を知るための妨げになったと思う。

単語

会話 1

問題（もんだい）	problem
文句（もんく）	complaint
あやまる	to apologize
3 遅い（おそい）	to be late
6 街で（まちで）	in town
ばったり	[to meet] by chance
7 喫茶店（きっさてん）	coffee shop
どんどん	quickly and steadily; at a rapid pace
8 時間が経つ（じかんがたつ）	time passes
9 晩ご飯（ばんごはん）	dinner (*lit.*, evening meal)

9 がっかりする	to feel disappointed
10 [〜が]気になる（きになる）	something bothers one; to be concerned [about 〜]; to worry [about 〜]　（○文法ノート3）
11 どうしても	no matter how hard [one] tries　（○文法ノート4）
12 話し込む（はなしこむ）	to become absorbed in talking
17 ちょうだい	(colloquial form of くださ い; most often used by children or women)
18 [〜に]気をつける（きをつける）	to pay attention [to 〜]; to be careful [of 〜]　（○文法ノート6）

会話 2

5 関係（かんけい）	relationship
17 独立した（どくりつした）	independent

人間（にんげん）	person; human being
19 何だか（なんだか）	somehow
21 [〜に…を]知らせる（しらせる）	to inform [someone of something]

会話 3

1 真美（まみ）	(female given name)
8 寝坊する（ねぼうする）	to oversleep
9 だめ[な]	not good; must not do
叱る（しかる）	to scold
12 みっともない	indecent; unsightly

12 おこる	to scold angrily
14 足（あし）	leg; foot
17 横（よこ）	side
口（くち）	mouth
口をはさむ（くちをはさむ）	to butt in

18 やかましい	to be fussy; to be overly critical	27 我慢する	to endure; to put up with
		〜なきゃ	(contraction of 〜なければ)

読み物

0 ジル	Jill	9 身振り	gesture
暮らす	to live	10 手振り	[hand] gesture
松本	(family name)	相違	difference
みどり	(female given name)	11 習いたての	thing which one has just learned　（○文法ノート12）
1 短い	short	12 積極的に	actively
2 約	approximately	[〜に]参加する	to participate [in 〜]
過ごす	to spend [time]	13 尋ねる	to inquire（＝質問する）
色々[な]	various	15 アメリカ流	American way
得る	to gain; to learn	17 常に	always（＝いつも）(written expression)
4 笑顔	smile [on one's face]	返る	[something] returns (v.i.)
似合う	to suit; [something] becomes [a person]	17 納得する	to understand; to be convinced
明るい	cheerful	18 しまい	the end（＝終わり）
やさしい	kind; sweet	先手を打つ	to make a move before the other person does it [in anticipation of his/her move]
5 気遣う	to be concerned about	19 理由	reason
様	state; way [a person does something]	異文化	different culture
6 形容する	to express figuratively	圏	sphere
〜くらいだ	such that; to the extent that 〜　（○文法ノート10）	20 身を以て	personally (lit., with one's own body)
中略	the middle part omitted	21 〜上	for reasons of
7 彼女	she	目に余る	to be too much [to tolerate]
溶け込む	to melt into; to become a part of	[〜が]気にかかる	[something] bothers someone; [something] makes someone uneasy
8 ふざけ合う	to kid each other		
9 V(past)ものだ	used to [do something]　（○文法ノート11）		

22	注意する	to caution	31	洗濯	laundry
23	助言	advice	32	だんだんと	gradually
	何度となく	many times（＝何度も）		独立精神	spirit of independence
24	口喧しい	critical		薄らぐ	to fade; to decrease
25	陰で	behind someone's back	33	悔やむ	to regret
	こそこそと	in whispers; secretly	34	真の	true（＝本当の）
	悪口を言う	to speak ill of [someone]		妨げ	obstacle
27	甘くする	to be lenient	37	涙を流す	to weep; to shed tears
	失敗する	to be unsuccessful; to fail		決して～ない	by no means; never
28	使用	use（＝使うこと）		無駄[な]	wasteful
29	風邪をひく	to catch a cold	38	日々	days
30	無限に	without limit		後略	the latter part omitted
	みそ汁	miso soup	39	感想	one's thoughts/impressions
31	全く～ない	not at all		文集	collection of essays
	最後に	at the end（＝終わりに）	40	平成元年	first year of *Heisei* (1989)

漢字リスト

書くのを覚える漢字
読み方を覚えましょう。また、書けるようになるまで練習しましょう。

1. 遅い	2. 関係	3. 娘	4. 独立	5. 人間
6. 足	7. 降る	8. 短い	9. 似合う	10. 明るい
11. 彼女	12. 弟	13. 相違	14. 言葉	15. 求める
16. 単語	17. 常に	18. 打つ	19. 余る	20. 助言
21. 与える	22. 甘い	23. 失敗	24. 使用	25. 結果
26. みそ汁	27. 全く	28. 精神	29. 真の	30. 涙
31. 流す	32. 平成元年			

読めればいい漢字
読み方を覚えましょう。

1. 街	2. 喫茶店	3. 真美	4. 寝坊	5. 叱る
6. 我慢	7. 暮らす	8. 過ごす	9. 得る	10. 笑顔
11. 気遣う	12. 形容する	13. 中略	14. 溶け込む	15. 身振り
16. 積極的	17. 参加	18. 尋ねる	19. 納得	20. 異文化圏
21. 陰	22. 無限	23. 洗濯	24. 薄らぐ	25. 悔やむ
26. 妨げ	27. 無駄	28. 後略	29. 感想文集	

漢字の部首
11
うかんむり

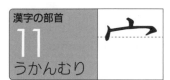

This radical comes from the shape of a house and is used for characters representing kinds, parts, conditions, etc., of houses.
「家」「宅」「安」など

文法ノート

1〇〜もんですから／ものですから＝'because 〜' [会話1/ℓℓ.6-7：ばったり出会ったもんですから]

This pattern is used to present a reason for a situation. It is often used to give a reason for a situation where the speaker feels sorry for what happened, but where the consequence was unavoidable because of the reason he/she gives.

a) 先生：どうしたんですか。ずいぶん遅いですね。

(What happened? You are late!)

学生：すみません。出かけようとしたところに家から電話がかかった**ものですから**。

(I am sorry. It's because my parents called me just when I was about to leave the house.)

b) 学生(女)：どうしたの。三十分も待ったのよ。

(What happened? I've been waiting for half an hour!)

学生(男)：ごめん、ごめん。車で来たら、道(road)がものすごく込んでいた**もんだから**。

(Sorry! I came by car but the traffic was incredibly heavy [so I couldn't help being late].)

2〇〜うちに [会話1/ℓ.7：話しているうちに]

There are two kinds of 〜うちに. When うちに is preceded by nouns, adjectives and verbs (stative or in progressive form), it expresses the sense of 'while a certain situation holds.'

a) 学生のうちに旅行をした方がいい。

(One should travel while still a student.)

b) 静かなうちに勉強をしておこう。

(I will get my study done while it is still quiet.)

c) 若いうちに自分のしたいことをしておくといい。

(You should do what you want to do while you are still young.)

d) 日本にいるうちに、一度富士山に登りたいと思います。

(I would like to climb Mt. Fuji while I am in Japan.)

e) 話しているうちに時間が経ってしまった。

(Time flew by while we were talking.)

When うちに is preceded by a negative verb form, it expresses the meaning of 'before something happens.'

f) あまり遅くならないうちに帰った方がいいでしょう。

(You should go home before it gets too late.)

g) 母に叱^{しか}られないうちに宿題をします。

(I will do my homework before my mother scolds me.)

3◯Xが気になる＝'～ weighs on one's mind; to be concerned about ～' [会話1/ℓ.10]

> In this construction, X can be either a noun or a sentence nominalized by attaching の.

a) 成績が気になります。

(I am worried about my grade[s].)

b) ホームステイの学生の家族から手紙が一通^{つう}も来ないのが気になります。

(I am bothered by the fact that my host student's family has not even written a single letter to me.)

4◯どうしても [会話1/ℓ.11：どうしても眠れないのよ]

> This phrase can be used with either a negative or affirmative predicate. In a negative sentence, it means 'can't do [it] no matter how hard one tries.' In an affirmative sentence, it has the sense of 'by all means.'

a) どうしても分からない時は、先生に聞いてください。

(When you don't understand no matter how hard you try, please ask your teacher.)

b) うそは、どうしても言えません。

(I can't tell a lie no matter what.)

c) どうしても一度日本へ行ってみたい。

(I would like to go to Japan once, no matter what.)

5◯つい＝'inadvertently; involuntarily' [会話1/ℓℓ.12-13：つい話し込んじゃって]

a) 言ってはいけないことがつい口に出ることがある。

(Sometimes, we accidentally say things we should not say.)

b) 話をしていて、つい時間を忘れてしまった。

(I was talking and lost track of time.)

6◯～に気をつける＝'to pay attention to ～; to be careful of ～'

[会話1/ℓ.18：これから気をつけます]

a) 日本語を話す時は、アクセントに気をつけてください。

(When you speak Japanese, please watch for pitch patterns.)

b) A：じゃ、あした出発_{しゅっぱつ}？

(So, you are leaving tomorrow?)

B：うん。

(Yes.)

A：じゃ、気をつけてね。

(Well, take care!)

> 気 is used in many idiomatic expressions in Japanese. The following are some of the expressions containing 気.

(1) 〜に気がつく＝'to realize; to notice'(cf. Lesson 5)

c) 掲示板_{けいじばん}に貼_はってあるポスターに気がつきませんでした。

(I didn't notice the poster on the bulletin board.)

d) お金を落としたのに気がついたのは、家へ帰ってからでした。

(It was after I got home that I realized that I had lost my money.)

(2) V(plain)＋気になる＝'to bring oneself to do V; to feel like V-ing'

e) 金曜日の晩は勉強する気になりません。

(I don't feel like studying on Friday nights.)

f) やる気になれば、何でもできます。

(You can do anything if you put your mind to it.)

7○わざわざ＝'to go out of one's way to do something'

[会話2/ℓ.18：わざわざ書くなんて…]

a) わざわざ出かけるのは大変だから、電話で話そう。

(It's not easy to take the time to go, so I will talk on the phone.)

b) 学生：この作文、書き直_{なお}した方がいいでしょうか。

(Do you think I should rewrite this composition?)

先生：わざわざ書き直さなくてもいいんじゃないですか。

(I don't think you have to take the trouble to rewrite it.)

8○〜ようにお願いする＝'to ask [someone] to do [something]'
　　〜ように言う　　＝'to tell [someone] to do [something]'
　　〜ように頼む　　＝'to ask [someone] to do [something]'

[会話2/ℓ.22：書いて出すようにお願いした方が…]

> ように in this construction indicates that it is an indirect quote of a command or a request. [V(plain, non-past) ように言う] is equivalent to a sentence with a direct quote such as [Vてくださいと言う] or [Vなさいと言う]。

a) 先生に推薦状を書くようにお願いした。

(I asked my teacher to write a letter of recommendation.)

b) お母さんにショートパンツをはいて学校へ行かないように注意された。

(注意する＝to warn; to advise)

(My host mother advised me not to go to school wearing shorts.)

c) 夜十一時までには帰ってくるように言われた。

(I was told to come home by 11 p.m.)

9○V(volitional) としたら＝'when I was about to V'   [会話3/ℓ.12：食べようとしたら]

a) デパートへ行こうとしたら、雨が降ってきた。

(When I was about to leave for the department store, it began to rain.)

b) 電話で彼の声を聞いて、話そうとしたら、涙が出てきた。

(When I heard his voice and tried to talk, tears came to my eyes.)

10○(Xて、)Yくらいだ＝'X, to the extent Y'   [読み物/ℓ.6：…と形容したくらいだ]

> くらい, like ほど, indicates the degree or extent of a situation, which is often expressed in Xて(or Xで). Y can be a な-adjective (*e.g.*, 上手なくらいです), an い-adjective (*e.g.*, 痛いくらいです) or a verb (*e.g.*, 行くくらいです).

a) アメリカにずっと住んでいるので、英語の方が日本語より上手なくらいです。

(He has lived in America so long that his English is almost better than his Japanese.)

b) ごちそうがたくさんあって、全部食べられないくらいでした。

(There was so much food that we almost could not eat it all.)

c) 日本の人名は読み方がたくさんあって、日本人にも難しいくらいです。

(There are so many ways of reading Japanese names that they are even difficult for Japanese.)

> The くらい phrase can precede the situation it is describing, as in [Yくらい X]. The meaning, however, is the same as [Xて、Yくらいだ].

d) この読み物は頭が痛くなるくらい難しいです。

(This reading passage is so difficult that [to the extent that] I almost get a headache.)

e) ときどき前が見えないくらい雨がひどく降ることがある。

(There are times when it rains so hard that you can hardly see anything in front of you.)

11 ○ V(plain past) ものだ ＝ 'used to V'

[読み物/ℓ.9：過ごしたものだ]

> [V(plain, past) ものだ] is used to express something one used to do in the past, to reminisce about the past.

a) 子供のころは、よく弟とけんかをしたものだ。

(I used to fight with my brother a lot when I was a child.)

b) 大学時代は、よく遊びよく勉強したものだ。

(I used to play hard and study hard in my college days.)

12 ○ V(stem) たて

[読み物/ℓ.11：習いたての日本語を…]

> A suffix たて attaches to a limited number of verbs (stem of ます-form) and means that something was *just* done.

a) 焼きたてのパンはおいしい。

(Bread fresh from the oven is delicious.)

b) ぬりたてのペンキに気をつけてください。

(Please watch out for wet paint.)

▷ 文法練習

| 1 | 〜ものですから | ▶文法ノート1 |

▶ Apologize and give reasons, using 〜ものですから.

[例]　A：遅かったですねえ。もういらっしゃらないのかと思っていました。

　　　B：すみません。道が分からなかったものですから。

a) 先生：いつも宿題を出すのが遅いですねえ。

　学生：＿＿＿＿＿＿＿＿＿＿＿＿＿＿＿＿＿＿＿＿＿＿＿＿＿

b) 先生：きのうはどうしたんですか。休みだったけど。

　学生：＿＿＿＿＿＿＿＿＿＿＿＿＿＿＿＿＿＿＿＿＿＿＿＿＿

c) 先生：クラスでいねむり (snooze) なんかしないでください。

　学生：＿＿＿＿＿＿＿＿＿＿＿＿＿＿＿＿＿＿＿＿＿＿＿＿＿

| 2 | 〜うちに | ▶文法ノート2 |

A ▷ affirmative か negative、適当な方を使って、次の文を完成しなさい。

a) コーヒーは、＿＿＿＿＿＿＿＿＿うちに飲んだ方がおいしい。

b) A：雨が降りそうですね。

　B：そうですねえ。雨が＿＿＿＿＿＿＿うちに早く帰りましょう。

c) 日本語は、＿＿＿＿＿＿＿＿＿うちに、だんだん面白くなってきました。

d) A：もう教科書、買ったの？

　B：ううん、まだ。

　A：じゃ、＿＿＿＿＿＿＿＿＿うちに早く買った方がいいよ。

B ▷ 次の文を完成しなさい。

a) アメリカにいるうちに＿＿＿＿＿＿＿＿＿＿＿＿＿＿＿＿＿＿＿＿＿＿。

b) 忘れないうちに＿＿＿＿＿＿＿＿＿＿＿＿＿＿＿＿＿＿＿＿＿＿＿＿＿。

c) 先生がいらっしゃらないうちに＿＿＿＿＿＿＿＿＿＿＿＿＿＿＿＿＿＿＿。

3 「気」を使った表現 ▶文法ノート3・6

○「気になる」「気をつける」「気がつく」のどれか一つを使って、次の文を完成しなさい。動詞の形を変えなければならないかもしれません。

a) 期末試験が＿＿＿＿＿＿＿＿て、寝られませんでした。

b) 日本語を話す時は、アクセントに＿＿＿＿＿＿＿＿ください。

c) 忘れ物に＿＿＿＿＿＿＿＿のは、電車を降りてからでした。

d) 先生に「あなた」と言わないように＿＿＿＿＿＿＿方がいいでしょう。

e) 自分の間違いに＿＿＿＿＿＿＿時は、すぐ直すといい。

4 ～ようにV(saying, asking) ▶文法ノート8

○次の質問に「～ように」を使って、indirect quote で答えなさい。

a) あなたは、先生によくどんなことを注意されますか。

b) あなたは、お母さんによく何をするように言われますか。

c) あなたが親だったら、子供にどんなことをするように言いますか。

d) あなたは友達にどんなことをするように頼むのがいやですか。

5 (Xて、)Yくらいだ ▶文法ノート10

○「～くらい」を使って、次の文を完成しなさい。

[例] 疲れて、何も食べたくないくらいです。

a) 先生：このごろどうですか。

学生：忙しくて、＿＿＿＿＿＿＿＿＿＿＿＿＿＿です。

b) 日本人：冬は寒いんでしょうねえ。雪がたくさん降るんですか。

アメリカ人：ええ、＿＿＿＿＿＿＿＿＿＿＿降ることがありますよ。

c) 佐藤：ホワイトさんは、日本語がペラペラですね。

田中：ええ、敬語の使い方など、日本の若い人より＿＿＿＿＿＿＿ですね。

d) アメリカ人：日本は何でも高いですね。

日本人：ええ、同じ日本製のカメラでも、アメリカで＿＿＿＿＿＿＿＿＿＿＿＿＿＿

　　　　だそうですよ。

e) 石川：この間の講演(lecture)は、どうでしたか。

　　佐藤：面白かったですが、人が大勢来て、＿＿＿＿＿＿＿＿＿＿＿＿＿でした。

運用練習

1　ロールプレイ

　ペアになり、一人は留学生、もう一人はホストファミリーのお母さんになりなさい。留学生が、電話もかけないで夜遅く帰ってくると、お母さんが起きて待っていて、留学生に文句を言います。留学生は、なぜ電話をかけなかったのか、なぜ遅くなったのかを説明しなさい。会話が終わったら、役割(roles)を交換して、もう一度練習しなさい。

2　小グループワーク

　日本語の先生なら、日本語の学生に対してどんな文句を言うでしょうか。小グループを作って、アイディアを出し合い、それをリスト・アップして、後でクラスに発表しなさい。

[例]　「このごろよく休みますねえ。」

　　　「また宿題を忘れたんですか。」

3　ロールプレイ

　上の**2**でリスト・アップしたいろいろな文句を使って、先生と学生の会話をしなさい。

[例]　先生：このごろよく休みますねえ。

　　　学生：どうもすみません。二週間ぐらい前にかぜを引いて、それから体の調子が

　　　　　　悪いものですから。

先生：そうですか。このごろ寒いから気をつけてください。

学生：はい、気をつけます。

4 ……… ペアワーク

　ペアになって、自分が日本へ行ったらホームステイをしたいかどうかについて、相手の人と話し合いなさい。したくても、したくなくても、どうしてしたいのか、どうしてしたくないのかを、説明しなければいけません。

5 ……… 作　文

　上の**4**で話し合ったことを使って、「私はホームステイをしたい／したくない」という題で、二百字ぐらいの作文を書きなさい。

○……… 聞き取り練習

○スーザンのホストファミリーのお父さんとお母さんが話しています。テープを聞いて、次の文が正しければ○、間違っていれば×を入れなさい。

あんなふう	like that（＝あのよう）	～のおかげで	thanks to ～
ニコニコする	to smile	言い出す	to begin to talk（＝言い始める）
お皿洗い	washing dishes	十分	enough

（　　）**a)** このお父さんには、スーザンのすることがあまり気にならないらしい。

（　　）**b)** スーザンは、よくニコニコしている。

（　　）**c)** このうちの子供たちは、前からよくお母さんの手伝いをしている。

（　　）**d)** スーザンはアパートに住みたいと言っているらしい。

（　　）**e)** このお母さんは、自分の子供たちにもよく文句を言うらしい。

「アメリカ人留学生にとっていやなこと」

日本に留学しているアメリカ人学生に、「日本はどうですか」と聞くと、「楽しいです」と答えるのが普通だ。しかし、「いやなことはないんですか。何でも話してください」と言うと、いろいろなことを話してくれる。一番いやなことは、ジロジロ見られることだそうだ。東京は、このごろアメリカ人をはじめ、外国人がずいぶん多くなってきているので、ジロジロ見られることはほとんどなくなったけれども、東京以外では、まだずいぶんジロジロ見られるらしい。

次にいやなことは、知らない人から、"May I talk to you in English?" と聞かれることだそうだ。特に、駅やバス停で電車やバスを待っている時など、これが多いという。その日本人が英語の練習をしたいのだろうということは分かるが、一人で考えごとをしたい時や本を読んでいる時に、これを言われると、何だかいやな気持ちがするという。もちろん、そんなことから、日本人の友達ができることもあるのだが、自分が利用されているような気持ちがするというアメリカ人は少なくない。

日本語のかなりできるアメリカ人にとっていやなことは、日本人がなかなか日本語で答えてくれないということだそうだ。例えば、店などで、何か買いたいと思って日本語で頼むと、その店員が、英語の少しできる店員を急いで探しに行くことが多い。これはこのごろ少しよくなってきて、日本語で答えてくれる日本人がだんだん増えてきたようであるが、まだまだ、日本語で答えようとしない日本人の方が多いという。

それから、日本語で答えてくれる場合でも、普通の日本人の使わないような、変な日本語で答えられることも多いそうだ。例えば、「コーレーワーニーセーンーエーンーデース」というような話し方をされたりすると、本当にいやになるらしい。

単語		
ジロジロ見る	to stare	
ほとんど〜ない	almost never	
バス停(てい)	bus stop	

○日本にいるアメリカ人留学生にとっていやなことを、四つリストしなさい。

1. _____

2. _____

3. _____

4. _____

ことわざ
6

論より証拠
(*lit.*, Proof rather than argument.)

第 **12** 課
▼
病気になったら

病 状を訴える
びょうじょう　うった

C U L T U R E   N O T E S

Medical and Dental Care

In America, when you want to see a doctor or a dentist, you first call for an appointment. In Japan, too, it is getting to be that way, but there are still some doctors who do not accept appointments. You just have to go to their office and wait for your turn. Prescriptions are also becoming fairly common, but if you go to a neighborhood doctor, he/she might still prefer dispensing drugs himself/herself.

Health insurance is virtually universal in Japan, and it covers dental care, as well. 留学生, too, should carry health insurance. If you are covered by your parents' policy in the States, however, that might cover only emergency cases in Japan. The wisest thing to do would be to buy health insurance in Japan. Most of the time, premiums will be reasonable.

Before World War II, Japanese medical science was greatly influenced by Germany, but since the end of the war, American medicine has become more and more influential. As a result, you might not find much difference between medical practices in Japan and the U.S. There are, however, small differences here and there, one being that, in Japan, one's temperature is taken not in the mouth, but under the arm.

The Japanese, as a rule, do not take care of their teeth as well as Americans do. Preventive dentistry is not as common, and orthodontics is not as advanced. As a result, you find few youngsters wearing braces, and uneven front teeth are not unusual.

Doctors and dentists, like teachers, are always addressed 先生. Don't make the error of addressing them X さん!

Food for Sick People

While chicken soup is probably the most common food for people with colds in the U. S., in Japan sick people, especially those with digestive ailments, eat *okayu* (hot rice porridge) with *umeboshi* (very sour and salty pickled plums). *Okayu* is easy to digest, and *umeboshi* is believed to have all sorts of healing powers.

会 話

◑スーザン、小林先生のクラスで気分が悪くなる。

スーザン：　先生。

小　林：　どうしましたか。顔色が悪いですよ。

スーザン：　ゆうべろくに寝なかったせいか、急に気持ちが悪くなったんです。

5　小　林：　それはいけませんね。ちょっと私の研究室のソファーで休んでいたらどう
　　　　　　ですか。

スーザン：　すみません。

◑三十分後、授業が終わって、先生が研究室に入ってくる。

小　林：　どうですか。少しはよくなりましたか。

10　スーザン：　さっき吐いたら、だいぶよくなりましたけど、まだおなかが痛いんです。

小　林：　そうですか。じゃあ、お医者さんに診てもらった方がいいんじゃないかし
　　　　　　ら。歩いて三分ぐらいの所ですけど、歩けますか。

スーザン：　歩けると思います。

小　林：　(地図を書いて渡しながら) ここです。電話かけておくから、行ってごらんなさ

15　　　　　　い。じゃ、気をつけてね。

スーザン：　はい。先生、どうもありがとうございました。

小　林：　いいえ。今日は午後のクラスに出るのはやめて、早く家へ帰って休んでく
　　　　　　ださいね。

スーザン：　はい、そうするつもりです。

20　小　林：　じゃ、お大事に。

スーザン：　失礼します。

会 話

2

◯ジェイソン、医者に行く。

医　者：　どうしましたか。

ジェイソン：あのう、一週間ぐらい前から何となく体がだるかったんですが、二、三日
　　　　　前から、今度はのどが痛くなって。

5　医　者：　そうですか。

ジェイソン：物を飲み込む時痛いんです。それに、ゆうべは熱が出て、寒気もしました。

医　者：　いけませんね。食欲は？

ジェイソン：あまりありません。それに、食べてもすぐ下痢で。

医　者：　じゃ、ちょっとのどを見てみましょう。大きく口を開けてください。あ、
10　　　　　やっぱりずいぶん赤いですね。かぜですよ。薬をあげますから、一週間の
　　　　　んでみてください。

ジェイソン：一日一度ですか。

医　者：　いや、一日三回、毎食後に服用してください。

ジェイソン：分かりました。

15　医　者：　それから、一日に何回か、うがい
　　　　　をしてください。

ジェイソン：「うがい」って何ですか。

医　者：　英語の gargle ですよ。

ジェイソン：食事はどうしたらいいでしょうか。

20　医　者：　そうですね。食欲さえ出れば、何を食べてもいいんですが、まあ二、三日
　　　　　は、柔らかい物だけにしておいたらどうですか。日本人ならおかゆぐらい
　　　　　にするんだけど、おかゆ食べたことありますか。⁴

ジェイソン：いつか、おなかを悪くした時、ホストファミリーのお母さんが作ってくれ
　　　　　ました。アメリカじゃ、かぜを引いた人はよくチキンスープを飲みますけど。

25　医　者：　それでもいいですよ。

ジェイソン：大学は休んだ方がいいでしょうか。

医　者：　そうですね。まあ、熱のある間はゆっくり休むに越したことはありません
　　　　　がね。でも、二、三日ですぐ治ると思いますよ。⁵

ジェイソン：そうですか。じゃ、どうもありがとうございました。

30　医　者：　お大事に。

会話

3

◐朝起きてきたジェイソン、しかめっ面をしている。

お母さん： どうしたの。

ジェイソン： 今日は何だか歯が痛くて。

お母さん： あら大変。すぐ歯医者さんに行った方がいいわよ。うちの歯医者さんに電
話かけてみるわ。（お母さん、歯医者さんに電話する。）

受付の女性：尾崎歯科です。

お母さん： あ、こちらは高田でございますが。

受　付： はい。

お母さん： 実は、うちでホームステイをしているアメリカ人の留学生が、今朝急に歯
が痛くなりまして。

受　付： はい。

お母さん： 突然ですが、今日診ていただくわけにはいかないでしょうか。

受　付： そうですね。あ、今日は午後見えるはずだった患者さんが、一人来られな
くなりましたから、三時なら空いていますけど。

お母さん： （ジェイソンに）三時じゃどう？

ジェイソン： いいです。

お母さん： じゃ、三時に伺いますので、よろしくお願いします。

受　付： お名前は？

お母さん： トンプソンと申します。

受　付： トンプソンさんですね。日本語はお分かりになりますか。

お母さん： ええ、よく分かります。

受　付： そうですか。じゃ、三時にどうぞ。

お母さん： では、のちほど。（電話を切る。）

ジェイソン： どうもありがとうございました。

お母さん： いいえ。でもよかったわね、ちょうど空いてて。尾崎先生、上手で全然痛
くないから、いつも込んでるのよ。

ジェイソン： そうですか。

お母さん： ジェイソンは、ほんとに運がいい人ね。

読み物

▼問診

永井　明（ながい あきら）

　まず最初にする診察は「問診」——言葉で病状を聞くことだ。ふつうの手順でいけば、「どうなさいましたか？」という質問からはじまるのだが、このとき気をつかうのは、患者さんがしゃべりやすい雰囲気を作ることだ。先ほど話した、どんな言葉づかいをするかというのも、そのうちのひとつに入るだろうし、問診をはじめる前に一言、たとえば「ずいぶん待ちましたか？」と聞いてみたりする。

「えー、そりゃあもう。朝の七時に来て、やっと今ですから」といった会話がはじまれば、導入部分としては成功だ。「そうですか、具合が悪いのにたいへんでしたねえ。なんとか待ち時間を短くしたいと思ってはいるんですが。ごめんなさいね。さて……」という話になってくる。

　問診では、どんな症状が、いつごろから現れて、現在はどんな具合なのかということを中心に尋ねる。

「胃が痛むんです」
「いつ頃からですか？」
「この二、三週間です」
「どんな具合ですか？　きりきり痛むとか、重っ苦しいと

かあるでしょう」
「えーっと……」
「自分で感じたままを言ってください」
「うーん。しくしくですかね」
「どんなときに痛みます？　四六時中ですか？　食事との関係はありますか？」
「おなかがすくと、しくしく痛んでくるんです」
「これまでに同じような症状が出たことは？」……。

　お医者さんはそれが手慣れた仕事だから、ぽんぽん質問[6]を浴びせる。しかし、患者さんのほうはなかなか思うように言葉が出ないのがふつうだ。あちこちに脱線しながら、ためらいがちにぼそぼそと話す。お医者さんによっては、[7]「まったく素人の話はわからない。わたしの尋ねていることにちゃんと答えなさい」と腹をたてる人もいなくもない。

　だけど、それは無茶というものだ。そんなときは萎縮（いしゅく）する必要はない。毅然（きぜん）として（のらりくらりでもいいけど）「素人ですから、このようにしか言えないんですよ」と主張し

ていいのだ。

『もしも病気になったなら』（岩波（いわなみ）ジュニア新書（しんしょ））より

単語

会話 1

病状（びょうじょう）	the condition of a disease or illness
訴える（うったえる）	to complain of
1 気分（きぶん）	feeling
3 顔色（かおいろ）	color of a face
4 ろくに〜ない	not much; not enough （○文法ノート1）
せい	because (used when something affects one negatively) （○文法ノート2）
5 ソファー	sofa
10 吐く（はく）	to throw up
11 医者（いしゃ）	doctor; physician
診る（みる）	to examine [a patient]
14 地図（ちず）	map
20 お大事に（おだいじに）	Take care!

会話 2

3 何となく（なんとなく）	somehow
だるい	to feel tired; to feel languid
4 のど	throat
6 飲み込む（のみこむ）	to swallow
寒気がする（さむけがする）	to feel a chill
7 食欲（しょくよく）	appetite
8 下痢（げり）	diarrhea
9 開ける（あける）	to open (v.t.)
10 赤い（あかい）	red
薬（くすり）	medicine
13 服用する（ふくようする）	to take [medicine] (＝薬をのむ)
15 うがい	gargling
21 柔らかい（やわらかい）	soft
おかゆ	hot rice porridge
27 [〜に]越したことはない（こしたことはない）	nothing can be better [than 〜] （○文法ノート5）
28 治る（なおる）	to get better; to recover from illness (v.i.)

会話 3

1 起きる（おきる）	to get up
しかめっ面（しかめっつら）	grimace
3 歯（は）	tooth
6 尾崎歯科（おざきしか）	Ozaki Dental Clinic
13 見える（みえる）	(polite verb meaning 来る)
患者（かんじゃ）	patient

14 空く	to become vacant	23 切る	to hang up [a phone] (*lit.*, to cut)
23 のちほど	later (＝あとで) (formal expression)	28 運がいい	lucky

読み物

0 永井	(family name)	18 きりきり[痛む]	to have a piercing pain (esp. in reference to a stomachache/headache)
明	(male given name)		
1 最初	beginning; first	18 重っ苦しい	heavy; dull; leaden
診察	examination of a patient	22 しくしく[痛む]	to have a dull, persistent pain (used in reference to a toothache/stomachache)
2 手順	procedure		
3 気をつかう	to worry about; to be careful about		
4 雰囲気	atmosphere	23 四六時中	all the time
先ほど	a while ago	27 手慣れた	familiar; well-practiced
5 言葉づかい	choice of words	ぽんぽん[言う]	[to speak] without reserve or in machine gun fashion
そのうちの	among them（＝その中の）		
6 一言	one word	28 浴びせる	to shower [someone] with [something]
8 やっと	at last		
9 導入	introduction	29 脱線する	to derail; to digress; to ramble
部分	part		
成功	success	30 ためらう	to be hesitant
10 具合	condition	ぽそぽそと[話す]	[to speak] in a subdued tone
なんとか	somehow	31 素人	layman
12 さて	well; now (used when switching to a new, usually more important, topic)	32 腹をたてる	to get angry（＝おこる）
		33 無茶	unreasonable
13 症状	symptom	萎縮する	to be dispirited; to feel intimidated
現在	now（＝今）		
15 胃	stomach	34 毅然として	boldly; firmly
16 いつ頃	around when	のらりくらり[と]	noncommittally; evasively; in a roundabout way
		35 主張する	to assert; to insist

漢字リスト

書くのを覚える漢字
読み方を覚えましょう。また、書けるようになるまで練習しましょう。

1. 病状	2. 顔色	3. 医者	4. 地図	5. 熱
6. 寒気	7. 食欲	8. 開ける	9. 赤い	10. 薬
11. 治る	12. 起きる	13. しかめっ面	14. 今朝	15. 空く
16. 運がいい	17. 成功	18. 具合	19. 症状	20. 現在
21. 胃	22. 浴びせる	23. 腹	24. 無茶	25. 主張

読めればいい漢字
読み方を覚えましょう。

1. 訴える	2. 吐く	3. 診る	4. 下痢	5. 服用
6. 柔らかい	7. 歯	8. 歯科	9. 患者	10. 問診
11. 診察	12. 手順	13. 雰囲気	14. 導入	15. 脱線
16. 素人				

漢字の部首
12
もんがまえ

門

This radical comes from the shape of a gate and is used for characters representing gate-related objects and actions.
「間」「問」「聞」など

GIONGO AND GITAIGO

擬音語と擬態語
ぎおんご ぎたいご

Japanese has a rich system of sound symbolism. Roughly, they can be subdivided into two categories: 擬音語 (phonomimes, onomatopoeia) and 擬態語 (phenomimes, psychomimes). 擬音語 represents words that imitate actual sounds. English has some of those, too, such as sounds that animals make. Compare the following:

Sound dogs make: bowwow——わんわん *Sound of a gunshot:* bang——どん、ずどん
Sound cats make: meow———にゃーお *Water dripping:* drip, drip——ぽたぽた
Sound cows make: moo————もー *Heavy object falling:* thud——どしん、どさっ

擬態語 are words that express states, feelings, manners of actions, etc., impressionistically. English has some 擬態語-like words, too, such as *roly-poly* and *shilly-shally*. In this lesson's 読み物「問診」, we have quite a few 擬態語, such as きりきり、しくしく、ぽんぽん、ぼそぼそ, and のらりくらり.

There are three important differences between English and Japanese here. First, in English, if one speaks with too many 擬音語 or 擬態語, one may run the risk of sounding childish. In Japanese, there is no fear of this unless one uses onomatopoeia specifically used in baby-talk, *e.g.*, わんわん for 犬. Second, English is actually filled with verbs and adjectives that originated as 擬音語 or 擬態語 but are no longer regarded as such, *e.g.*, *slam, whack, flash, slick, smooth, plump, glisten,* etc. In Japanese, on the other hand, many 擬音語 and 擬態語 are used adverbially, often with the addition of と, *e.g.*,

きりきり（と）痛む ————— to have a piercing pain
しくしく（と）痛む ————— something (usually, stomach or teeth) hurts in a
　　　　　　　　　　　　　　　dull, persistent way
ぽんぽん（と）質問する ——— to ask questions in rapid succession, *i.e.*, in
　　　　　　　　　　　　　　　machine gun fashion
ぼそぼそ（と）話す ————— to talk in a subdued tone
のらりくらり（と）話す ——— to talk noncommittally/evasively

Third (and this is related to the second point above), there are very often cases where, in English, completely different verbs are used for related actions while, in Japanese, one and the same verb will do with the addition of different 擬音語 or 擬態語, *e.g.*,

げらげら笑う ———— to guffaw　　くすくす笑う ———— to giggle
にやっと笑う ———— to grin　　にこにこ笑う ———— to smile

文法ノート

1❍ろくに〜ない='not much; not enough'
[会話1/ℓ.4：ろくに寝なかったせいか]

> This expression is always followed by a negative form of a predicate.

a) ろくに勉強もしないのに文句ばかり言うのは困る。

(It's not good to complain without studying much.)

b) 病気の時は、ろくに食べられない。

(When you are sick, you can hardly eat anything.)

2❍〜せいか='perhaps because 〜'
[会話1/ℓ.4：ろくに寝なかったせいか]

> せい, without か, gives a reason or a cause.

a) 学生ができないのは先生のせいだろうか。

(Is it because of the teacher that students don't do well?)

b) 自分の間違いを他人のせいにするのは困る。

(It's not good to blame others for your own mistakes.)

c) それは気のせいだよ。

(It's just your imagination.)

> [S₁せいか, S₂] gives a possible reason for some undesirable situation in S₂, meaning 'Perhaps because S₁, S₂ holds.'

d) 試験が悪かったせいか、元気がない。

([He] looks dispirited, perhaps because he did badly on the exam.)

e) 期末試験が近いせいか、休みが多い。

(There are many absences, perhaps because the final exam is near.)

> せい is a noun. So, it is preceded by Nの, な-adjective な, or plain forms of い-adjectives and verbs.
> When S₂ represents a desirable situation, おかげで is used as in **f)**.

f) 先生に日本語を教えていただいたおかげで、日本語が話せるようになりました。

(Thanks to your teaching, I have become able to speak Japanese.)

3○Vてごらんなさい＝'try V-ing'

［会話1/ℓ.14：行ってごらんなさい］

> This is a polite form of Vてみなさい. Since 〜なさい is a form used by someone higher in status to give a command to someone lower in status, 〜ごらんなさい cannot be used by a person lower in status. Vてごらん (*e.g.*, 見てごらん) is a more informal variant of Vてごらんなさい, and is used, for example, by mothers in talking to children.

a) 少し休んでごらんなさい。きっと楽になりますよ。

(Go and rest for a while. I'm sure you will feel better.)

4○〜ぐらい

［会話2/ℓ.20：おかゆぐらいにする］

> Nぐらい, in this case, indicates that N is the minimum level, degree, etc. (*e.g.*, easiest, lightest, etc.) ぐらい is often replaced by くらい.

a) おなかの痛い時は、スープぐらいにした方がいいでしょう。

(When you have a stomachache, you should limit your diet to something light like soup.)

b) 一年で習った漢字ぐらい書けないと困ります。

(You should be able to write at least the kanji you learned in the first year.)

5○〜に越したことはない＝'nothing can be better than 〜'

［会話2/ℓ.26：休むに越したことはありません］

> This expression is most frequently used with non-past plain forms of verbs.

a) 病気の時は寝るに越したことはない。

(When you are sick, sleeping is the best thing to do.)

b) 日本語が話せるようになりたかったら、日本へ行くに越したことはないと思うけれど、まずアメリカでちゃんと勉強してから行った方がいいと思います。

(If you want to become proficient in Japanese, the best thing is to go to Japan, but I think you should first study properly [*i.e.*, the basics] in America.)

6○思うように＝'as one wishes'

［読み物/ℓℓ.28-29：思うように言葉が出ない…］

a) 仕事はなかなか思うようにはかどらないものだ。

(Work generally does not get done as quickly as one wishes.)

b) A：論文はどうですか。はかどっていますか。

(How is the thesis coming along? Is it progressing well?)

B：なかなか思うように書けなくて困っています。

(I am really troubled because I can't write it to my satisfaction.)

7○〜がち＝'to tend to 〜; to be apt to 〜; to be prone to 〜'

［読み物/ℓ.30：ためらいがちに…］

This suffix follows certain verbs (stem of ます-form) and nouns, and expresses the idea that one tends to do something, something is more likely to happen, etc. It is negative in its implication.

a) 日本語が少し話せても読み書きは全然できないというのは、外国人の場合ありがちなことだ。

(It is not unusual that a foreigner who can speak Japanese a little can't read or write it at all.)

b) アメリカではあまり遠慮がちにしない方がいい。

(It is better not to be too modest in America.)

○............ **文法**練習

1............ **～せいか**　　　　　　　　　　　　　　　　　　　　　　▶文法ノート2

○「せいか」を使って、次の文を完成しなさい。

［例］　ホワイトさんは、試験ができなかったせいか今日は元気がありません。

a) 佐藤：ちょっと元気がないみたいだけど、どうかしたの。

山本：うん、＿＿＿＿＿＿＿＿＿＿＿＿＿＿おなかが痛いんだ。

b) 小林：どうかしたの。

山川：うん、きのうの晩＿＿＿＿＿＿＿＿＿＿＿＿＿頭が痛くて。

小林：じゃ、早く帰って寝たら。

c) ブラック：小林さん、＿＿＿＿＿＿＿＿＿＿＿＿＿このごろ元気がありませんねえ。

ハリス：ええ、私もちょっと心配していたんですよ。

d) 山田：小林さんは、＿＿＿＿＿＿＿＿＿＿＿＿＿＿少しやせましたねえ。

佐藤：そうですねえ。ちょっとやせすぎですねえ。

2............ **～ぐらい**　　　　　　　　　　　　　　　　　　　　　　▶文法ノート4

○「N ぐらい」を使って、次の会話を完成しなさい。

a) A：今度の日曜日、ピクニックに行かない？

B：うん、でも、来週試験があるんで。

A：でも、＿＿＿＿＿＿＿＿＿＿＿＿休んだ方がいいよ。

b) A：ジェイソンはいつもお金がない、ない、と言っているんだ。

B：でも、＿＿＿＿＿＿＿＿＿＿＿あるんじゃないか。

c) 花子：太郎さんは、料理なんか全然できないと思っていた。

太郎：僕だって＿＿＿＿＿＿＿＿＿＿＿作れるよ。

d) 子供：お母さん、これ、洗濯してくれない？

母　：＿＿＿＿＿＿＿＿＿＿＿＿自分で洗濯しなさいよ。

e) 学生：カタカナは難しいですねえ。

先生：そうですね。でも、_____カタカナでちゃんと書けないと困りますよ。

3 ………… 〜に越したことはない　　　　　　　　　　　▶文法ノート5

◑「〜に越したことはありません」を使って、次の会話や文を完成しなさい。

a) 学生：テープは、一週間にどのぐらい聞いた方がいいでしょうか。

先生：_____が。

b) 学生：ここのところ（＝最近）毎日五時間ぐらいしか寝ていないんですが、だいじょうぶでしょうか。

医者：_____が、五時間でも仕方ありませんね。

c) ホストファミリーと問題がある時は、_____。

d) おなかが痛い時は、_____。

e) 教科書をいくら勉強しても分からない時は、_____。

4 ………… 〜がち　　　　　　　　　　　　　　　　▶文法ノート7

◑「〜がち」を使って下線の部分を言いかえなさい。

[例]　病気になりやすい人は、無理をしない方がいい。（無理をする＝仕事などをしすぎる）

→病気がちの人は、無理をしない方がいい。

a) このごろは雨が降ることがよくある。　→　_____

b) よく休む学生には注意をした方がいいだろう。　→　_____

c) 若い時は、いくら無理をしてもだいじょうぶだと考える傾向（tendency）がある。

→　_____

d) この時計は、よく遅れる。　→　_____

○‥‥‥‥‥**運用**練習

1‥‥‥‥‥ ロールプレイ

　ペアになり、一人は留学生、もう一人は日本人の医者(いしゃ)になりなさい。留学生はかぜを引いて、今医者に自分の症状(しょうじょう)を説明しています。次の単語を使ってもよい。

頭(あたま)	head	のど	throat
薬(くすり)	medicine	いやな咳(せき)が出(で)る	to have a bad cough
体温計(たいおんけい)	thermometer		

2‥‥‥‥‥ ロールプレイ

　ペアになり、一人は留学生、もう一人はホームステイのお母さんになりなさい。留学生が朝起きてこないので、お母さんが部屋へ見に来ます。留学生は、おなかが痛くてクラスへ行けないということを説明します。次の単語を使ってもよい。

下痢(げり)をする	to have diarrhea	吐(は)き気(け)がする	to feel like vomiting

3‥‥‥‥‥ ロールプレイ

　ペアになり、一人は日本語のできるアメリカ人学生、もう一人はそのルームメイトの日本人学生になりなさい。アメリカ人が朝起きられなくて、日本人が心配しています。病気は「かぜを引いた」でも「おなかが痛い」でもいいが、会話はくだけた言葉でしなさい。

4‥‥‥‥‥ ペアワーク

　ペアに分かれ、自分の子供のころの病気の経験について話し合いなさい。

5　作　文

自分の子供のころの病気の経験について、百五十字ぐらいの作文を書きなさい。

▶ 聞き取り練習

● 日本人の大学生男女二人が話しています。テープを聞いて、次の文が正しければ○、間違っていれば×を入れなさい。

足を折る to break one's leg	ビ゙ービ゙ュー (the sound of the howling wind)
かわいそうに I feel sorry for you. I sympathize.	皮肉[な] ironic
故障 する to break down	

(　　) **a)** この二人は、前に会ったことがない。

(　　) **b)** 男子学生は、岡田という人である。

(　　) **c)** この二人は、一緒にスキーに行ったことがある。

(　　) **d)** この男子学生は、スキーをしていて足を折った。

(　　) **e)** 彼が足を折った日は、寒い日だった。

(　　) **f)** リフトは、その日、一日中直らなかった。

速読

「ラフカディオ・ハーン」

明治 (1868-1912) のころ、アメリカの小説家のラフカディオ・ハーン (Lafcadio Hearn) という人が日本へ来た。初めはジャーナリストとして働いていたが、後に英語を教えるようになった。東京大学で英文学（＝イギリス文学）を教えたこともある。この人は日本が本当に好きで、日本人の女性と結婚したばかりでなく、日本についてたくさんの本も書いた。アメリカ人でハーンの名前を知っている人は少ないが、彼の名前は日本では今でも有名である。日本を愛したハーンは、東大で教えていた時に、帰化して日本人になり、名前も小泉八雲という日本名にした。そのころの日本は、まだ生活水準が低くて、サラリーもよくなかったのだが、日本の大学に勤めていた外国人は、みな日本人よりずっと高い給料をもらっており、ハーンも同じだった。ところが、彼の給料は、日本人になると急に安くなってしまった。だが、ハーンがその時、「ああ、日本人にならなければよかった」と言ったかどうかは分からない。

単語		帰化する	to become a naturalized citizen
文学	literature	生活水準	standard of living
愛する	to love	低い	low（↔高い）
		給料	salary

❷次の文を読んで、正しいものに○、間違っているものに×をつけなさい。

（　　）a) ハーンは、英語を教えるために日本へ行った。

（　　）b) ハーンの奥さんは日本人だった。

（　　）c) ハーンは、日本でよりアメリカでよく知られている。

（　　）d) そのころ、日本の外国人教師の給料はとてもよかった。

（　　）e) ハーンは、日本について一冊しか本を書かなかった。

俳句 6

さみだれや　大河を前に　家二軒
（蕪村）

▼

日本語体験

過去の経験を述べる

C U L T U R E N O T E S

Errors and Laughter

Just as Japanese people make many errors when they speak English, non-Japanese naturally make lots of mistakes when they speak Japanese. Making errors and learning from them is part of the learning process and should not be avoided. Japanese people might laugh more than Americans would when they hear mistakes, but you should learn to accept that because their laughter is well-meaning and good-natured.

Loanwords (or 外来語)

Today's Japanese vocabulary consists of three categories of words: *wago* (和語, *i.e.,* Japanese words), *kango* (漢語, *i.e.,* words that originated in Chinese or made-in-Japan pseudo-Chinese words), and *gairaigo* (外来語, *i.e.,* words that have been borrowed from languages other than Chinese). Most *gairaigo* come from English, and their number is increasing rapidly. In this lessson alone, we have seen several English-based loans: トイレ、マンション、アパート、タクシー, etc. Loanwords are troublesome for English speakers because they very often change their shapes. For example, many words are cut short. A good example would be トイレット (from *toilet*) shortened to トイレ. Loanwords frequently change their meanings, too, as you have seen in the case of マンション. Loanwords undergo significant changes in pronunciation also. When you pronounce them, the best thing would be to forget they were originally English. Pronounce them just like any other Japanese word. You will then not only sound more authentic, but will be understood much better.

Japanese Attitude Toward Foreigners Speaking Japanese

Before World War II, the only Caucasians who spoke Japanese were missionaries, and even they were not all that good. Japanese people therefore developed a mistaken notion that their language was simply too difficult for *gaijin*. Even today, when foreigners who can speak Japanese are no longer oddities, many Japanese still hang on to this same old myth. When a foreigner, especially a Caucasian, suddenly speaks to them in Japanese, they sometimes just freeze, *i.e.,* answer with a blank stare, unable to say anything. This might be particularly true if you go shopping at a store where you are not a familiar figure, or if you stop a stranger to ask directions. Don't be discouraged, however. At the university where you are a 留学生, you will definitely receive better responses!

会話

1

●スーザン、小林先生と話している。

スーザン：　春休みにとてもおかしなことがありました。

小　林：　どんなことですか。

スーザン：　長野に日本人の友人がいるんですが、その人のうちへ二、三日遊びに行っ

5　　　　　　たんです。

小　林：　それはよかったですね。そこで何かあったんですか。

スーザン：　そのうちに着いてすぐお母さんに紹介されて。

小　林：　それで？

スーザン：　お母さんといろいろ話しているうちに、トイレへ行きたくなったので、「お

10　　　　　手洗いへ行きたいんですけど」って言ったんです。

小　林：　「トイレ」より「お手洗い」って言う方がていねいだから。

スーザン：　でも、そう言ったら、お母さんが「そう。じゃ、明日みんなで行きましょ

　　　　　　う」って言うんですよ。

小　林：　え？　どういうわけかしら。

15　スーザン：　とにかく私はとても困っちゃって、「トイレです。トイレへ行きたいんで

　　　　　　す」って一生懸命言ったら、やっと分かってもらえて。

小　林：　へえ？

スーザン：　お母さんたら、私が「お寺へ行きたいんですけど」って言ったと思ったんで

　　　　　　すって。

20　小　林：　ああ、長野市には善光寺っていう

　　　　　　有名なお寺があるから。

スーザン：　そうなんです。だから、私の「お

　　　　　　手洗い」の発音が悪かったんで、

　　　　　　お母さんは「お寺」のことだと思っ

25　　　　　たんだそうです。

小　林：　ああ、そうだったの。アハハ。

善光寺

会話 2

○会社員のディック・ロバーツ、同僚の高橋ゆみと話している。

ロバーツ： この間、アメリカの友達から手紙をもらったんですけど。

高　橋： そうですか。

ロバーツ： 私が日本でよっぽど楽な暮らしをしていると思っているみたいなんです。

5 高　橋： へえ、どうしてでしょう。

ロバーツ： 私が「渋谷マンション」に住んでいるもんだから、その "mansion" という住所を見て、mansion に住んでいるなら、すごい暮らしをしているに違いないと考えたらしいんです。

高　橋： 英語の mansion て、日本語の「マンション」とそんなに違うんですか。

10 ロバーツ： ええ、ずいぶん違います。英語の mansion ていうのは、例えばハリウッドの有名な俳優の住んでいるような、すごく大きくて立派な家で、部屋が20も30もあるのが普通ですね。

高　橋： じゃあ、日本のマンションとは、たしかに違いますね。

ロバーツ： この間も、そのことでおかしなことがあったんです。

15 高　橋： どうしたんですか。

ロバーツ： その日は大雨だったんで、駅から家までタクシーに乗ったんです。

高　橋： ええ。

ロバーツ： 「XX デパートの手前のアパートまでお願いします」って運転手に言ったんですけど、家に着いて降りようとしたら、その運転手が、「なんだ。アパートじゃなくて、マンションじゃありませんか」って言ったんで、笑っちゃいましたよ。

20

高　橋： アハハ。

会 話

❸

○ジェイソン、健一と話している。

健　一：　　　ジェイソン、このごろ日本語がずいぶん上手になったね。

ジェイソン：　そうでもないけど。

健　一：　　　そんなこと言ってけんそんするところも、さすがジェイソンだね。

5　ジェイソン：　そうかな。

健　一：　　　アメリカで日本語の勉強始めた時、何が難しかった？

ジェイソン：　助詞なんか、ずいぶん難しかったなあ。「私は」と「私が」がどう違うかなんて、さっぱり分からなかったよ。実は今でもよく分からないんだけどね。

健　一：　　　日本人にも難しいんじゃないかな。僕には説明できないよ。

10　ジェイソン：　でも日本人は説明できないだけで、使うのは上手だろう？

健　一：　　　まあそうだけど。

ジェイソン：　僕なんかその反対で、説明はいろいろ読んだけど、先生に直されてばかりいたんだ。

健　一：　　　ふうん？　それから？

15　ジェイソン：　それから、同じような言い方がありすぎるんで困ったな。

健　一：　　　どういうこと。

ジェイソン：　例えば、日本語だと「私は学生です」とか、「僕は学生だ」とか、「おれは学生だぜ」とか、いろいろあるだろう？　英語なら、I'm a student. だけで済むのに。

20　健　一：　　　なるほどね。

ジェイソン：　でも、何て言っても、一番複雑だと思ったのは敬語だったな。

健　一：　　　敬語は僕も苦手なんだ。このごろの大学生なんて、みんなそうだと思うよ。

ジェイソン：　特に先生と話す時には、「いらっしゃいますか」とか「お読みになりましたか」とか言わないと、失礼になるなんて言われたから、心配しちゃったよ。

25

健　一：　　　でもね。英語だって難しいよ。本のこと言うのに、a book、books、the book、the books なんて、いろいろ言い方があるんだから、僕なんか、もう八年も英語やってるのに、間違ってばかりいるんだよ。

30　ジェイソン：　じゃ、練習のために、これからいつも英語で話そうか。

健　一：　　　やめてくれよ！

り、

「サクランボ」

と言った。私が最初に覚えた記念すべき日本語は、"サクランボ"だったわけである。"サクラ"から始める人はかなりいるだろうけれど、まず"サクランボ"というのは珍しいのではないか。

私たちが使ったテキストは、日本の小学校一年生の教科書だった。まあ小学校一年生としてはかなり面白い中身だったと思うが、それにしても私はもう小学一年生とはかなり齢が違っていたし、趣味も異なっていた。しかし、ほかに教科書といっても、アメリカ人のために作られた日本語読本は、私の知る限りまったくない。第一ページは例の、"サイタサイタサクラガサイタ"。ほかに修身の読本もあって、"サイタサイタ"に比べれば多少面白かったが、その道徳観は私のそれとは大いに矛盾していた。

とにかく、日本語は中国語より何倍も難しかった。それでも私は、その難解さ自体に興味を感じ、日本語を克服しようと一所懸命勉強した。家庭教師は猪股 忠君という人で、彼はアメリカ生れだったが、小さい時に家族ともども

日本へ帰り、十七、八歳で再びアメリカへ戻ったそうだ。国籍上はアメリカ人でも、英語はほとんどできなかったわけで、それがかえって日本語を習う上ではよかったようだ。しかし山荘にいた二か月ほどの間に、山荘の主と他の二人の生徒はあきらめて脱落してしまい、最後まで頑張ったのは私だけだったのである。

『日本を理解するまで』（新潮社）より

読み物

▼

日本語をどのように始めたか

ドナルド・キーン

　さて、一九四〇年、大学三年生になって、私は正式に中国語の勉強をすることに決めた。当時は今と違って、中国語や日本語を大学で学ぶ人は極めて少なく、その大半は中年婦人だった。なぜそうなのか、今でもよくわからないけれど、たぶんニューヨークで一番暇な人たちということだったかもしれない。授業はいかにものんびりしたもので、一文一文ゆっくりと読み、先生は下手な字でそれを黒板に書き、私たちは同じようにノートに写した。大した進歩も認められなかったものの、一方で、毎日のように李君と一緒に昼食を食べ、彼から今度は唐時代の詩の説明を受けたりしていた。

　そんなある日、大学の図書館で中国語の自習をしていると、見知らぬアメリカ人の大学院生がやって来て、

「あなたは毎日のように中華料理を食べているそうですが、今晩、私と一緒に食べて下さいませんか」

と誘われた。その頃、私は金がなく、昼の中華料理屋で、三十セントと三十五セントの定食のうち、せいぜい月に一度か二度、高いのにありつけなければよいほうだった。そんな具合だったし、面白そうな人なので、私は喜んで誘いに応じることにした。

　で、ご馳走になりながらその人の話を聞いていると、彼は五年間も日本や台湾にいたのに、周囲に英語のできる人がいつもいて、とうとう日本語を覚えられなかった。片言しか話せない。そこで彼が言うには、自分には山に別荘があるから、そこへ日本人の家庭教師を招いて日本語を勉強してみたいと思う、一人だとサボるだろうし、二、三人で励まし合いながら学んでみないか、と私にも日本語を勧めてきた。私にはまだ例の反日感情があったが、それよりも、恥ずかしながら、まず山へ行って人並な生活をしたいという欲望のほうが強かった。

　その一九四一年の夏、私たちはアメリカ合衆国南部ノースカロライナの山のほうへ行ったのである。別荘に着いてみると、家庭教師は既に来ていて、果樹園で果物を折っていた。彼は何も説明せずに、その果物を指差して、いきな

単語

会話 1

<ruby>体験<rt>たいけん</rt></ruby>	personal experience
<ruby>過去<rt>かこ</rt></ruby>	past
<ruby>述<rt>の</rt></ruby>べる	to state
2 お<ruby>か<rt></rt></ruby>しな	funny
4 <ruby>長野<rt>ながの</rt></ruby>	(name of a prefecture)
10 お<ruby>手洗<rt>てあら</rt></ruby>い	bathroom (*lit.*, place to wash one's hands)
14 わ<ruby>け<rt></rt></ruby>	reason; explanation
16 <ruby>一生懸命<rt>いっしょうけんめい</rt></ruby>	hard (as in "work hard")
18 お<ruby>寺<rt>てら</rt></ruby>	Buddhist temple
20 <ruby>善光寺<rt>ぜんこうじ</rt></ruby>	(name of a temple)
23 <ruby>発音<rt>はつおん</rt></ruby>	pronunciation

会話 2

4 よ<ruby>っ<rt></rt></ruby>ぽど	considerably; really; to a great extent (○文法ノート2)
<ruby>暮<rt>く</rt></ruby>らし	living; life style
7 [〜に]<ruby>違<rt>ちが</rt></ruby>いない	it must be [〜] (○文法ノート3)
10 ハリウッド	Hollywood
11 <ruby>俳優<rt>はいゆう</rt></ruby>	actor/actress
18 [〜の]<ruby>手前<rt>てまえ</rt></ruby>	this side [of 〜]
20 <ruby>笑<rt>わら</rt></ruby>う	to laugh

会話 3

4 けんそんする	to be modest; to humble oneself
さ<ruby>す<rt></rt></ruby>がジェイソン	that's worthy of you, Jason; that's truly like the great student that you are, Jason (○文法ノート4)
7 <ruby>助詞<rt>じょし</rt></ruby>	particle[s]
12 <ruby>反対<rt>はんたい</rt></ruby>	opposite
12 <ruby>直<rt>なお</rt></ruby>す	to correct (*v.t.*)
21 <ruby>何<rt>なん</rt></ruby>て言っても	whatever else might be said; after all
<ruby>複雑<rt>ふくざつ</rt></ruby>[な]	complex
<ruby>敬語<rt>けいご</rt></ruby>	honorific language (*lit.*, respect language)
30 <ruby>練習<rt>れんしゅう</rt></ruby>	practice

読み物

0	ドナルド・キーン	Donald Keene
1	正式に	formally
	中国語	Chinese language
2	[〜に]決める	to decide [to 〜] (*v.t.*)
	当時	in those days (＝そのころ)
3	極めて	extremely (written expression)
	大半	most of
4	婦人	woman (＝女性、女の人)
6	いかにも	truly (＝実に)
	のんびりした	carefree; slow-moving
	一文	one sentence
7	下手[な]	not good; unskilled
	黒板	blackboard
8	写す	to copy (*v.t.*)
	大した	significant; great
	進歩	improvement; progress
	認める	to notice; to recognize
9	〜ものの	although 〜　（○文法ノート6）
	一方で	on one hand *or* on the other hand (depending on the context)　（○文法ノート7）
	李	(Chinese family name)
10	唐時代	Tang dynasty (618-907)
	詩	poem; poetry
12	ある日	one day
	自習	self-study
13	見知らぬ	unfamiliar (＝知らない/見たことのない)

16	その頃	in those days
17	定食	fixed-price lunch/dinner
	せいぜい	at most　（○文法ノート9）
18	[〜に]ありつく	to come by [a meal]
19	[〜に]応じる	to agree to; to accept
22	台湾	Taiwan
	周囲に	around [someone]
23	とうとう	finally; at last
	片言	broken (*e.g.*, Japanese)
24	別荘	summer cottage
25	招く	to invite
26	サボる	to loaf on the job; to idle away one's time
27	励ます	to encourage
	勧める	to urge [someone] to do [something]
28	例の	usual; that which was mentioned before
	反日感情	anti-Japanese sentiment
29	恥ずかしい	embarassing
	〜ながら	but; although（＝〜けれど）　（○文法ノート10）
	まず	first of all
	人並[な]	average; ordinary; like normal people
30	欲望	desire
	強い	strong

31 アメリカ合衆国 United States of America

ノースカロライナ North Carolina

33 既に already（＝もう）

果樹園 orchard

折る to snap

34 [〜を]指差す to point [to 〜]

いきなり all of a sudden

36 サクランボ cherry

37 記念する to commemorate

41 小学校 elementary school

教科書 textbook

42 まあ well (used when making a modest or hesitant statement)

〜としては for; considering
（○文法ノート11）

中身 content

43 それにしても even so （○文法ノート12）

44 齢 age

[〜と]異なる to be different [from〜]（＝違う）(written expression)

45 日本語読本 Japanese reader

47 読本 reader; reading book

〜限り as far as 〜; as long as 〜
（○文法ノート13）

47 修身 moral education

48 多少 a little（＝少し）

道徳観 view of morality

49 大いに much; considerably（＝大変）

[〜と]矛盾する to contradict [〜]

51 難解さ difficulty to understand

自体 itself

克服する to master; to overcome

52 一所懸命 hard（＝一生懸命）

猪股 (family name)

忠 (male given name)

53 ともども together with; in company with

54 再び again

55 国籍上は with respect to nationality

56 かえって on the contrary
（○文法ノート14）

〜上では as far as 〜 is concerned

57 山荘 mountain cottage（＝山の別荘）

主 owner

他の other

58 あきらめる to give up

脱落する to drop out

60 理解する to understand

漢字リスト

書くのを覚える漢字
読み方を覚えましょう。また、書けるようになるまで練習しましょう。

1. 紹介	2. 同僚	3. 運転手	4. 笑う	5. 反対
6. 直す	7. 済む	8. 敬語	9. 練習	10. 正式
11. 当時	12. 下手	13. 黒板	14. 写す	15. 詩
16. 誘う	17. 応じる	18. 片言	19. 招く	20. 励ます
21. 感情	22. 恥ずかしい	23. 強い	24. 最初	25. 記念
26. 珍しい	27. 小学校	28. 教科書	29. 読本	30. 難解さ
31. 興味	32. 主			

読めればいい漢字
読み方を覚えましょう。

1. 長野	2. 一生懸命	3. 暮らし	4. 俳優	5. 助詞
6. 複雑	7. 極めて	8. 進歩	9. 唐	10. その頃
11. 台湾	12. 周囲	13. 別荘	14. 勧める	15. 合衆国
16. 果樹園	17. 折る	18. 指差す	19. 異なる	20. 修身
21. 道徳観	22. 矛盾	23. 克服	24. 再び	25. 国籍
26. 山荘	27. 脱落			

漢字の部首
13
しんにゅう
辶

This radical, with the meaning of "go/proceed," is generally used for characters mostly representing types of going.
「道」「通」「週」など

文法ノート

1 ○ N たら／N ったら

[会話1/ℓ.18：お母さんたら]

N たら／ったら is often used in informal conversations to indicate the topic of a sentence. Compared with a は(*wa*)-marked topic, 〜たら／ったら gives a sense of surprise, disbelief, reproach, or the like.

a) うちの母ったら、文句ばかり言うのよ。

(My mother complains all the time [and I feel frustrated].)

b) あの人ったら、こんなこと言うのよ。

(He said this. [Can you believe it?])

2 ○ よっぽど＝'considerably; really; to a great extent'

[会話2/ℓ.4：よっぽど楽な暮らしを…]

よっぽど is a colloquial form of よほど, which indicates that something is of a degree considerably greater than usual.

a) 普通のアメリカ人は、大学の先生はよほど暇があると思っているようだ。

(Most Americans seem to think that university professors have a great deal of free time.)

b) 寮の食事はよっぽどまずいらしい。

(It seems that the dormitory food is really bad.)

3 ○ 〜に違いない＝'it must be 〜'

[会話2/ℓℓ.7-8：すごい暮らしをしているに違いない]

It follows nouns, stem forms of な-adjectives, plain forms of い-adjectives and verbs.

a) あんな大きな家に住んでいるんだから、よっぽど楽な生活をしているに違いない。

(Since he lives in a big house like that, he must be really well-off.)

b) あそこでお辞儀をしているのは日本人に違いない。

(The person who is bowing over there must be a Japanese.)

c) 韓国人にとって日本語はやさしいに違いない。

(Japanese must be easy for Koreans to learn.)

d) 電気のない生活は不便に違いない。

(It must be inconvenient to live without electricity.)

4○さすが（に）＝'indeed; as may be expected'

［会話3/ℓ.4：さすがジェイソンだね］

> さすが（に） gives a connotation that the speaker is favorably impressed with the state. It is often preceded by ［Sentence＋だけあって］.

a) 日本に十年も住んでいただけあって、さすが日本語が上手だ。

(Since he has lived in Japan for ten years, he speaks excellent Japanese indeed.)

b) お習字の先生だけあって、さすがにすばらしい字だ。

(He is an excellent calligrapher, as may be expected of someone who teaches calligraphy.)

5○Nなんか／Nなんて

［会話3/ℓ.7：助詞なんか, ℓ.22：このごろの大学生なんて］

> Both なんか and なんて can follow a noun, with the meaning of 'things (or people) like〜.' Only なんて, however, can follow a sentence. なんて is a contraction of many forms such as などは, などと, などというのは or the like.

a) 助詞なんか（なんて）難しいと思った。

(I thought things like particles were difficult.)

b)「私は」と「私が」がどう違うかなんて（＝などというのは）、さっぱり分からなかった。

(I didn't understand at all things like how *watashi wa* and *watashi ga* differ.)

c) 敬語を使わないと失礼になるなんて（＝などと）言われたから、心配しちゃった。

(Since I was told that it would be impolite if I don't use *keigo*, I was worried.)

6○〜ものの＝'although 〜'

［読み物/ℓ.9：認められなかったものの…］

> ものの is a conjunction meaning 'although,' and tends to be used in writing.
>
> | | |
> |---|---|
> | Noun： | 日本人であるものの |
> | な-adjective： | 便利なものの；便利であるものの |
> | い-adjective： | 安いものの |
> | Verb： | 話せるものの |

a) 日本語の勉強を三年したものの、辞書なしで新聞を読むことはまだできない。

(Although I studied Japanese for three years, I still can't read newspapers without a dictionary.)

b) 日本は西洋の文明を取り入れたものの、伝統的な価値観は変えようとしなかった。

(Although Japan adopted western culture, it would not change its traditional values.)

7○ 一方で(は)＝'on one hand; on the other hand' [読み物/ℓ.9]

> It is often used in a phrase 一方では〜, 他方では〜. However, one of the two phrases is often omitted.

a) 働く女性の数は年々（ねんねん）増えているが、**一方で**、重要なポストについている女性はきわめて少ない。

(The number of working women is increasing every year, but, on the other hand, women who hold important posts are quite few in number.)

b) 日米関係（にちべいかんけい）は、**一方では**民間（みんかん）レベルの文化交流（こうりゅう）が盛んだが、**他方では**貿易摩擦（ぼうえきまさつ）が大きな問題となっている。

(As for U.S.-Japan relations, while, on one hand, cultural exchange in the private domain is quite popular, on the other hand, trade friction is a big problem.)

8○ 毎日のように＝'almost every day' [読み物/ℓ.9]

> It means that it appears like every day, although it is not actually every day. 日 can be replaced by 週, 月, 年, 回, 時間, etc.

a) キーンは、**毎日のように**中華料理を食べたそうだ。

(I hear Keene ate Chinese food almost every day.)

b) 日本語のクラスでは、**毎時間のように**宿題がある。

(In Japanese class, we have homework for almost every class period.)

9○ せいぜい＝'at most' [読み物/ℓℓ.17-18：せいぜい月に一度か二度]

> It indicates a maximum limit, which is still a small amount.

a) 大きいクラスでは、一時間に**せいぜい**一、二度当たればいい方だ。

(In a large class, on a good day, you will be called on at most once or twice.)

b) 日本のサラリーマンは、休みを取ったとしても、**せいぜい**四、五日でしょう。

(Japanese white-collar workers, when they take vacations, take at most four, five days.)

10○ 〜ながら＝'although' [読み物/ℓ.29：恥ずかしながら]

> When, in [S₁ ながら S₂], S₁ contains a noun, adjective, or stative verb, it expresses the idea of 'although S₁, S₂.' Notice that, when S₁ contains an action verb, ながら indicates two simultaneous actions.

a) 日本は、小さい島国ながら経済大国だ。

(Although Japan is a small island country, it is an economic superpower.)

b) 残念ながら、今日は伺えません。

(I am sorry but I can't visit you today.)

c) 日本に住んでいながら日本語が一言も話せないのは不思議だ。

(It's curious that a person who's been living in Japan can't speak a word of Japanese.)

d) 分からないながら一生懸命テープを聞いていたら、だんだん分かるようになってきた。

(Although I didn't understand, I listened and listened to the tape, and then I started to comprehend it.)

11○Nとしては='for; considering'　　［読み物/ℓ.42：小学校一年生としては］

a) 前田さんは、日本人としては英語が上手です。

(Maeda speaks good English for a Japanese.)

b) 東京は、大都市としては犯罪が少ない。

(Tokyo has few crimes for a big city.)

12○それにしても='even so'　　［読み物/ℓ.43］

a) 東京は物価が高いと思っていたが、それにしても高いのには驚いた。

(I had expected that prices in Tokyo would be high, but even so, I was surprised how expensive everything was.)

b) アメリカの高校は、課外活動など十分できてよいと思うが、それにしてももう少し勉強させてもいいのではないだろうか。

(I think it's great that American high school students can spend lots of time on extra-curricular activities, etc., but even so, wouldn't it be better if they made students study a little more?)

c) 日本の大学は、社会に出る前ののんびりできる時だと言われている。それにしても、遊んでばかりいるわけにもいかないだろう。

(Japanese colleges are said to provide time for students to relax before they go out into the real world. Even so, I don't think they should just goof around.)

13○～限り='as far as ～; as long as ～'　　［読み物/ℓ.46：私の知る限り］

It is used to set limits within which the following statement holds true. It generally follows plain forms of verbs and い-adjectives. Nouns are in である-form (*i.e.,* 日本人である限り), and な-adjectives are either in である-form or in な-form (*i.e.,* 静かな限り).

a) できる限りのことはするつもりです。

(I intend to do whatever I can.)

b) 病気でない限り、学校は休まない方がいい。

(As long as you are not sick, you should not be absent from school.)

c) A：先生、何かいい英和辞典はないでしょうか。

(Do you know of any good English-Japanese dictionary?)

B：そうですね。私の知っている限りでは、日本人のための辞書ばかりで、アメリカ人に使いやすいのはないんですけど、『ふりがな英和辞典』というのがありますから、使ってみたらどうですか。

(Well, as far as I know, all the dictionaries are for Japanese people and there is no good one for Americans. However, there is one called *Furigana English-Japanese Dictionary*, so you might want to try it.)

14○かえって＝'on the contrary'　　　[読み物/ℓ.56：それがかえって日本語を習う上ではよかった…]

It indicates that the result (or consequence) is contrary to what you expected.

a) 白いセーターを洗濯したら、**かえって**きたなくなった。

(I washed a white sweater, and now it looks dirtier than before.)

b) 機械の使い方を読むと、**かえって**分からなくなることがある。

(When you read instructions for a machine, sometimes you get more confused.)

c) 試験の前の晩に勉強しすぎると、**かえって**つまらない間違いをすることがある。

(If you study too much the night before an exam, sometimes you end up making silly mistakes.)

文法練習

1 よっぽど ▶文法ノート2

相手の言うことに対して、「よっぽど〜んでしょう」を使って答えなさい。

[例] あの人は、毎日テレビばかり見ていますよ。

→よっぽど暇なんでしょう。

a) あの人は、よく外国旅行をしますよ。

→_____

b) あの人は、「羅生門」という映画を三十回も見たそうですよ。

→_____

c) あの人は、子供のほしいものは何でも買ってやるそうですよ。

（cf. 子供がかわいい）

→_____

d) あの子はハンバーガーを一度に五つも食べましたよ。

→_____

2 〜に違いない ▶文法ノート3

次の絵を見て、例のように文を作りなさい。

[例] あの人はパーティーをするに違いありません。ビールをたくさん持っていますから。

| [例] | a) ジョン | b) | c) | d) |

a) A：あの女の人はだれでしょうか。

　　B：_____

　　　　（Hint: to hold hands＝手をつなぐ）

b) A：あの人は何語の学生でしょうか。

　　B：_____

c) A：あの人は日本に住んでいたんでしょうか。

　　B：_____

d) A：あの女の人は結婚しているんでしょうか。

　　B：_____

　　　　（Hint : to wear a ring＝指輪<ruby>指輪<rt>ゆび わ</rt></ruby>をはめる）

---

3 ⋯⋯⋯⋯ **せいぜい**　　　　　　　　　　　　　　　　▶文法ノート9

◯「せいぜい」を使って、次の質問に答えなさい。

［例］　日本料理をよく食べますか。

　　　→そうですね、一年にせいぜい二、三度ですね。

a) よく映画を見に行きますか。

　　→_____

b) よくレストランで食べますか。

　　→_____

c) たくさん漢字が書けますか。

　　→_____

d) 一日にどのぐらい漢字が覚えられると思いますか。

　　→_____

e) よく手紙を書きますか。

　　→_____

4 ～限り ▶文法ノート13

○「～限り」を使って、次の会話を完成しなさい。

a) 学生：早く日本語が上手になるように、来年日本に留学することにしました。

先生：そうですか。アメリカに＿＿＿＿＿＿＿＿＿日本語を話す機会はあまりあ

りませんからね。

b) A：じゃ、よろしくお願いいたします。

B：＿＿＿＿＿＿＿＿＿のお手伝いはしますので、ご安心ください。(please don't

worry)

c) A：このローン（student loan）は、学校を卒業してから返せばいいんですね。

B：ええ、＿＿＿＿＿＿＿＿＿返さなくていいんです。

d) 健一：いつまで日本にいるつもり？

ジェイソン：お金＿＿＿＿＿＿＿＿＿いるつもりだ。

e) 学生：先生、漢字は覚えなくてもいいですか。

先生：いや、日本語の学生＿＿＿＿＿＿＿＿＿漢字を覚えないというわけにはい

きませんよ。

5 かえって ▶文法ノート14

○次の文を完成しなさい。

a) 先生の説明を聞いたら、かえって＿＿＿＿＿＿＿＿＿ました。

b) 薬をのんだら、かえって＿＿＿＿＿＿＿＿＿ました。

c) ひらがなだけで書いた文は、かえって＿＿＿＿＿＿＿＿＿ことがある。

d) 間違いをしないように注意すると、かえって＿＿＿＿＿＿＿＿＿ことがある。

◗⋯⋯⋯⋯**運用**練習

1⋯⋯⋯⋯ ペアワーク

　会話1 (p.265)を再現 (recreate) しなさい。ペアになり、一人がスーザン、もう一人が先生になりなさい。言葉は全く同じでなくてもよいが、だいたいの話は同じにすること。会話が終わったら、役割(role)を交換して、もう一度会話をしなさい。

2⋯⋯⋯⋯ 小グループワーク

　日本へ行ったことのある人がクラスにいたら、その人(たち)を中心にして、小グループを作り、日本でどんな日本語の間違いをしたか、聞きなさい。聞いた話を、後でクラスの人たちに発表しなさい。

3⋯⋯⋯⋯ ペアワーク

　次の和製英語（日本で作られた英語のような単語）は、本当の英語では何と言うでしょうか。ペアで考え、例のような会話を練習しなさい。

a) ルーム・クーラー　　　　　**b)** ガソリン・スタンド

c) コマーシャル・ソング　　　**d)** ドクター・コース

[例1]「アパート」

　　学生A：「アパート」って英語で言えば何でしょうか。

　　学生B：apartment のことじゃないでしょうか。

　　学生A：ああ、そうですか。

[例2]「ノー・ブランド」

　　学生A：「ノー・ブランド」って英語で言えば何でしょうか。

　　学生B：さあ、分かりませんねえ。

　　学生A：じゃあ、先生に聞いてみましょう。

4 ペアワーク

ペアになって、自分のした何かおかしな経験について話し合いなさい。パートナーの話を覚えておいて、後でクラスの人たちに発表しなさい。

5 小グループワーク

小グループに分かれて、日本語のどこが一番難しいかを話し合いなさい。難しい点を書いておいて、後でクラスの人たちに発表しなさい。

6 作 文

自分にとって日本語のどこが一番難しく、どこが一番面白いかを考え、それについて「日本語と私」という題で百五十字から二百字ぐらいの作文を書きなさい。

▶ 聞き取り練習

▶「和製英語（わせいえいご）」というのは何でしょうか。テープの説明を聞いて、次の質問に答えなさい。

a) 和製英語というのは何ですか。

b) 同じ会社の人が好きになることを、和製英語で何と言いますか。

c) 「OL」というのは、どういう意味ですか。

d) 日本語の「トレパン」と英語の training pants は、どう違いますか。

e) 和製英語は、アメリカ人には分かりやすいですか。どうしてですか。

ことわざ 7	早起（お）きは三文（さんもん）の得（とく）
	(*lit.*, Early risers earn three extra farthings.)

速読

「授業料の渡し方」

　ジョーンズさんは、東京にあるアメリカの会社に勤めている。日本語を習わないで日本へ来たので、東京に着いてすぐ日本語を勉強することにした。学校へ行く暇はないので、個人教授を受けることにし、日本人の同僚に日本語の先生を紹介してもらった。その丸山という先生は、アメリカ人を教えた
5 ことはないが、日本語学校で五年ぐらい中国人や東南アジアの人達に日本語を教えていると聞いた。同僚が電話で丸山先生と話してくれて、授業は月・水・金の晩にジョーンズさんの家で一時間ずつ、そして授業料は一回五千円と決まった。

　一回目の授業はとても面白かった。丸山先生は教え方が上手で、ジョーン
10 ズさんは授業の終わりまでに、「日本語は面白いです」などという簡単な文が言えるようになった。授業が終わって、ジョーンズさんが、財布から新しい五千円札を出して、「どうも」と言いながら先生に渡すと、先生はちょっと驚いたような顔をした。同僚から授業料は五千円と聞いていたので、どうして先生が驚いたのか、ジョーンズさんには分からなかった。しかし、翌日になっ
15 て初めて分かった。日本では先生に授業料を払う時には、お金をそのための小さな封筒に入れて渡さなければいけないのだ、と同僚が教えてくれたのである。ジョーンズさんが次の授業の日までに封筒を買っておいたのは、もちろんのことである。

単語			
			private lesson（＝一人だけの生徒を教えること）
個人教授	individual instruction;	財布	wallet

○次の文を読んで、正しいものに○、間違っているものに×をつけなさい。

（　）**a)** ジョーンズさんは、アメリカで少し日本語を勉強した。

（　）**b)** ジョーンズさんの会社には、日本人も勤めている。

（　）**c)** 丸山先生の学校には、アメリカ人の生徒が多いらしい。

（　）**d)** 授業は毎週三回である。

（　）**e)** ジョーンズさんが五千円しか払わなかったので、丸山先生はびっくりしてしまった。

▼

日本の女性

C U L T U R E   N O T E S

Man's World

Although Japan is changing from a man's society to one that is kinder to women, the transformation is quite slow. Women are entering all phases of Japanese life, but still many positions are closed to them. Female office workers, because they are not given important jobs, have more free time than their male counterparts. They save money and often spend it on travelling. Housewives have to spend much less time on household chores than before thanks to modern conveniences. As Susan's host mother explains in 会話 1, they have more freedom to engage in other activities. Men, on the other hand, especially if they are corporate workers, have to spend too much time working in the office. They come home late and exhausted and thus have very little time or energy left for their families. As a result, mother-child relationships tend to become excessively dependent while husband-wife relationships suffer.

帰国子女　(*lit.,* children who have returned from abroad)

As Japan has turned into an economic superpower, more and more Japanese companies have started opening plants and offices in other countries and sending their employees abroad. Many of these employees take their families along with them. If they have school-age children, and if there is no Japanese-run school nearby, they send them to local schools. In the United States or West-European countries, these children are exposed to a freer, more student-oriented education. Needless to say, after returning to Japan, they are apt to have difficulty adjusting to more regimented Japanese schools. As indicated in 会話 3, girls have a harder time back home than boys do. On the other hand, there are people who choose not to take their children abroad with them if they are high school age so that they can stay on in Japan (preferably with their grandparents) and prepare for their college entrance exams. Some Japanese say that whether Japan can become truly "internationalized" depends, at least partly, on how wisely it can use these human resources, 帰国子女, who have learned other languages and become familiar with other cultures.

会　話
1

○スーザン、晩ご飯を食べながら、ホストファミリーのお母さんと話している。

スーザン：　今日もお父さん夕食に帰っていらっしゃらないんですね。

お母さん：　そうよ。いつもそうでしょ。

スーザン：　ええ、そうですけど、どうしてお母さん平気なんですか。

5　お母さん：　平気って？

スーザン：　どうして文句を言わないで我慢していらっしゃるんですか。

お母さん：　我慢してるなんて思ったことないけど。

スーザン：　えっ？　どうしてですか。

お母さん：　お父さんにはお父さんの生活があるし、私には私の生活があるんだから。
　　　　　　　　　　　　　　　1

10　スーザン：　でも、ひどすぎると思います。日本の男性は、仕事が終わっても家へ帰ら
　　　　　　ないで、みんなと飲みに行くんでしょう？　日本の女性たちがみんなおとな
　　　　　　しくて、何も文句を言わないから、男性たちが勝手なことをしているんじゃ
　　　　　　ないんですか。

お母さん：　あなたはアメリカ人だから、そんなこと言うけど、日本じゃ、同僚やお客
15　　　　　さんと飲みに行くのも仕事のうちなのよ。それに日本じゃ、妻は妻なりに
　　　　　　　　　　　　　　　　　　　　　　　　　　　　　　2
　　　　　　生活を楽しんでるのよ。私だって、昼間は友達とテニスをしたり、カル
　　　　　　チャーセンターで勉強したりして、けっこう楽しんでるから、寂しいなん
　　　　　　て思ったことないし。

スーザン：　アメリカじゃ、楽しむのはいつも夫婦一緒ですけどね。

20　お母さん：　私は、お父さんが日曜日に家族と付き合
　　　　　　ってくれれば、それでいいと思ってるわ。
　　　　　　アメリカはアメリカ式に、日本は日本式
　　　　　　にやればいいんじゃないかしら。

スーザン：　そうですか。私には分かりませんけど。

会 話 2

○スーザンが、日本人の OL 高橋ゆみと話している。

スーザン： 高橋さん、会社でどんなことをやっているんですか。

高 橋： そうですね。このごろは、ほとんどワープロです。ワープロで、書類を作っ
　　　　　たりビジネス・レターを書いたりしてます。

5 スーザン： 日本じゃ、OLがお茶くみをさせられるって聞いたけど、本当ですか。

高 橋： 本当です。私の会社でも、だいたい新しいOLが順番にやってます。

スーザン： どうしてですか。男性は女性にお茶を入れてあげることなんかない<u>くせ</u>
　　　　　<u>に</u>、自分には入れてもらうなんて変ですよ。　　　　　　　　　　3

高 橋： それはそうだけど。

10 スーザン： 高橋さんの会社には、女性の課長さんいますか。

高 橋： いいえ、女の人たちはたいてい二十五ぐらいになると結婚してやめる<u>って</u>
　　　　　<u>いう理由で</u>、会社がほとんど一般職の人しか雇わないんですよ。　4

スーザン： 一般職って？

高 橋： つまり、コピーとりとか、ワープロとか、そんなことですね。

15 スーザン： 男の人たちは？

高 橋： 男の人たちは、一流大学を出てる人が多くて、初めから総合職ですね。

スーザン： っていうのは？

高 橋： 企画とか、そういう重要な仕事です。

スーザン： じゃ、女性は大事な仕事を何にもさせてもらえないんですか。

20 高 橋： このごろは、総合職の女性がだんだん増えてきていて、係長さんも一人い
　　　　　るんですよ。それに、お茶くみもだんだんやめようっていう声があって、
　　　　　近いうちにお茶の機械を入れることになるらしいです。だから、日本の会
　　　　　社も少しずつ変わってきているんだと思いますけど。

スーザン： それで、高橋さん自身は、ずっと仕事を続けるんですか。

25 高 橋： 実は、私はもう今年の秋に結婚することになっているから、どうしようか
　　　　　なって、今悩んでるところなんですよ。

会 話

3

●ジェイソンが、アメリカで勉強したことのある大学二年生のりえと話している。

ジェイソン： りえは、いつアメリカに留学したの？

り　え： 中学の時、父がアメリカへ転勤になって、家族みんなで行ったの。

ジェイソン： 何年ぐらい。

5　り　え： ちょうど二年間。中学の一年と二年の時で、帰ってきてから三年に入った

んだけど大変だったの。

ジェイソン： 何が大変だったの。

り　え： とにかく日本語が下手になっちゃってて、漢字に一番困ったのよ。それ

に、数学なんか日本の方が進んでるでしょう。だから、必死に勉強しなく

10　　　　　ちゃならなかったわけ。

ジェイソン： 学校は、やっぱり日本の方がいいんだろうね。

り　え： 勉強はそうかもしれないけど、勉強以外のことじゃアメリカの学校の方が

ずっといいと思う。

ジェイソン： どうして。

15　り　え： アメリカの学校じゃ、先生が、男の子も女の子も全く同じに扱ってくれる

でしょ。あれがうれしかったなあ。クラスで何かディスカッションしてい

ても、女の子もどんどん意見を言うでしょ。私も二年目の終わりごろには、

ずいぶん英語で質問したり意見を言ったりできるようになったんだけど。

ジェイソン： アメリカ的になったんだね。

20　り　え： アメリカに住んでると、自然にそうなっちゃうのね。日本へ帰ってきて、

同じようにやったら、みんなに変な目で見られちゃってね。両親にそう

言ったら、女の子だから、日本じゃ少しおとなしくした方がいいんじゃな

いか、なんて言われて、頭に来ちゃった。

ジェイソン： ふーん。

25　り　え： 母なんか、「あんまり男っぽいと、誰も結婚してくれませんよ」なんて、い

やなこと言うのよ。だから私も「結婚なんかしたくありません」って言っ

て、大げんかしちゃった。

ジェイソン： ハハハ。

増えてます 結婚も出産も Say「No」派

結婚したくない、子供も産みたくないと思う独身OLが二割近くいることが、十九日発表されたリクルートリサーチの「ワーキングウーマンに関する調査」で分かった。女性の社会進出が定着する一方で、育児休暇などを導入する会社がまだ少ないことが、出産や結婚をしたくない症候群を増やしているものと見られる。

OLの2割近く 「独身が楽しい」?

リクルートリサーチ調べ

調査は九、十の二カ月、東京、神奈川、埼玉、千葉の一都三県に住む二、三十代の女性を訪問して調査したもので、一千五百七十四人が回答した。二年前の調査と比べて未婚者の割合は八㌽増え五六％にのぼり、子供がいない既婚者も二㌽増の一〇％だった。年齢層は、二十歳代が六三％を占めた。

「子供を産みたいとは思わない」の回答は一九％で、二年前の調査と比べそれぞれ五㌽、三㌽増えた。

反対に「ぜひ産みたい」は二年前と比べ八㌽減の五〇％、「とても結婚したい」は同七㌽減の三七％だった。

調査結果について同リサーチは、「女性の社会進出が進み、楽しい独身生活を失いたくない気持ちが高まっているのかも知れない。子供を産みたい願望は昔と変わらないともいえるが、育児休暇制度の導入の遅れや、教育費負担などを考えると出産に否定的になるのだろう」と分析している。

(朝日新聞・一九九一年十二月二〇日付より)

▼

「増えてます、結婚も出産もSay『No』派」

朝日新聞（一九九一年十二月二〇日付）

OLの二割近く「独身が楽しい」？

リクルートリサーチ調べ

結婚したくない、子供も産みたくないと思う独身OLが二割近くいることが、十九日発表されたリクルートリサーチの「ワーキングウーマンに関する調査」で分かった。女性の社会進出が定着する一方で、育児休暇などを導入する会社がまだ少ないことが、出産や結婚をしたくない症候群を増やしているものと見られる。

調査は九、十の二カ月、東京、神奈川、埼玉、千葉の一都三県に住む二、三十代の女性を訪問して調査したもので、一千五百七十四人が回答した。二年前の調査と比べて未婚者の割合は八ポイント増え五六％にのぼり、子供がいない既婚者も二ポイント増の一〇％だった。年齢層は、二十歳代が六三％を占めた。

「子供を産みたいとは思わない」の回答は一九％、「結婚したいとは思わない」は一七％で、二年前の調査と比べそれぞれ五ポイント、三ポイント増えた。

反対に「ぜひ産みたい」は二年前と比べ八ポイント減の五〇％、「とても結婚したい」は同七ポイント減の三七％だった。

調査結果について同リサーチは、「女性の社会進出が進み、楽しい独身生活を失いたくない気持ちが高まっているのかも知れない。子供を産みたい願望は昔と変わらないともいえるが、育児休暇制度の導入の遅れや、教育費負担などを考えると出産に否定的になるのだろう」と分析している。

子どもができてから、仕事をやめて専業主婦になるのは、仕事の重荷をすてた人です。

結婚はするが子どもは産まない、ふたりの収入をあわせて、生活をたのしむ、いわゆるディンクスをやっているのは、育児の重荷をすてた人です。さらに戸籍も否定して入籍しない同棲組もいますが、破綻したとき女が損をするのが、日本の社会です。

はじめから結婚しないで、仕事だけにしてしまうのが、シングルです。

自分の生き方をえらぶのは、個人の自由です。ほかの人のとやかくいうことでありません。でも一部の女がディンクスやシングルになっても、働く女の三重苦はなくなりません。

『私は女性にしか期待しない』(岩波新書)より

読み物2 ▼ 女の三重苦

松田道雄（まつだ みちお）

世の中は時代とともによくなっていく、そしてよくして
いくべきだ、と私は思います。

大学も女を入学させるようになり、女も男と同じように
企業につとめられるようになったのは進歩です。戦後の日
本の社会の進歩にはめざましいものがあります。

この進歩にたいして、女は変身して応じています。

これまでは、日本の女は結婚したら主婦になって、その
まま一生をおえるのがふつうでした。子どもを産み、育て、
家事をやり、夫の働きがいいようにとりしきるのが主婦でし
た。いまの時代にも、昔と同じに主婦の仕事をするのを専
業主婦というようになりました。

女の仕事がふえた社会に適応して一部の女は変身し、結
婚しても仕事をやめないことにしました。共ばたらきです。
けれども、相棒である男が、変身しないで、育児、家事、
身のまわりの世話を妻にまかせるので、妻は主婦をやめら
れません。兼業主婦です。

時代が変ってきたのに、男が変ってくれないので、外で
働く女は、三重の苦しみをうけねばならなくなりました。

母として子どもを育てる重荷、妻として夫の世話をする
重荷、男とならんで仕事をする重荷の3つです。

昔から下積みの苦労によく耐えてきた日本の女の中には、
男の変身してくれないところを、超人的にカバーしている
人もあります。

育児も家事もやり、夫の世話もし、それでいて、男にま
けない仕事をしている人です。それは尊敬すべき努力です
が、主婦はすべてそうするべきだというのには、賛成でき
ません。

男が時代の進歩を理解しないのを、そのままにしている
からです。主婦でもありキャリアウーマンでもある人の超
人ぶりをみるたびに、その力で企業と男にたたかってくれ
たらと思います。

女だけが時代に合わせて重荷をせおうのは、不公平です。

そんな不公平はごめんだというので、三重苦のどれかを、
はずしている人もあります。

単語

会話 1

	意見	opinion	15 Nなりに	in N's own way
4	平気[な]	unperturbed; calm		(○文法ノート2)
6	文句	complaint	16 昼間	daytime
10	ひどい	unfair; cruel		カルチャーセンター a kind of adult school (*lit.*, culture center)
11	おとなしい	quiet; submissive	17 寂しい	lonely
12	勝手なことをする	to have one's own way; to do what one pleases	19 夫婦	husband and wife
15	～のうち	within the domain of ～	20 付き合う	to keep [a person] company
	妻	wife	22 アメリカ式	American style

会話 2

3	書類	document	18 企画	planning
4	ビジネス・レター	business letter	20 係長	group chief (position right below 課長)
5	お茶くみ	serving tea		
6	順番に	taking turns	22 機械	machine
7	～くせに	although; in spite of	24 自身	self
		(○文法ノート3)		続ける	to continue
12	一般職	clerical position	26 悩む	to agonize
14	コピーとり	making copies; xeroxing		
16	総合職	regular position		

会話 3

1	りえ	(female given name)		進んでいる	to be advanced
3	転勤	transfer [to another office of a company]		必死に	frantically; desperately
9	数学	mathematics	15	扱う	to treat

16 うれしい	to be happy; to be glad	
20 自然に	naturally	
23 頭に来る	to become infuriated	
25 男っぽい	like a man（＝男のようだ）	

（◑文法ノート5）

25 誰	who	
誰も	nobody	
27 大げんか	a big quarrel（＝大きいけんか）	

読み物 1

0 出産	childbirth	
～派	a group of people who hold a similar belief, opinion, etc.	
1 二割	20 percent	
独身	unmarried; single life	
2 リクルートリサーチ	(company name; *lit.*, Recruit Research)	
3 産む	to give birth to (*v.t.*)	
4 発表する	to announce	
5 ワーキングウーマン	working woman（＝働いている女性）	
[～に]関する	concerning [～]	

（◑文法ノート6）

6 進出	advancement
定着する	to take root
S₁一方でS₂	S₁ but, on the other hand, S₂.
育児	child rearing
導入する	to introduce
7 症候群	syndrome
8 増やす	to increase (*v.t.*)
9 神奈川	(name of a prefecture)
埼玉	(name of a prefecture)
千葉	(name of a prefecture)
一都三県	Tokyo and three prefectures

11 回答する	to reply (written expression)
未婚者	unmarried person（＝結婚していない人）
12 割合	percentage
[～に]のぼる	to rise to
既婚者	married person（＝結婚している人）
13 増	increase
年齢層	age group
14 占める	to take up; to account for
18 反対に	in contrast
減	decrease
19 同～	1) likewise 2) the aforementioned; the said
21 失う	to lose
高まる	to rise; to grow; to mount (*v.i.*)
22 願望	wish; desire
23 制度	system
遅れ	delay
教育費	educational expenses
負担	burden; load
24 否定的	negative
分析する	to analyze

読み物
2

0	三重苦 (さんじゅうく)	triple afflictions
	松田 (まつだ)	(family name)
	道雄 (みちお)	(male given name)
1	世の中 (よのなか)	society; world
	時代 (じだい)	age; period
	〜とともに	together with 〜 (○文法ノート7)
4	企業 (きぎょう)	industry; business
5	めざましい	spectacular; amazing
6	〜にたいして	toward
	変身する (へんしん)	to change oneself (＝自分を変える)
	応じる (おう)	to adapt
8	おえる	to end; to finish (*v.t.*)
	育てる (そだ)	to raise (*v.t.*)
9	家事 (かじ)	housework (＝家の仕事)
	とりしきる	to manage all by oneself
10	専業主婦 (せんぎょうしゅふ)	wife who devotes herself to housework exclusively (＝主婦だけしている人)
12	[〜に]適応する (てきおう)	to adapt [to 〜]
	一部の女 (いちぶ)	some women
13	共ばたらき (とも)	husband and wife both working (＝夫婦がどちらも働いていること)
14	相棒 (あいぼう)	one's partner
15	身のまわりの世話 (み) (せわ)	care in one's home life

15	[〜に]まかせる	to entrust [something] to [someone] (○文法ノート8)
16	兼業 (けんぎょう)	holding two jobs at the same time (＝二つの仕事を同時にやること)
18	苦しみ (くる)	suffering
	〜ねばならない	have to (＝〜なければならない)
19	重荷 (おもに)	burden
	夫 (おっと)	husband
20	[〜と]ならんで	side by side [with 〜] (＝〜と一緒に)
21	下積み (したづ)	holding a lower position
	苦労 (くろう)	hardship; suffering
	[〜に]耐える (た)	to endure [〜]
22	超人的に (ちょうじんてき)	superhumanly
	カバーする	to cover up; to make up for
24	[〜に]まけない	comparable [to 〜]; equal [to 〜] (*lit.*, not to lose to 〜)
25	尊敬する (そんけい)	to respect
	努力 (どりょく)	effort
26	[〜に]賛成する (さんせい)	to agree [with 〜]
29	超人ぶり (ちょうじん)	being like a superman (＝超人的な働き)
30	〜たびに	every time 〜 (○文法ノート9)
	力 (ちから)	strength
	たたかう	to fight
32	[〜に]合わせる (あ)	to adapt [to〜]

32	せおう	to carry [something] on one's back
	不公平 (ふこうへい)	unfair
33	ごめんだ	not acceptable（＝いやだ）
34	はずす	to remove; to get rid of
36	すてる	to throw [something] away; to discard
37	収入 (しゅうにゅう)	income
	あわせる	to combine
38	いわゆる	so-called
	ディンクス	DINKs (double income no kids)
39	戸籍 (こせき)	family register
	否定する (ひてい)	to reject
	入籍する (にゅうせき)	to have one's name entered into the family register（＝結婚して、戸籍に名前を入れること）

40	同棲 (どうせい)	living together in a de facto relationship（＝結婚しないで一緒に住むこと）
	〜組 (ぐみ)	a group of people doing the same thing
	破綻する (はたん)	to break up
	損をする (そん)	to be to one's disadvantage
44	生き方 (いかた)	way of life; life style
	個人 (こじん)	individual
	自由 (じゆう)	freedom
45	とやかくいう	to say this and that; to meddle in [others' affairs]
48	期待する (きたい)	to expect; to count on

漢字リスト

書くのを覚える漢字
読み方を覚えましょう。また、書けるようになるまで練習しましょう。

1. 妻	2. 昼間	3. 夫婦	4. 書類	5. 順番
6. 雇う	7. 一流	8. 企画	9. 自身	10. 続ける
11. 転勤	12. 進む	13. 扱う	14. 両親	15. 出産
16. 産む	17. 調査	18. 進出	19. 定着	20. 育児休暇
21. 千葉	22. 回答	23. 未婚者	24. 二ポイント増	25. 失う
26. 制度	27. 否定的	28. 分析	29. 三重苦	30. 世の中
31. 働く	32. 共ばたらき	33. 苦しみ	34. 夫	35. 苦労
36. 努力	37. 力	38. 不公平	39. 収入	40. 損
41. 期待				

読めればいい漢字
読み方を覚えましょう。

1. 勝手	2. 寂しい	3. 総合職	4. 機械	5. 悩む
6. 誰	7. 二割	8. 症候群	9. 神奈川	10. 埼玉
11. 既婚者	12. 年齢層	13. 占める	14. 八ポイント減	15. 願望
16. 負担	17. 適応	18. 相棒	19. 兼業	20. 重荷
21. 下積み	22. 耐える	23. 超人	24. 尊敬	25. 賛成
26. 戸籍	27. 同棲組	28. 破綻	29. 個人	

漢字の部首
14
まだれ

This radical comes from the image of a house with a hanging roof and was originally used for characters representing kinds, conditions, etc., of roofs and buildings.
「度」「広」「席」 など

文法ノート

1◐Nには Nの〜がある ＝ 'N has its own 〜' ［会話1／ℓ.9：お父さんにはお父さんの生活があるし…］

a) 親には親の生活がある。

(Parents have their own lives [to live].)

b) 子供には子供の考えがあるんだから、まず聞いてやることが必要だ。

(Children have their own ways of thinking, so we should first listen to them.)

2◐N₁は N₁なりに V ＝ 'N₁ does things in its own way' ［会話1／ℓ.16：妻は妻なりに…］

   N₁は N₁なりの N₂ ＝ 'N₁ has its own N₂'

a) アメリカにはアメリカなりのよさがあり、日本には日本なりのよさがあるから、どちらがいいとも言えない。

(Both America and Japan have their respective good points, so we can't say one is better than the other.)

b) A：もうちょっと勉強したら？

    (Why don't you study more?)

   B：これでも、私は私なりにがんばっているつもりですけど。

    (I am doing my best in my own way.)

3◐〜くせに ［会話2／ℓ.7：お茶を入れてあげることなんかないくせに］

> くせに, like のに, expresses the idea of 'although.' However, くせに expresses the speaker's feeling of displeasure, disgust or contempt. This phrase follows N の, な-adjective な and plain form of い-adjectives and verbs.

a) 知っているくせに教えてくれない。

([He] does not tell me although [he] knows about it.)

b) お金もないくせに高いものばかり買う人は困ります。

(It's too bad that there are people who have absolutely no money but keep buying expensive things.)

c) 子供のくせに外で遊びたがらないのは、困る。

(It's troublesome when a child does not want to play outside.)

d) 下手なくせにすぐやりたがる人はいやだ。

(A person who is poor at doing something but loves doing it is a big pain.)

4◯ 〜っていう/という 理由で ='for such and such a reason'

[会話2/ℓℓ.11-12：やめるっていう理由で]

> っていう is a colloquial form of という, and this phrase follows a sentence in a plain form.

a) ほかのコースの勉強が忙しいという理由で宿題をしてこない学生もいます。

(There are students who don't do homework saying that they are too busy studying for other courses.)

b) 日本では結婚するという理由で会社をやめる女性が多い。

(Many Japanese women quit companies for the reason of marriage.)

c) 日本では女性は結婚してやめるっていう理由で重要な仕事はさせてもらえないのが普通なんです。

(In Japanese companies, it is normal for women not to be given important positions for the [ostensible] reason that they will soon quit to get married.)

5◯ 〜っぽい

[会話3/ℓ.25：あんまり男っぽいと…]

> This suffix is attached to a limited set of nouns, stems of adjectives and stems of the verb (ます-form). It indicates that 1) something looks/appears like something else or 2) someone *easily* gets upset, forgets, etc. It generally carries a negative connotation.

a) 高いものでも色やデザインが悪いと、安っぽく見える。

(Even expensive things look cheap if they have distasteful colors and designs.)

b) 何歳(さい)になっても子供っぽい人は困る。

(A person who acts childish no matter how old [he] gets is a problem.)

c) 年を取ると忘れっぽくなる。

(When you get old you become forgetful.)

d) 白いセーターはよごれっぽい。

(White sweaters get dirty easily.)

6◯ Nに関するN/Nに関してV

[読み物1/ℓ.5：ワーキングウーマンに関する調査]

> 〜に関する modifies a noun and 〜に関して modifies a verb; both mean 'concerning.'

a) ここ十年の間に女性に関する研究が盛んになった。

(Research concerning women has increased in the last ten years.)

b) このごろは、コンピュータに関する知識(ちしき)がないと時代遅れになる。

(These days, if you don't have knowledge about computers, you fall behind the times.)

c) 日本の女性解放運動に関して資料を集めているんです。

(I am collecting materials concerning the women's liberation movement in Japan.)

7○XとともにY　　　　　　　　　[読み物2/ℓ.1：時代とともによくなって…]

> X can be a noun or a verb (plain form). Xとともに has two basic meanings.
> (1) Nとともに＝'together with', 'along with'

a) 京都は奈良とともに日本の古い町である。

(Kyoto, together with Nara, is an old Japanese city.)

> (2) Nとともに／V(plain, non-past) とともに
> This indicates that 'as X happens, so does Y.' It often indicates that two changes proceed simultaneously.

b) 年を取るとともに小さいことが気になるようになるらしい。

(It seems that as one grows older, one begins to worry more about trivial things.)

c) 言葉は時代とともに変化する。

(Language changes with time.)

8○XをYにまかせる＝'to leave/entrust X to Y'　　[読み物2/ℓ.15：世話を妻にまかせる…]

a) 簡単なことは、機械にまかせてもいいと思う。

(I think we can have machines do simple tasks.)

b) 大切なことは、人にまかせない方がいい。

(It's better not to leave important things to others.)

9○XたびにY　　　　　　　　　[読み物2/ℓ.30：超人ぶりをみるたびに…]

> たびに follows a non-past plain form of verbs, and means 'every time X happens, Y also happens.'

a) 会うたびに同じ話を聞かされるのはいやだ。

(I don't like to be told the same story every time I see [him].)

b) テレビを見るたびにコマーシャルの多いのにうんざりする。

(Every time I watch TV, I am disgusted by how many commercials there are.)

c) 日本人は旅行に行くたびにその土地のおみやげを買う。

(Japanese people buy souvenirs whenever and wherever they go on a trip.)

10○Vてくれたらと思います='I wish someone would do something; I hope some-one does something'

[読み物2/ℓℓ.30-31：たたかってくれたらと思います]

> This is equivalent to Vてくれたらいい(のに)と思います and expresses the speaker's (or writer's) wish or hope. It literally means 'it would be nice if ～.'

a) 時代に合わせて男が変わってくれたらと思います。

(I wish men would change with the times.)

b) もっと大事な仕事をさせてくれたらと思います。

(I hope [the company] lets me do more important work.)

c) うちの子供は、遊んでばかりいるんですが、もっと勉強してくれたらと思います。

(My child is just having a good time. I wish he [she] would study more.)

◯ ············ **文法**練習

◯ **1** ············ **〜くせに** ▶文法ノート3

◯「〜くせに」を使って、次の文を完成しなさい。

a) 男性：あのローラーコースター、すごいね。

女性：うん、乗ってみない？

男性：うん、でも、ちょっとこわいなあ。

女性：＿＿＿＿＿＿＿＿＿意気地がない（gutless）のね。

b) 学生1：田中さんは＿＿＿＿＿＿＿＿＿日本語を話すのがあまり好きじゃないみたいですよ。

学生2：アメリカに長く住んでいるからでしょう。

c) A：あの人、＿＿＿＿＿＿＿＿＿すごい車に乗っているね。

B：うん、たぶん家がお金持ちなんでしょう。

◯ **2** ············ **〜という理由で** ▶文法ノート4

◯次の質問に「〜という理由で」を使って答えなさい。

[例] どんな理由で学校を休む学生が多いですか。

→<u>かぜを引いたという理由で学校を休む学生が多いです。</u>

a) 日本では、どんな理由で会社をやめる女性が多いんですか。

＿＿＿＿＿＿＿＿＿＿＿＿＿＿＿＿＿＿＿＿＿＿＿＿＿＿＿＿＿＿＿＿

b) あまり好きじゃない人に映画に誘われた時、どんな理由で断りますか。

（断る＝to decline an offer or an invitation）

＿＿＿＿＿＿＿＿＿＿＿＿＿＿＿＿＿＿＿＿＿＿＿＿＿＿＿＿＿＿＿＿

c) どんな理由で日本語を勉強している人が多いですか。

＿＿＿＿＿＿＿＿＿＿＿＿＿＿＿＿＿＿＿＿＿＿＿＿＿＿＿＿＿＿＿＿

d) どんな理由でこの大学を選びましたか。

_____

---

3 ┄┄┄┄┄┄ **〜っぽい**　　　　　　　　　　　　　　　　　　　　　　▶文法ノート5

○次の文を「〜っぽい」を使って言いかえなさい。

　[例]　あの人は三十歳なのに、子供のようです。

　　　　→あの人は三十歳なのに、子供っぽいです。

a) 就職の面接（job interview）の時は、黒いような背広を着ていくのがいい。

　→_____

b) 父はすぐおこるので困ります。

　　→_____

c) 水のようなお酒はおいしくない。

　　→_____

d) あの女の人は、男のような話し方をする。

　　→_____

---

4 ┄┄┄┄┄┄ **XとともにY**　　　　　　　　　　　　　　　　　　　　　▶文法ノート7

A ○例にならって、次の文を言いかえなさい。

　[例]　鎌倉の大仏は、日本で最も（＝一番）有名な大仏である。

　　　　→鎌倉の大仏は、奈良の大仏とともに日本で最も有名な大仏である。

a) 柔道は、日本に古くからあるスポーツである。

　→_____

b) 日本は、歴史の古い島国である。

　→_____

c) アメリカでは、感謝祭（Thanksgiving Holiday）は家族の集まる祝日である。

　→_____

d) 京都は、古い都として有名である。

→_____

B ○次の文を完成しなさい。

[例]　年を取る→年を取る<u>とともに、考え方が古くなる</u>。

a) 働く女性が増える→_____

b) 日本に興味を持つ人が多くなる→_____

c) 時代が変わる→_____

d) 金利(interest rate)が低くなる→_____

---

5 ……… XたびにY ▶文法ノート9

○次の文を完成しなさい。

[例]　<u>日本へ行く</u>たびに<u>友達に会えてうれしい</u>。

a) _____たびに_____にびっくりする。

b) _____たびに_____のことを思い出す。

c) _____たびに_____と思う。

d) _____勉強していますかと聞かれる。

e) _____チップを払わなければならないのは、面倒だ。

○……… 運用練習

---

1 ……… ロールプレイ

　ペアになり、一人は家へ夜遅く帰ってきた夫、もう一人は、それを遅くまで待っていた妻になりなさい(夫は日本人、妻はアメリカ人／外国人)。夫は、なぜ遅くなったのかを説明しなければいけません。

2 ⋯⋯⋯⋯ 小グループワーク

三人ずつの小グループに分かれ、自分の持つ日本人女性に対するステレオタイプについて話し合いなさい。（ディスカッションの時には、「〜んじゃないんですか」「〜んじゃないかな／かしら」「〜と思いますけど」などを使う。）出てきた意見をリストアップしておいて、後でクラスの人たちに発表しなさい。

（先生はそれを黒板に書いておいてください。）

3 ⋯⋯⋯⋯ 小グループワーク

日本へ行ったことのある人を中心にして、小グループを作りなさい。その人に、アメリカの女性と日本の女性はどこが違うと思ったかを聞きなさい。グループのメンバーは、必ず一人一つは質問をしなければいけません。

［例］「アメリカの女性と日本の女性と、どちらの方が面白いですか。」

それぞれのグループは、答えを書いておいて、後でクラスの人たちに発表しなさい。**2**の答えと**3**の答えが同じか違うかを、クラスのみんなで考えなさい。

4 ⋯⋯⋯⋯ ロールプレイ

ペアになり、一人はＯＬ、もう一人は男の課長になりなさい。ＯＬは、お茶くみをしたくないので、そのことを課長に言います。理由を上手に言わなければいけません。それを許すかどうかは、課長になる人の自由。

5 ⋯⋯⋯⋯ ディベート

二つのグループに分かれ、夫と子供のある女性が外で働くのがよいか悪いかについてディベートをしなさい。なるべく「〜んじゃないんですか」「〜んじゃないでしょうか」「〜と思いますけど」などを使って話しなさい。

6 ペアワーク

松田道雄によると、日本には「女の三重苦」があるそうですが、アメリカではどうか、最近のアメリカの女性が、昔の女性と比べて変わったかどうかについて話し合いなさい。

7 作文

「日本の女性とアメリカの女性」という題で、百五十字から二百字ぐらいの作文を書きなさい。

聞き取り練習

中山と遠藤という日本人の奥さんが話しています。テープを聞いて、次の文が正しければ○、間違っていれば×を入れなさい。

(　) **a)** 遠藤さんは、ご主人と一緒に留学するつもりである。
(　) **b)** 遠藤さんのご主人は、奥さんが留学してもかまわないと思っている。
(　) **c)** 遠藤さんのご主人は、前に留学したことがある。
(　) **d)** 遠藤さんの留学は、一年間だろう。
(　) **e)** 遠藤さんは英語の先生である。
(　) **f)** 遠藤さんは、学生の時に一度留学した。
(　) **g)** 遠藤さんの子供たちは、冬休みにアメリカへ行くだろう。
(　) **h)** 遠藤さんのご主人は、夏休みにアメリカへ行くらしい。
(　) **i)** 遠藤さんのご主人も英語の先生だろう。
(　) **J)** 遠藤さんのご主人のように理解のある日本人男性は、まだ少ないだろう。

速読

「トイレのドア」

（この読み物には単語表がありません。分からない単語の意味を考えながら読みなさい。）

　ジェイソンが日本に着いた日のことだった。ホストファミリーの家に着いたのは、日曜日の午後四時ごろだった。ホームステイの家には、夫婦のほかに、高校生のむすこと中学生の娘がいて、全部で四人の家族である。この家族は金持ちらしく、最近建てた新しい家に住んでいる。なかなかモダンな家で、日本間は一部屋しかなく、あとは全部洋間である。ジェイソンがその家に着くと、まずお母さんが家中を見せてくれて、「ここがあなたの部屋よ」とか、「お風呂場はここよ」とか、「トイレはここ」と教えてくれた。お風呂は日本式で、トイレは洋式だと分かった。

　夕食前に、ジェイソンはトイレへ行っておこうと思って、トイレの前まで行くと、ドアがしまっているので、自分の部屋へ戻り、二、三分待ってからまた行ってみた。ところが、まだ誰か入っているらしく、ドアはしまったままだ。仕方なく、またしばらく自分の部屋で待ってから、もう一度行ってみたが、まだしまっている。ジェイソンは困ってしまった。その時、お母さんが「ご飯ですよ」と呼ぶ声がした。食堂へ行くと、もう家族全員いすに座ってジェイソンを待っていた。トイレに入っていたのは誰だろうか。

●次の文を読んで、正しいものに○、間違っているものに×をつけなさい。

（　　）a) ジェイソンはまだ聞いていなかったのだが、ホストファミリーの家には、お手伝いさんが一緒に住んでいるのだろう。

（　　）b) 別に誰も入っていない。むすこが忘れっぽくて、ドアを開けておくのを忘れたのだろう。

（　　）c) 日本の家では、トイレのドアは、いつもしめておくことになっているのだ。

（　　）d) 前に入った人がドアを開けておいたのだが、風(wind)でしまってしまったのだ。

俳句
7

明月や　池をめぐりて　夜もすがら
（芭蕉）

第 **15** 課

▼

日本の国際化と異文化摩擦
（いぶんかまさつ）

説明する

◆「きけん」っていうのは
「あぶない」っていうことです。

◆ どうしたらいいか困っているわけですね。

◆ それはただ、「英語を覚えて外国人と話せるように
なろう」っていう意味かもしれないし、⋯

C U L T U R E   N O T E S

さんケー
3 K
———

Since Japan's mythological times, the Imperial Household has held in its possession the so-called "Three *Jingi*," *i.e.*, the Three Sacred Treasures: a mirror, a sword, and a crescent-shaped jewel. A set of three to make up a meaningful whole has always fascinated the Japanese. In the 1960's, the new "three treasures" were a refrigerator, a TV, and a washing machine. In the 70's, "3 C" (notice its singular form because of the lack of plurals in Japanese grammar) represented a car, a color TV, and a cooler (*i.e.*, air-conditioner). It's always three this or three that, but this handy classification does not necessarily refer to a pleasant set of items, 3K being a good example.

Gaijin（外人）/ *Gaikokujin*（外国人）
———

Gaijin and *gaikokujin*, although they both basically mean 'foreigner,' have a slight difference in connotation. *Gaijin* strongly connotes 'Caucasian,' while *gaikokujin* means either 'any foreigner' in a broad sense or 'non-Caucasian foreigner' in a narrow sense. Although, historically, there have been cases of other races such as Koreans migrating to Japan and blending with the Japanese race, the Japanese would like to believe that they are "pure" and "unique." This myth unfortunately sometimes makes them unnecessarily fearful of foreigners. Since the latter half of the 80's, more and more non-Caucasian foreigners have been coming to Japan, sometimes to study Japanese, but more often to find employment. Because of the need for foreign labor, they have so far been tolerated, if not welcomed. Just like what is happening in the former East Germany in the early 90's, however, if Japan's economic conditions deteriorate significantly, we can only hope that xenophobia will not tear Japan apart.

Honne（本音） and *Tatemae*（建前）
———

Honne and *tatemae,* the topic of 読み物 2, are not really peculiar products of Japan. They are found in any society, including the U.S. For example, some Americans may say to a Japanese 留学生, "We'd like you to come to dinner some time." They say that because they think it's the right thing to say, *i.e.*, they are following *tatemae*. Later, however, they decide not to invite him/her and thus just let time slip by. In other words, they have succumbed to *honne*. The only difference between America and Japan may be that the *honne/tatemae* discrepancy is a bit more noticeable in Japan. That's all.

会 話

1

●ジェイソンが、日本語の佐藤先生と話している。

ジェイソン： 先生、この間「3K」っていう言葉を聞いたんですけど、どういう意味で
しょうか。辞書に出てなかったんですけど。

佐　藤： 「3K」っていうのは、もうちょっと古い言葉になったけれど、「きたない」
5 「きつい」「危険」っていう言葉が、ローマ字で書けばみんなKで始まって
いるので、そう言うようになったんですよ。

ジェイソン： 「きたない」は分かりますけど、「きつい」と「きけん」はよく分かりま
せん。

佐　藤： 「きつい」っていうのは、「苦しい」と同じような意味で、例えば「きつい
10 仕事」って言えば、「苦しくて、なかなか大変な仕事」ですね。

ジェイソン： 「きけん」っていうのは、何でしょうか。

佐　藤： 漢字で書いてあれば、すぐ分かると思うけど、「あぶない」っていうことで
すね。

ジェイソン： どうして、その三つが一緒に使われるんですか。

15 佐　藤： 日本人の生活水準が上がって、日本人がきたなくて、きつくて、危険な
仕事をしたがらなくなった時、「日本人は3Kの仕事をしたがらない」っ
て、ジャーナリズムで言い始めたんですよ。

ジェイソン： 例えば、どんな仕事でしょうか。

佐　藤： 何でもいいけど、例えば工場なんかでも、3Kの仕事がたくさんあるん
20 じゃないかな。

ジェイソン： 日本人がやらなければ、誰がやるんですか。

佐　藤： 外国人ですよ。外国人と言っても、アメリカ人じゃなくて、東南アジア
とか、南米とか、イランなんかからの人たちですよ。

ジェイソン： そういえば、春休みに東京へ行ったら、そういうような人がずいぶんい
25 ました。

佐　藤： みんな日本へ仕事を探しに来るんですよ。日本は、前にはそういう人た
ちが少なかったし、いつも仕事がたくさんあるわけでもないから、政府
も普通の日本人も、どうしたらいいか困っているわけですね。

ジェイソン： アメリカでは、そういうことは別に新しい問題じゃありませんけど。

30 佐　藤： そうですね。日本も、アメリカからいろいろ習うべきでしょうね。

会 話

2

◯スーザンが、ホストファミリーのお父さんと話している。

スーザン：　日本では、このごろ「国際化」っていう言葉がよく使われているみたいですけど、「日本は国際化しなければならない」って言う時、日本人はどんなことを考えているんですか。

5　お父さん：　難しいこと聞くなあ。「国際化」って、人によって意味が違うんじゃないかな。

スーザン：　例えば？

お父さん：　例えば、英語学校の広告に「国際化」っていう言葉が書いてあったら、それはただ、「英語を覚えて外国人と話せるようになろう」っていう意味かもしれないし、日本の会社が「国際化する」と言ったら、それは、「日本人だけじゃなくて、外国人も雇う」ということかもしれないね。

10

スーザン：　でも、それだけじゃ、つまらない「国際化」ですね。

お父さん：　それじゃ、スーザンはどう思うの？

スーザン：　英語が上手になるのも、外国人を雇うのも、もちろん大事なことだと思うけど、本当の国際化っていうのは、もっと頭の中のことじゃないかしら。

15

お父さん：　「頭の中のこと」って？

スーザン：　つまり、考え方を広く、グローバルにするのが、本当の国際化じゃないでしょうか。

お父さん：　日本は島国だから、今まで日本人は考え方が狭かったっていうこと？

20　スーザン：　ええ。

お父さん：　でも、アメリカ人だって、アメリカのことしか考えない人もたくさんいるんじゃないかな。

スーザン：　それはそうですけど、日本人は外国人をよそ者扱いすることが、アメリカ人の場合より多いような気がするんです。

25　お父さん：　そうかもしれないね。でも、うちじゃ、スーザンのことをよそ者だなんて思ってないよ。

スーザン：　ありがとうございます。

お父さん：　これが、我が家の国際化っていうことかな。

会 話 ③

●日本の会社に勤めているアメリカ人ディック・ロバーツが、新聞記者のインタビューを受けている。

記　者：　じゃ早速始めますけど、日本の会社のどんな点がいいと考えていらっしゃいますか。

ロバーツ：　そうですね。日本の会社では、部長も課長も、机を並べて、同じ部屋で仕事をしていますね。そうすると、お互いに、何をやっているかよく分かって、コミュニケーションのためにとてもいいと思います。

記　者：　ほかに、何かありますか。

ロバーツ：　みんなよく働くし、ほかの人たちとうまくやっていこうとしますね。

記　者：　なるほど。じゃ、日本の会社の悪いところを言ってください。

ロバーツ：　あんまり大きな声では言えないんですけど、残業が多すぎるのが一番困りますね。何か都合があって早く帰ろうとすると、同僚たちにいやがられるみたいですね。私はまだ独身だからいいけど、結婚していたら、本当に困るだろうと思いますよ。それに、あまり仕事がない時でも、上司が残っていると、みんな残ったりするでしょう？　あれが分かりませんね。それからそれとちょっと関係があるんですけど、日本の会社では休暇が取りにくいですね。私は休暇を取っちゃいますけど、普通の日本人は、本当はもっと取れるはずなのに、一年に一週間ぐらいしか取らないんですよ。ほかの人たちに悪いなんて言っちゃって。

記　者：　アメリカじゃ、どうなんでしょうか。

ロバーツ：　アメリカじゃ、取れる休暇はみんな取るし、同僚もいやがるっていうことはありませんよ。

記　者：　そうですか。じゃ、もう時間が長くなるといけませんから、この辺で。

ロバーツ：　あのう、新聞に対する意見も言っていいですか。

記　者：　どうぞ、どうぞ。

ロバーツ：　実は、私自身の意見じゃなくて、友人の意見なんですけど。

記　者：　けっこうですよ。

ロバーツ：　この間、インド人の友人と話していたら、どうして日本の新聞はアメリカのことばかり書くんだろう、アジアの国の人達がどんなことを考えているのかも、少し扱ってほしい、なんて言ってましたよ。

記　者：　分かりました。上司にも伝えておきます。

付き合いは「人間」として

熊本市 カーク マスデン
（大学講師 33歳）

「身近な外国人」という
テーマを考えるとき、どう
したら外国人と日本人の間
の文化摩擦を乗り越えられ
るか、という問題は避けら
れません。皮肉なことなの
ですが、日本人が文化の違
いにこだわりすぎるため、
外国人との関係がうまくい
かなくなることが多いと思
います。

例えば、アメリカの知り
合いが、日本の子供たちと
仲良くなることを期待して
普通の幼稚園に子供を入れ
たものの、参観に行ったら
自分の子供は他の子から離
れて遊んでいるのを見て驚
いたそうです。先生に尋ね
ると、「これがアメリカの
やり方だと思った」と言わ

れたそうです。
これはアメリカ文化の誤
解に基づいていますが、そ
の理解が正しくても、問題
になることがあります。

アメリカでは名前を呼び
捨てにするのが普通です
が、日本でもアメリカ人だ
からといって、呼び捨てに
する日本人がいます。英語
で話している場合はよいの
ですが、いつも日本語で話
しているのに、周りの日本
人と違って自分だけが呼び
捨てにされていることを気
にする人がいます。

また、母国でなら別です
が、日本で「ハロー」と言
われることも、必ずしも気
分の良いことではありませ
ん。逆に、「こんにちは」
と声をかけられたり、ごく
普通に話してもらったりす

ると、問題が起きたらそれを
考える必要がありますが、
ふだんは日本人と同じよう
に付き合ってもらえれば、
と思います。

ると、私はうれしく感じま
す。「外国人」より「人
間」として接してもらって
いる気がするからです。
文化の違いは確かにあ

（朝日新聞・1992年2月10日付より）

読み物1

▼
付き合いは「人間」として
朝日新聞（一九九二年二月十日付）

「身近な外国人」というテーマを考えるとき、どうしたら外国人と日本人との間の文化摩擦を乗り越えられるか、という問題は避けられません。皮肉なことなのですが、日本人が文化の違いにこだわりすぎるため、外国人との関係がうまくいかなくなることが多いと思います。

例えば、アメリカの知り合いが、日本の子供たちと仲良くなることを期待して普通の幼稚園に子供を入れたものの、参観に行ったら自分の子供は他の子から離れて遊んでいるのを見て驚いたそうです。先生に尋ねると、「これがアメリカのやり方だと思った」と言われたそうです。

これはアメリカ文化の誤解に基づいていますが、その理解が正しくても、問題になることがあります。

アメリカでは名前を呼び捨てにするのが普通ですが、日

熊本市　カーク・マスデン（大学講師　33歳）

本でもアメリカ人だからといって、呼び捨てにする日本人がいます。英語で話している場合はいいのですが、いつも日本語で話しているのに、周りの日本人と違って自分だけが呼び捨てにされていることを気にする人がいます。

また、母国でなら別ですが、日本で「ハロー」と言われることも、必ずしも気分の良いことではありません。逆に、「こんにちは」と声をかけられたり、ごく普通に話してもらったりすると、私はうれしく感じます。「外国人」より「人間」として接してもらっている気がするからです。

文化の違いは確かにあり、問題が起きたらそれを考える必要がありますが、ふだんは日本人と同じように付き合ってもらえれば、と思います。

（「テーマ討論・身近な外国人」投書より）

ることはほとんどない。それでも「今度、是非プレイしましょう。あらかじめ帰国の日がわかればセットしますよ」と言われることもある。また、私が住むノースカロライナ州には素晴らしいコースがいくつもあるし、日本の企業も多いので、日本の企業の人に「今度セットしますよ」などと言われることも少なくない。いずれの場合も、全く具体的な意味を持たない「今度」という日本語の正確な意味を完全に理解している私は、本気にすることはほとんどなく「ええ、是非そのうちに」と「今度」と同等の「そのうちに」という日本語を使って返事をしている。この場合も「講演依頼」の場合と同じで、ホンネであれば具体的な連絡があるし、タテマエあるいは単なる挨拶代わりの言葉であれば具体的な話はこないのである。

以上の例はいずれも取るに足らない話である。また、日本人がタテマエを信用した場合「アホじゃないか」で済まされる。しかし、外国人、とりわけホンネの付き合いが基本のアメリカ人が相手の場合は「国際摩擦」に発展することもあり得るのである。

『体験的・日米摩擦の文化論』(丸善ライブラリー)より

体験的・日米摩擦の文化論

志村史夫

ホンネとタテマエ

志村史夫（しむら ふみお）

アメリカ人にとって一段と厄介なのは、日本人のホンネとタテマエの使い分けである。私は日本人であるが、ホンネのアメリカ社会での生活に慣れてしまっているので、タテマエとホンネを知り分けなければならない日本人との付き合いは非常に疲れるし、非常に煩わしい。また、思わぬ齟齬を来すことも少なくない。

（中略）

アメリカの学会などで会った日本人から、よく「今度御帰国の時はぜひウチへも来て講演していただけませんか」と言われることがある。この「ウチ」は会社であったり、官公庁であったり、大学であったりするわけだが、私はうっかり本気にできないのである。その人がホンネで私に頼んでいるのか、タテマエで（つまりお世辞で）頼んでいるのか、よくわからないからである。実際、挨拶代わりにそのようなことを言う日本人も少なくないのである。タテマエに慣れていない私は以前、その「頼まれた講演」のために、随分苦労してスケジュールを調整し、馬鹿をみたことがあ

るのである。それ以来、そのように「頼まれた」時は、「喜んで伺いますよ。次は何月何日から何日まで帰国する予定ですので、御希望の日をなるべく早く御連絡下さい」と答えることにしているのである。頼む方がホンネであれば、具体的な希望事項を連絡してくるし、タテマエの時には、当然のことながら具体的な連絡はないのである。

アメリカでは、そのようなタテマエで講演を頼まれることはない（タテマエで講演を頼むようなヒマ人はいない）ので非常にすっきりしている。話は最初から具体的なのである。大体、私には、タテマエあるいは挨拶代わりに〝講演を頼む〟という発想が良く理解できない。お世辞のつもりだと想像するのであるが、そんなことが私にとってお世辞になると思われるだけでも愉快なことではない。

この「講演依頼」の他に私がよく経験するのは「ゴルフの誘い」である。私は日本に行った時は、いつも時間的に余裕がないし、キャディが付いて何となく仰々しい日本のゴルフ場の雰囲気が好きではないので、日本でプレイす

単語

会話 1

国際化	internationalization		17 ジャーナリズム	journalism
摩擦	friction		19 工場	factory
5 危険	danger		22 東南アジア	Southeast Asia
ローマ字	Roman alphabet		23 南米	South America
9 苦しい	tough; physically strenuous		イラン	Iran
12 あぶない	dangerous		27 政府	government
15 生活水準	standard of living			

会話 2

8 広告	advertisement		狭い	narrow (↔広い)
17 広い	wide; broad		23 よそ者	outsider
グローバル	global		24 ～ような気がする	it seems to me that ～ (◯文法ノート1)
19 島国	island country		28 我が家	my home (＝私の家)

会話 3

1 記者	reporter		15 ～と関係がある	to be related to ～ (◯文法ノート2)
インタビュー	interview		27 インド人	person from India
4 部長	head of a department (division)		友人	friend (formal word for 友達)
並べる	to put [things] side by side		29 ～てほしい	to want [someone] to do [something] (◯文法ノート4)
10 残業	overtime		30 伝える	to convey [a message]
11 都合がある	to have some personal business			

読み物 1

1	熊本市 (くまもとし)	(name of a city in Kyushu)	
	カーク・マスデン	Kirk Masden	
2	講師 (こうし)	lecturer	
3	身近[な] (みぢか)	[person or issue] one feels close to	
	テーマ	topic; theme	
4	乗り越える (のりこえる)	to overcome	
5	避ける (さける)	to avoid	
	皮肉[な] (ひにく)	ironic	
6	〜にこだわる	to make a special issue [of 〜]	
8	仲良くなる (なかよくなる)	to become good friends	
9	幼稚園 (ようちえん)	kindergarten	
10	参観 (さんかん)	class observation	
	離れる (はなれる)	to be apart	
13	誤解 (ごかい)	misunderstanding	
	〜に基づく (もとづく)	to be based on; to stem from （◎文法ノート5）	

15	呼び捨て (よびすて)	way of addressing someone by using his/her name only (=「さん」などをつけないで呼ぶこと)
18	周りの[人] (まわり／ひと)	[people] around oneself
20	母国 (ぼこく)	one's home country (=自分の国)
	ハロー	Hello!
21	逆に (ぎゃくに)	in contrast
22	声をかける (こえ)	to speak to; to call [out] to; to greet
	ごく	quite; exceedingly
24	接する (せっする)	to attend to [someone]; to associate with
25	確かに (たしかに)	certainly
26	ふだん	in everyday situations
28	討論 (とうろん)	discussion; debate
	投書 (とうしょ)	letter to the editor

読み物 2

0	ホンネ	one's real intention
	タテマエ	position/stance one takes in public; principle
	志村 (しむら)	(family name)
	史夫 (ふみお)	(male given name)
1	一段と (いちだんと)	by far
	厄介[な] (やっかい)	troublesome
2	使い分け (つかいわけ)	differences in use (=使い方の違い)

5	煩わしい (わずらわしい)	burdensome; troublesome
	思わぬ (おもわぬ)	unexpected (=考えなかった；ぬ=ない)
6	齟齬を来す (そごをきたす)	to cause a conflict; to suffer frustration; something goes wrong
7	中略 (ちゅうりゃく)	the middle part omitted
8	学会 (がっかい)	academic conference
	御〜 (ご)	(honorific prefix)

9 講演　　　　lecture

11 官公庁　　　government office

うっかり　　　carelessly; inadvertently

12 本気にする　　to take [something] serious-ly

13 お世辞　　　flattery

14 実際　　　　in fact; in actuality

挨拶　　　　greeting

16 以前　　　　in the past; before

17 調整する　　to adjust

馬鹿をみる　　to be disappointed; to make a fool of oneself(＝損をする)

18 ～以来　　　since ～

19 予定　　　　plan; schedule

20 連絡する　　to notify [someone] of [something]

22 具体的[な]　concrete; definite; specific

事項　　　　matters; particulars

23 当然　　　　obvious; natural

25 ヒマ人　　　a person with lots of free time (＝いつも暇な人)

26 すっきりする　clear-cut; simple

27 大体　　　　to begin with (＝もともと)

28 発想　　　　idea; way of thinking (＝考え方)

良く　　　　well

29 想像する　　to imagine

30 愉快[な]　　pleasant

31 依頼　　　　request

33 余裕　　　　excess; surplus

キャディ　　caddie

仰々しい　　pretentious

34 ゴルフ場　　golf course

35 是非　　　　by all means

36 あらかじめ　in advance (＝前に)

40 いずれの　　either; any (written expres-sion for どの or どちらの)

41 正確[な]　　correct; accurate

42 完全に　　　completely; perfectly

43 同等の　　　the same (＝同じぐらいの)

46 単なる　　　mere

48 取るに足らない　not important (＝つまらない; 大切ではない)

49 信用する　　to trust

アホ　　　　fool (＝馬鹿)

～で済ます　　to end something by doing ～

50 とりわけ　　especially (＝特に)

基本　　　　basic

51 [～に]発展する　to grow/develop [into ～]

52 あり得る　　likely to happen

（○文法ノート9）

53 文化論　　　studies on culture

漢字リスト

書くのを覚える漢字
読み方を覚えましょう。また、書けるようになるまで練習しましょう。

1. 辞書	2. 危険	3. 一緒	4. 工場	5. 誰
6. 政府	7. 国際化	8. 広告	9. 狭い	10. 我が家
11. お互い	12. 都合	13. この辺	14. 国	15. 伝える
16. 皮肉[な]	17. 仲良く	18. 正しい	19. 呼び捨て	20. 周り
21. 母国	22. 討論	23. 投書	24. 官公庁	25. 答える
26. 事項	27. 発想	28. 雰囲気	29. 完全	30. 返事
31. 信用	32. 発展			

読めればいい漢字
読み方を覚えましょう。

1. 熊本	2. 摩擦	3. 避ける	4. 幼稚園	5. 参観
6. 離れる	7. 誤解	8. 基づく	9. 逆に	10. 確か
11. 一段と	12. 厄介[な]	13. 講演	14. 挨拶	15. 調整
16. 馬鹿	17. 想像	18. 愉快[な]	19. 依頼	20. 余裕
21. 是非	22. 正確[な]	23. 同等	24. 基本	25. あり得る

漢字の部首
15
くさかんむり
艹

This radical is based on the image of grass and is generally used for characters representing kinds, conditions etc., of grass.
「花」「草」「英」など

文法ノート

1○～ような気がする＝'to have a feeling that; to have the impression that; it seems to me that' 　　　　[会話2/ℓ.24：多いような気がする]

a) 日本語が少し上達したような気がします。

(I feel my Japanese has improved a little.)

b) 外国人労働者の増加とともに、日本も変わってきたような気がします。

(With an increase in foreign laborers, I feel Japan has started to change.)

2○X は Y と関係がある 　　　　[会話3/ℓ.15：それとちょっと関係があるんですけど]

This expression means that X has something to do with Y or that X is related to Y.

a) 日本とアメリカの貿易摩擦は、経済上の問題だけでなく、文化の違いとも関係があるのではないでしょうか。

(It seems to me that trade friction between the U.S. and Japan is not only an economic issue but is also related to the cultural differences.)

b) 女性が結婚してからも仕事を続けるかどうかは男性の理解と関係がある。

(Whether women continue working after getting married has something to do with whether men are sympathetic to the situation or not.)

3○～がる 　　　　[会話3/ℓ.20：同僚もいやがるっていう…]

がる attaches to a な-adjective or い-adjective, and indicates that someone shows a sign of feeling in a certain way. So, いやがる comes from いやだ. Japanese makes a distinction between the speaker's expression of his or her own feeling and the speaker's expression of someone else's feeling. Thus, while いやだ generally expresses the speaker/writer's own feeling of dislike, いやがる generally describes someone else's feeling of dislike, which the speaker/writer can observe.

a)-1　洗濯がいやだ。

(I hate doing the wash.)

　-2　男の子は洗濯をいやがる。

(Boys hate doing the wash.)

b)-1　人前で話すのは、恥ずかしい。

(I feel embarassed when I talk in front of people.)

-2 日本では、人前で話すのを**恥ずかしがる**学生が多い。
(In Japan, there are many students who feel embarassed about talking in front of others.)

c)-1 カラオケは面白い。
(Karaoke is fun.)

-2 人の間違いを**面白がる**のは、よくない。
(It's not good to make fun of other people's mistakes.)

d)-1 私は、ほしいものは、自分で買う。
(I buy things I want with my own money.)

-2 子供が**ほしがる**ものを何でも買ってやるのは、よくない。
(I don't think it's good [for parents] to buy their children everything they want.)

4▶Vてほしい

[会話3/ℓ.29：扱ってほしい]

> [XはYにVてほしい] means that X wants Y to do V. Basically, it is interchangeable with Vてもらいたい.

a) 先生は学生に毎日**勉強してほしい**と思う。
(Teachers want students to study every day.)

b) ときどきは主人に料理を**してほしい**と思います。
(I do want my husband to cook sometimes.)

c) 教室ではタバコを**吸**(す)**わないでほしい**んだけど。
(I don't want you to smoke in the classroom.)

> Note that when you want to express your own desire to do something, you use V-たい form (as in 日本へ行きたい).

5▶～に基づく＝'to be based on ～'

[読み物1/ℓ.13：誤解に基づいていますが]

a) 人と人との問題は誤解**に基づく**ことが多い。
(Problems between people are often based on misunderstandings.)

b) 内容(ないよう)質問はクラスで読んだ読み物**に基づいて**います。
(Content-related questions are based on reading passages we read in class.)

6▶～からと言って＝'just because ～'

[読み物1/ℓ.16：アメリカ人だからといって]

a) アメリカ人**だからと言って**名前を呼び捨てにする日本人がいる。
(There are Japanese who call Americans by their first names only just because they are Americans [*i.e.*, not Japanese].)

b) アメリカでは、外国人**だからと言って**英語をゆっくり話してはくれない。

(In America people would not slow down in talking to you just because you are a foreigner.)

c) 日本人だからと言って日本語が教えられるわけではありません。

(It's not necessarily the case that one can teach Japanese just because one is a Japanese.)

7 ○ Xを気にする＝'to let X bother one'   [読み物1/ℓ.19]

> X can be a noun or a sentence followed by の or こと.

a) 小さい間違いを気にしていたら、外国語は話せません。

(If you are worried about minor mistakes, you won't be able to speak any foreign language.)

b) 人が言うことをあまり気にしない方がいいですよ。

(You should not let what other people say bother you.)

8 ○ ～なら別だ＝'if ～, it's different'   [読み物1/ℓ.20：母国でなら別ですが]

a) アメリカなら別ですが、日本で上司より早く家へ帰ることはできません。

(It's different in the U.S., but in Japan, you cannot go home earlier than your boss.)

b) クラスの外でなら別ですが、クラスの中では日本語を話すようにしてください。

(If it were outside of class, it would be different. But, in class, try to speak in Japanese.)

9 ○ ～得る／～得ない   [読み物2/ℓℓ.51-52：発展することもあり得るのである]

> [V(stem)＋得る／得ない] is a classical (formal) expression equivalent to ～ことができる／～ことができない. As for the verb ある, since あることができる（できない）does not exist, it is always あり得る／あり得ない.

a) 先生が間違えるということもあり得る。

(It's possible that teachers make mistakes.)

b) この世界から戦争がなくなるということはあり得ないと思う。

(I think it's unlikely that wars will disappear from this world.)

c) 日本人の習慣でアメリカ人に理解し得ないことの一つに「ホンネ」と「タテマエ」がある。

(One of the Japanese customs that is hard for Americans to understand is the idea of *honne* vs. *tatemae*.)

●············ **文法**練習

▶文法ノート1

1············ **〜ような気がする**

●「〜ような気がします」を使って、次の会話を完成しなさい。

a) A：今度の試験はどうでしたか。

B：あまり_____。

b) A：日本語はどうですか。

B：前より_____。

c) A：あの人、誰。

B：うん、前に_____けど、よく覚えていない。

d) A：日本へ来てからまだ一週間だね。

B：うん、でも、いろいろなことがあったから、もう_____。

▶文法ノート3

2············ **〜がる**

●「〜がる」を使って、次の質問に答えなさい。

a) どんなことをすると、ルームメイト(奥さん，etc.)にいやがられるでしょうか。

_____

b) ホストファミリーは、学生がどんなことをすると、いやがるでしょうか。

_____

c) 人にうらやましがられたことがありますか。どんな時ですか。

(うらやましい＝to be enviable/envious)

_____

d) 面白がってはいけないことというのは、例えばどんなことでしょうか。

_____

e) かわいがっていた犬がいなくなったら、どんな気持ちになるでしょうか。

_____

3 ・・・・・・・・ **Vてほしい** ▶文法ノート4

◎「Vてほしい」を使って、次の質問に答えなさい。

a) あなたが先生だったら、学生に何をしてほしいと思いますか。

_____

b) あなたがお母さん(お父さん)だったら、子供に何をしてほしいと思いますか。

_____

c) 結婚したら、ご主人に料理をしてほしいですか／奥さんに仕事をしてほしいですか。

_____

4 ・・・・・・・・ **〜からと言って** ▶文法ノート6

A ◎「〜からと言って」を使って次の会話を完成しなさい。

a) A：日本人なら誰でも敬語が使えるのでしょう。

B：_____わけではありませんよ。

b) A：日本語を勉強しているけど、日本へ行くんでしょうか。

B：_____とは限りませんよ。

c) A：日本では大学生は勉強しなくてもいいんでしょ。

B：_____というわけではないのよ。

d) A：バレンタインデーにチョコレートをもらったんだけど、お返ししなきゃいけない

かなあ。

B：_____必要はないと思うけど。

B ◎「〜からと言って〜んじゃないかと思います」を使って、自分の意見を言いなさい。文を二つ
以上作りなさい。

[例] 女性だからと言ってお茶を入れる必要はないんじゃないかと思います。

a) _____

b) _____

運用練習

1 ペアワーク

ペアになり、「３K」の意味について、一人が質問し、もう一人が説明しなさい。本を見てはいけません。

2 ペアワーク

自分のよく知っている外国人について、説明し合いなさい。

a) その外国人は、どこの国から来ていて、今何をしているか。

b) いつ、どのように知り合ったか。

c) その人はどんな人か。

3 ブレーンストーミング

三人ずつの小グループに分かれ、日本がどのように国際化すべきかについて、三人でアイディアを出し合い、後でクラスの人たちに発表しなさい。

（先生はそれを黒板に書き、それについて、ほかの学生の意見を聞いてください。）

4 ロールプレイ

ペアになり、一人は日本人の課長、一人はその課に勤めるアメリカ人になりなさい。アメリカ人は五月の末に二週間の休暇がほしいと課長に頼みます。課長は、それを許しますが、休暇を短くさせます。（アメリカ人も日本人課長も、いい理由を考えなさい。）

5 ペアワーク(宿題)

ペアになり、一人は日本の会社に勤めるアメリカ人、もう一人は日本人の上司になりな

さい。午後の五時ごろ、アメリカ人が帰ろうとしていると、上司が仕事を頼みます。アメリカ人は、今晩デートがあって残業をしたくありません。その二人の会話を作って先生に出し、先生の直した会話を覚えて、クラスで発表しなさい。

6⋯⋯⋯⋯ 作 文

a)「付き合いは『人間』として」という読み物の要約(summary)を五十字から七十字ぐらいで書きなさい。(書く前に、もう一度読み物を読んで、これを書いた人が一番言いたいことは何かをよく考え、それを簡単に書きなさい。)

b)「日本の国際化」という題で、百五十字ぐらいの作文を書きなさい。

○⋯⋯⋯⋯ 聞き取り練習

○▶日本の会社に勤めているアメリカ人アンダーソンが、同僚の松田と話しています。テープを聞いて、次の文が正しければ○、間違っていれば×を入れなさい。

( ) **a)** アンダーソンは、「ガイジン」という言葉がきらいだ。

( ) **b)**「ガイジン」と呼ばれるのは、アメリカ人だけである。

( ) **c)** アンダーソンは、「アメリカ人」と呼ばれるのもいやだ、と言っている。

( ) **d)** イギリス人もフランス人も「ガイジン」と呼ばれることが多い。

( ) **e)** 松田は、「ガイジン」という言葉を使うことがあまりないらしい。

速読

「パーティーの会話」

（この読み物には単語表がありません。分からない単語の意味を考えながら読みなさい。）

　マイクはアメリカからの留学生で、今学年は東京の有名な大学の国際部で、日本語や日本の経済のコースを取っている。東京ではホストファミリーを見つけるのが難しく、アパートに住んでいる。アパートに住んでいると、いつでも好きな時にパーティーができるので、パーティーの好きなマイクは、よ

5 くパーティーをする。大きくてやかましいパーティーではなくて、親しい友達を何人か呼んで、飲んだり食べたりしながら話すだけの、簡単なパーティーである。そんな時には、隣に住んでいる日本人の大学生「ヨシ」を、いつも呼ぶことにしている。「ヨシ」は、本当の名前は良雄だが、アメリカ人と付き合う時には「ヨシ」というニックネームを使っている。彼は、マイクの留学

10 している大学の経済学部の学生で、普通の日本人よりはっきり自分の意見を言うので、アメリカ人のマイクには分かりやすく、付き合いやすい。

　今晩は、マイクの日本経済の教授、前田先生と、そのクラスのアメリカ人留学生を何人か呼んでパーティーをするので、ヨシにも来てもらった。マイクのクラスメートたちは、まだ日本語が下手なので、ヨシに英語で日本の習

15 慣についていろいろ質問し、ヨシはなかなか上手な英語でそれに答えていた。学生たちが来てから三十分ぐらいしたころ、前田先生が着いた。先生も入って、ディスカッションが続いた。しかし、マイクはそのうち、あることに気づき始めた。英語のディスカッションは続いているのに、ヨシがほとんど何も言わなくなってしまったのだ。話が日米関係のことになって、マイクがヨ

20 シの意見を聞くと、ヨシは前田先生の方を見て「どうぞ」と言っただけで、何も言おうとしない。結局、先生とアメリカ人だけの話し合いになってしまった。ヨシはなぜ急に静かになってしまったのだろうか。

⊃次の文を読んで、一番正しいと思われるものに○をつけなさい。

( ) **a)** ヨシはビールを飲みすぎて、何も分からなくなってしまったのだろう。

( ) **b)** ヨシは、前田先生のコースで悪い点をもらったことがあるので、恥ずかしかったのだろう。

( ) **c)** ヨシは、前田先生と留学生たちがみんな英語で話しているのが、いやになったのだろう。

( ) **d)** 日本では、こんな時に、専門家の先生がいれば、その人の意見を聞くのが一番いいと考えられ、学生はあまり意見を言わないのだろう。

ことわざ
8

笑う門には福来る

(*lit.*, Good fortune comes to a home where there is laughter.)

索引
<ruby>索<rt>さく</rt></ruby><ruby>引<rt>いん</rt></ruby>

この漢字索引では
1.その漢字が初めて出た課
2.新しい読み方が出た課
3.読みは既出だが「書くのを覚える漢字」として初めて出た
　課

について、例とともに表示した。Rは「読めればいい漢字」、Wは「書くのを覚える漢字」、また「復」は「復習用漢字」を表わす。

❶画

一	一	いち	復
	一つ	ひと・つ	復

❷画

九	九	きゅう/く	復
	九つ	ここの・つ	復
七	七	なな/しち	復
	七つ	なな・つ	復
十	十	じゅう/とお	復
二	二	に	復
	二つ	ふた・つ	復
人	あの人	あの・ひと	復
	日本人	に・ほん・じん	復
	浪人	ろう・にん	L. 5- R
	人間	にん・げん	L.11-W
	素人	しろうと	L.12- R
入	入る	はい・る	復
	入れる	い・れる	復
	気に入る	き・に・い・る	L. 1-W
	入学	にゅう・がく	L. 3-W
八	八	はち	復
	八つ	やっ・つ	復
力	魅力的	み・りょく・てき	L.10- R
	努力	ど・りょく	L.14-W
	力	ちから	L.14-W

❸画

下	いすの下	いすの・した	復
	下げる	さ・げる	L. 2-W
	部下	ぶ・か	L. 9-W
	下痢	げ・り	L.12- R
	下手	へ・た	L.13-W
久	久しぶり	ひさ・しぶり	L. 4-W
己	自己	じ・こ	L. 1- R
口	人口	じん・こう	L. 4-W
	出口	で・ぐち	L. 7-W
工	電気工学	でん・き・こう・がく	L. 1-W
才	天才	てん・さい	L. 8-W
三	三	さん	復
	三つ	みっ・つ	復
	三田	み・た	L. 1-W
山	山田	やま・だ	復
	山荘	さん・そう	L.13- R
士	弁護士	べん・ご・し	L. 4- R
	同士	どう・し	L. 9-W
子	子	こ	復
	調子	ちょう・し	L. 5- R
	様子	よう・す	L. 5- R
女	女	おんな	復
	女性	じょ・せい	L. 1-W
小	小さい	ちい・さい	復
	小林	こ・ばやし	L. 7-W
	小学校	しょう・がっ・こう	L.13-W
上	つくえの上	つくえの・うえ	復
	上手	じょう・ず	L. 1-W
	召し上がる	め・し・あ・がる	L. 6- R
夕	夕食	ゆう・しょく	L. 4-W
千	千	せん	復
	千葉	ち・ば	L.14-W
川	神奈川	か・な・がわ	L.14- R
大	大きい	おお・きい	復
	大学	だい・がく	復
	大変	たい・へん	L. 2-W
	大阪	おお・さか	L.10- R
土	土よう日	ど・よう・び	復
	土地	と・ち	L. 9-W
万	万	まん	復
与	与える	あた・える	L.11-W

④ 画

引	引っ越す	ひ・っ・こ・す	L. 1-R
	引用	いん・よう	L. 6-R
円	円	えん	復
火	火よう日	か・よう・び	復
化	文化	ぶん・か	L. 1-W
介	紹介	しょう・かい	L. 1-R; L.13-W
牛	牛	うし	L.10-W
月	月よう日	げつ・よう・び	復
	四月	し・がつ	復
	毎月	まい・つき	復
元	元気	げん・き	復
	平成元年	へい・せい・がん・ねん	L.11-W
戸	江戸	え・ど	L. 8-W
	戸籍	こ・せき	L.14-R
	神戸	こう・べ	L.10-R
互	お互い	お・たが・い	L. 1-R; L.15-W
午	午後	ご・ご	L. 1-R; L. 2-W
五	五	ご	復
	五つ	いつ・つ	復
公	不公平	ふ・こう・へい	L.14-W
今	今	いま	復
	今度	こん・ど	L. 1-W
	今年	ことし	L. 1-W
	今日	きょう	L. 1-R
	今朝	けさ	L.12-W
止	止める	や・める	L. 6-W
	呼び止める	よ・び・と・める	L. 6-W
手	上手	じょう・ず	L. 1-W
	相手	あい・て	L. 2-W
	下手	へ・た	L.13-W
	運転手	うん・てん・しゅ	L. 6-R; L.13-W
少	少し	すこ・し	復
	少数	しょう・すう	L. 9-R
	少々	しょう・しょう	L.10-W
冗	冗談	じょう・だん	L.10-R
心	心配	しん・ぱい	L. 5-R; L. 6-W
水	水よう日	すい・よう・び	復

井	今井	いま・い	L. 6-W
切	締切	しめ・きり	L. 3-R
	切手	きっ・て	L. 3-W
	大切	たい・せつ	L. 5-W
太	太平洋	たい・へい・よう	L. 7-W
中	へやの中	へやの・なか	復
	中学	ちゅう・がく	L. 1-W
天	天気	てん・き	復
内	家内	か・ない	L. 7-W
日	日よう日	にち・よう・び	復
	日本人	に・ほん・じん	復
	今日	きょう	L. 1-R
	日記	にっ・き	L. 1-W
	日付変更線	ひ・づけ・へん・こう・せん	L. 1-R
	数日前	すう・じつ・まえ	L. 2-W
	明日	あした	L. 7-W
反	反対	はん・たい	L.13-W
比	比較的	ひ・かく・てき	L. 5-R
	比べる	くら・べる	L. 5-W
不	不便	ふ・べん	L. 8-W
	不気味	ぶ・き・み	L. 9-W
夫	夫人	ふ・じん	L. 9-W
	夫婦	ふう・ふ	L.14-W
	夫	おっと	L.14-W
父	父	ちち	復
	お父さん	お・とう・さん	復
仏	仏教	ぶっ・きょう	L. 4-W
分	五分	ご・ふん	復
	自分	じ・ぶん	L. 1-W
	分かる	わかる	L. 2-W
文	文化	ぶん・か	L. 1-W
	決まり文句	き・まり・もん・く	L. 2-W
片	片付ける	かた・づ・ける	L. 6-R
	片言	かた・こと	L.13-W
方	仕方	し・かた	L. 1-W
	方が	ほう・が	L. 2-W
木	木よう日	もく・よう・び	復
厄	厄介[な]	やっ・かい・[な]	L.15-R
友	友だち	とも・だち	復

	友人	ゆう・じん	L. 2-W
予	予習	よ・しゅう	L. 5-W
六	六	ろく	復
	六つ	むっ・つ	復

5 画

以	以外	い・がい	L. 3-W
加	加藤	か・とう	L. 1-R
可	許可	きょ・か	L. 4-R
外	外	そと	L. 2-W
	以外	い・がい	L. 3-W
甘	甘い	あま・い	L.11-W
丘	丘	おか	L. 7-R
玉	お年玉	お・とし・だま	L. 9-W
	埼玉	さい・たま	L.14-R
去	去年	きょ・ねん	L. 1-W
句	決まり文句	き・まり・もん・く	L. 2-W
兄	お兄さん	お・にい・さん	L. 4-W
	兄	あに	L. 4-W
玄	玄関	げん・かん	L. 5-R
古	古い	ふる・い	復
	名古屋	な・ご・や	L.10-R
功	成功	せい・こう	L.12-W
広	背広	せ・びろ	L. 9-W
	広告	こう・こく	L.15-W
号	番号	ばん・ごう	L. 1-R
	～号室	～・ごう・しつ	L. 5-W
込	申し込む	もう・し・こ・む	L. 3-W
札	一万円札	いち・まん・えん・さつ	L.10-W
四	四	よん/し	復
	四つ	よっ・つ	復
仕	仕事	し・ごと	L. 1-W
司	上司	じょう・し	L. 9-W
史	歴史	れき・し	L. 3-R
	アメリカ史	あめりか・し	L. 4-W
市	都市	と・し	L.10-W
示	掲示板	けい・じ・ばん	L. 8-R
叱	叱る	しか・る	L.11-R
失	失礼	しつ・れい	L. 1-W

	失敗	しっ・ぱい	L.11-W
	失う	うしな・う	L.14-W
写	写真	しゃ・しん	L. 4-W
	写す	うつ・す	L.13-W
主	主[な]	おも・[な]	L. 3-W
	主任	しゅ・にん	L. 8-W
	主	ぬし	L.13-W
収	収入	しゅう・にゅう	L.14-W
汁	みそ汁	みそ・しる	L.11-W
出	出る	で・る	復
	出す	だ・す	L. 2-W
	出口	で・ぐち	L. 7-W
	出張	しゅっ・ちょう	L.10-W
	進出	しん・しゅつ	L.14-W
召	召し上がる	め・し・あ・がる	L. 6-R
申	申す	もう・す	L. 1-W
世	世話	せ・わ	L. 9-W
	世の中	よ・の・なか	L.14-W
正	正しい	ただ・しい	L.15-W
	お正月	お・しょう・がつ	L. 9-W
	正式	せい・しき	L.13-W
生	先生	せん・せい	復
	生まれる	う・まれる	L. 1-W
	一生	いっ・しょう	L. 5-W
石	石山	いし・やま	L. 1-W
占	占める	し・める	L.14-R
他	その他	その・た	L. 7-W
打	打つ	う・つ	L.11-W
代	時代	じ・だい	L. 2-W
	代わり	か・わり	L. 2-W
台	台湾	たい・わん	L.13-R
庁	官公庁	かん・こう・ちょう	L.15-W
田	山田	やま・だ	復
	三田	み・た	L. 1-W
冬	冬	ふゆ	L. 4-W
丼	丼もの	どんぶり・もの	L. 6-R
白	白い	しろ・い	復
	白人	はく・じん	L. 8-W
半	二時半	に・じ・はん	L. 2-W

犯	犯罪	はん・ざい	L.10-R
皮	皮肉[な]	ひ・にく・[な]	L.15-W
必	必ずしも	かなら・ずしも	L. 3-W
	必要	ひつ・よう	L. 6-W
付	日付変更線	ひ・づけ・へん・こう・せん	L. 1-R
	付き合い	つ・き・あ・い	L. 5-W
布	財布	さい・ふ	L. 4-R
払	払う	はら・う	L. 3-W
平	平均	へい・きん	L. 5-R
	太平洋	たい・へい・よう	L. 7-W
辺	辺り	あた・り	L. 6-R
	この辺	この・へん	L.15-W
弁	弁護士	べん・ご・し	L. 4-R
母	母	はは	復
	お母さん	お・かあ・さん	復
	母国	ぼ・こく	L.15-W
北	北口	きた・ぐち	L. 7-W
	北海道	ほっ・かい・どう	L. 8-W
	南北	なん・ぼく	L.10-W
本	日本人	に・ほん・じん	復
	坂本	さか・もと	L. 9-R
末	期末試験	き・まつ・し・けん	L. 3-R
	週末	しゅう・まつ	L. 4-W
	末	すえ	L. 4-W
未	未婚者	み・こん・しゃ	L.14-W
民	民宿	みん・しゅく	L.10-W
矛	矛盾	む・じゅん	L.13-R
目	目覚まし時計	め・ざ・まし・ど・けい	L. 2-W
	目的	もく・てき	L. 3-W
由	自由	じ・ゆう	L. 7-W
用	用語	よう・ご	L. 2-W
幼	幼稚園	よう・ち・えん	L.15-R
立	役に立つ	やく・に・た・つ	L. 4-W
	私立	し・りつ	L. 7-W
	立派	りっ・ぱ	L. 8-R
礼	失礼	しつ・れい	L. 1-W

❻画

扱	扱う	あつか・う	L.14-W

安	安い	やす・い	復
衣	浴衣	ゆかた	L.10-R
会	会社	かい・しゃ	復
	会う	あ・う	復
	会釈	え・しゃく	L. 2-R
回	一回	いっ・かい	L. 4-W
各	各地	かく・ち	L.10-W
企	企画	き・かく	L.14-W
危	危険	き・けん	L.15-W
机	机	つくえ	L.10-W
気	天気	てん・き	復
	寒気	さむ・け	L.12-W
吉	吉田	よし・だ	L. 2-W
休	休む	やす・む	復
	休暇	きゅう・か	L. 1-R
	育児休暇	いく・じ・きゅう・か	L.14-W
共	共ばたらき	とも・ばたらき	L.14-W
好	好き	す・き	復
交	交換	こう・かん	L. 3-R
光	観光客	かん・こう・きゃく	L. 9-W
向	向かう	む・かう	L. 8-W
江	江戸	え・ど	L. 8-W
考	考え方	かんが・え・かた	L. 1-W
	書類選考	しょ・るい・せん・こう	L. 3-R
行	行く	い・く	復
	飛行機	ひ・こう・き	L. 1-R
	行なう	おこ・なう	L. 3-W
	旅行	りょ・こう	L. 6-W
合	場合	ば・あい	L. 3-R
	付き合い	つ・き・あ・い	L. 5-W
	合衆国	がっ・しゅう・こく	L.13-R
	総合職	そう・ごう・しょく	L.14-R
	都合	つ・ごう	L.15-W
再	再び	ふたた・び	L.13-R
在	現在	げん・ざい	L.12-W
死	戦死	せん・し	L. 7-W
字	漢字	かん・じ	L. 4-W
寺	寺	てら	L.10-W
次	次の年	つぎ・の・とし	L. 5-W

	第二次大戦	だい・に・じ・たい・せん	L.10-W
耳	耳	みみ	L. 5-W
自	自分	じ・ぶん	L. 1-W
	自然	し・ぜん	L.10- R
式	正式	せい・しき	L.13-W
州	州	しゅう	L. 4-W
色	色	いろ	L. 9-W
	景色	け・しき	L.10- R
成	成田	なり・た	L. 1-W
	成績	せい・せき	L. 3- R
	平成元年	へい・せい・がん・ねん	L.11-W
西	南西	なん・せい	L. 8-W
先	先生	せん・せい	復
	宛先	あて・さき	L. 3- R
	先に	さき・に	L. 2-W
全	全部	ぜん・ぶ	L. 3-W
	全く	まった・く	L.11-W
早	早い	はや・い	復
	早稲田	わ・せ・だ	L. 7- R
	早速	さっ・そく	L. 8-W
争	戦争	せん・そう	L. 7-W
多	多い	おお・い	L. 1-W
	多分	た・ぶん	L. 2-W
宅	住宅事情	じゅう・たく・じ・じょう	L. 3- R
	自宅	じ・たく	L. 5-W
地	陸地	りく・ち	L. 8- R
	土地	と・ち	L. 9-W
池	池田	いけ・だ	L. 1- R
仲	仲良く	なか・よ・く	L.15-W
伝	宣伝	せん・でん	L. 6- R
	伝統的[な]	でん・とう・てき・[な]	L. 7-W
	伝える	つた・える	L.15-W
吐	吐く	は・く	L.12- R
当	適当	てき・とう	L. 1- R
	当たる	あ・たる	L. 2-W
	本当	ほん・とう	L. 4-W
同	同じ	おな・じ	L. 1-W
	同室	どう・しつ	L. 2- R
	同士	どう・し	L. 9-W

	皮肉[な]	ひ・にく・[な]	L.15-W
肉			
任	主任	しゅ・にん	L. 8-W
年	一年	いち・ねん	復
	毎年	まい・とし	復
米	日米	にち・べい	L. 2-W
百	百	ひゃく	復
忙	忙しい	いそが・しい	復
毎	毎月	まい・つき	復
名	名まえ	な・まえ	復
	名刺	めい・し	L. 1- R
	有名[な]	ゆう・めい・[な]	L. 4-W
有	有名[な]	ゆう・めい・[な]	L. 4-W
羊	羊	ひつじ	L.10- R
両	両親	りょう・しん	L. 1- R; L.14-W

7画

位	単位	たん・い	L. 3- R
囲	雰囲気	ふん・い・き	L.12- R; L.15-W
医	医者	い・しゃ	L.12-W
応	応援	おう・えん	L. 7- R
	応じる	おう・じる	L.13-W
我	我慢	が・まん	L.11- R
	我が家	わ・が・や	L.15-W
快	愉快[な]	ゆ・かい・[な]	L.15- R
完	完全	かん・ぜん	L.15-W
含	含む	ふく・む	L. 6- R
希	希望者	き・ぼう・しゃ	L. 3- R
技	特技	とく・ぎ	L. 8-W
求	求める	もと・める	L. 4- R; L.11-W
	請求書	せい・きゅう・しょ	L. 6- R
究	研究室	けん・きゅう・しつ	
			L. 3- R; L. 5-W
局	結局	けっ・きょく	L. 1- R
均	平均	へい・きん	L. 5- R
近	近い	ちか・い	L. 1-W
	近海	きん・かい	L. 8-W
君	ブラウン君	ぶらうん・くん	L. 1-W
	君も	きみ・も	L. 1-W
形	形容する	けい・よう・する	L.11- R

芸	芸術	げい・じゅつ	L.10- R
迎	迎える	むか・える	L. 1- R; L. 7- W
	歓迎	かん・げい	L. 5- R
決	決まり文句	き・まり・もん・く	L. 2- W
	決心	けっ・しん	L. 8- W
見	見る	み・る	復
	見物	けん・ぶつ	L.10- W
言	言う	い・う	復
	言葉	こと・ば	L. 2- R; L.11- W
	助言	じょ・げん	L.11- W
攻	専攻	せん・こう	L. 1- W
更	日付変更線	ひ・づけ・へん・こう・せん	L. 1- R
克	克服	こく・ふく	L.13- R
告	広告	こう・こく	L.15- W
困	困る	こま・る	L. 2- W
佐	佐藤	さ・とう	L. 5- R
作	作る	つく・る	復
伺	伺う	うかが・う	L. 5- W
私	私	わたし	L. 1- W
	私立	し・りつ	L. 7- W
似	似る	に・る	L. 4- W
児	育児休暇	いく・じ・きゅう・か	L.14- W
社	会社	かい・しゃ	復
	神社	じん・じゃ	L.10- W
車	車	くるま	復
	乗車	じょう・しゃ	L.10- W
住	住む	す・む	復
	住宅事情	じゅう・たく・じ・じょう	L. 3- R
	住所	じゅう・しょ	L.10- W
初	初めて	はじ・めて	L. 1- W
	最初	さい・しょ	L.13- W
助	助ける	たす・ける	L. 3- W
	助言	じょ・げん	L.11- W
序	秩序	ちつ・じょ	L.10- R
床	床屋	とこ・や	L. 6- R
条	条約	じょう・やく	L. 8- R
状	推薦状	すい・せん・じょう	L. 3- R
	病状	びょう・じょう	L.12- W
身	身振り	み・ぶ・り	L.11- R

	修身	しゅう・しん	L.13- R
	自身	じ・しん	L.14- W
図	図書館	と・しょ・かん	L. 5- R
	地図	ち・ず	L.12- W
声	声	こえ	L. 2- W
赤	赤い	あか・い	L.12- W
折	折る	お・る	L.13- R
走	走る	はし・る	L.10- W
足	足りる	た・りる	L. 4- R; L. 8- W
	足	あし	L.11- W
村	村	むら	L.10- W
体	体重	たい・じゅう	L. 4- R
	体	からだ	L. 4- W
対	対して	たい・して	L. 2- W
沢	黒沢	くろ・さわ	L. 7- R
	贅沢	ぜい・たく	L. 9- R
男	男	おとこ	復
	男性	だん・せい	L. 1- W
町	町	まち	L. 1- W
弟	弟	おとうと	L.11- W
努	努力	ど・りょく	L.14- W
投	投げる	な・げる	L. 7- R
	投書	とう・しょ	L.15- W
何	何	なに	復
売	売る	う・る	L. 6- W
坂	坂本	さか・もと	L. 9- R
阪	大阪	おお・さか	L.10- R
判	批判	ひ・はん	L.10- R
否	否定的	ひ・てい・てき	L.14- W
批	批判	ひ・はん	L.10- R
別	別れる	わか・れる	L. 2- R
	別科	べっ・か	L. 3- R; L. 5- W
	別に	べつ・に	L. 4- W
返	返す	かえ・す	L. 8- W
	返事	へん・じ	L.15- W
坊	寝坊	ね・ぼう	L.11- R
妨	妨げ	さまた・げ	L.11- R
忘	忘れる	わす・れる	L. 3- W
役	役に立つ	やく・に・た・つ	L. 4- W

余	余る	あま・る	L.11-W
	余裕	よ・ゆう	L.15-R
来	来る	く・る	復
	来年	らい・ねん	復
卵	卵	たまご	L. 6-R
利	利用	り・よう	L. 3-W
良	奈良	な・ら	L.10-R
	仲良く	なか・よ・く	L.15-W
戻	戻る	もど・る	L. 8-R ; L. 9-W
励	励ます	はげ・ます	L.13-W
呂	風呂	ふ・ろ	L.10-R
労	苦労	く・ろう	L.14-W

8 画

宛	宛先	あて・さき	L. 3-R
依	依頼	い・らい	L.15-R
育	育つ	そだ・つ	L. 1-R
	教育	きょう・いく	L. 2-W
雨	大雨	おお・あめ	L. 2-W
英	英語	えい・ご	復
欧	欧米	おう・べい	L. 7-W
価	物価	ぶっ・か	L. 6-W
果	結果	けっ・か	L. 5-R ; L.11-W
	果物	くだ・もの	L. 9-R
画	映画	えい・が	L. 7-W
	企画	き・かく	L.14-W
学	大学	だい・がく	復
	今学期	こん・がっ・き	L. 4-W
	学ぶ	まな・ぶ	L. 8-W
官	官公庁	かん・こう・ちょう	L.15-W
季	季節	き・せつ	L. 9-R
京	東京	とう・きょう	復
供	子供	こ・ども	L. 2-W
金	金よう日	きん・よう・び	復
	お金	お・かね	復
苦	苦手	にが・て	L. 7-W
	三重苦	さん・じゅう・く	L.14-W
	苦しみ	くる・しみ	L.14-W
具	敬具	けい・ぐ	L. 4-R

	具合	ぐ・あい	L.12-W
空	空港	くう・こう	L. 1-R ; L. 6-W
	空く	あ・く	L.12-W
券	券	けん	L.10-W
呼	呼ぶ	よ・ぶ	L. 1-R
	呼び止める	よ・び・と・める	L. 6-W
効	有効	ゆう・こう	L.10-R
幸	幸い	さいわ・い	L. 8-W
刻	時刻表	じ・こく・ひょう	L.10-R
国	帰国	き・こく	L. 3-W
	国	くに	L.15-W
妻	妻	つま	L.14-W
参	参る	まい・る	L. 6-R
	参加	さん・か	L.11-R
刺	名刺	めい・し	L. 1-R
使	使う	つか・う	復
	使用	し・よう	L.11-W
始	始める	はじ・める	L. 7-W
事	仕事	し・ごと	L. 1-W
	食事	しょく・じ	L. 2-W
侍	侍	さむらい	L. 7-W
治	政治	せい・じ	L. 3-R ; L.10-W
	治る	なお・る	L.12-W
実	実は	じつ・は	L. 1-W
	実験	じっ・けん	L. 5-R
者	希望者	き・ぼう・しゃ	L. 3-R
	者	もの	L. 3-W
	患者	かん・じゃ	L.12-R
	医者	い・しゃ	L.12-W
邪	お邪魔	お・じゃ・ま	L. 7-R
若	若い	わか・い	L. 1-R ; L. 7-W
取	取る	と・る	L. 1-W
受	受ける	う・ける	L. 3-W
周	周囲	しゅう・い	L.13-R
	周り	まわ・り	L.15-W
宗	宗教	しゅう・きょう	L. 3-R
所	所	ところ	L. 1-W
	場所	ば・しょ	L. 5-R
	住所	じゅう・しょ	L.10-W

招	招待	しょう・たい	L. 7-W
	招く	まね・く	L.13-W
制	制度	せい・ど	L.14-W
性	女性	じょ・せい	L. 1-W
昔	昔	むかし	L.10-W
析	分析	ぶん・せき	L.14-W
卒	卒業	そつ・ぎょう	L. 1-R; L. 5-W
担	負担	ふ・たん	L.14-R
知	知る	し・る	復
	知識豊富	ち・しき・ほう・ふ	L. 1-R
注	注文	ちゅう・もん	L. 6-W
長	長い	なが・い	L. 4-W
	課長	か・ちょう	L. 7-W
直	直す	なお・す	L.13-W
定	決定	けっ・てい	L. 8-W
的	一般的	いっ・ぱん・てき	L. 2-R
	目的	もく・てき	L. 3-W
店	お店	お・みせ	L. 6-W
	店員	てん・いん	L. 6-W
東	東京	とう・きょう	復
突	突然	とつ・ぜん	L. 7-R
届	届ける	とど・ける	L. 9-W
奈	奈良	な・ら	L.10-R
念	残念	ざん・ねん	L. 7-R
	記念	き・ねん	L.13-W
拝	拝啓	はい・けい	L. 4-R
泊	泊まる	と・まる	L. 1-W
	宿泊料	しゅく・はく・りょう	L. 6-W
	一泊	いっ・ぱく	L.10-W
板	掲示板	けい・じ・ばん	L. 8-R
	黒板	こく・ばん	L.13-W
彼	彼	かれ	L. 8-W
	彼女	かの・じょ	L.11-W
披	披露宴	ひ・ろう・えん	L. 9-R
非	非常	ひ・じょう	L. 2-R; L. 9-W
表	発表	はっ・ぴょう	L. 5-R
	代表	だい・ひょう	L. 7-W
府	幕府	ばく・ふ	L. 8-R
	政府	せい・ふ	L.15-W

服	服用	ふく・よう	L.12-R
物	物	もの	L. 4-R
	荷物	に・もつ	L. 6-R
	実物	じつ・ぶつ	L. 6-W
	物価	ぶっ・か	L. 6-W
	着物	き・もの	L.10-W
並	並	なみ	L. 6-R
	並ぶ	なら・ぶ	L. 7-W
歩	歩く	ある・く	L. 1-W
	一歩	いっ・ぽ	L. 5-W
抱	抱く	いだ・く	L. 8-R
法	文法	ぶん・ぽう	L. 1-W
	方法	ほう・ほう	L. 8-W
妹	妹	いもうと	L. 4-W
枚	三枚	さん・まい	L. 3-W
味	趣味	しゅ・み	L. 1-R
	意味	い・み	L. 2-W
命	一生懸命	いっ・しょう・けん・めい	L.13-R
明	説明	せつ・めい	L. 2-W
	明日	あした	L. 7-W
	明らか	あき・らか	L. 9-W
	明るい	あか・るい	L.11-W
夜	徹夜	てつ・や	L. 7-R
	夜	よる	L.10-W
林	小林	こ・ばやし	L. 7-W
例	例	れい	L. 2-W
	例えば	たと・えば	L. 2-W
和	和室	わ・しつ	L.10-W

❾ 画

胃	胃	い	L.12-W
映	映画	えい・が	L. 7-W
屋	部屋	へ・や	L. 2-R; L. 3-W
音	音楽	おん・がく	L. 3-W
科	別科	べっ・か	L. 3-R; L. 5-W
悔	悔やむ	く・やむ	L.11-R
海	近海	きん・かい	L. 8-W
界	世界	せ・かい	L.10-W
皆	皆さん	みな・さん	L. 4-R

活	活動	かつ・どう	L. 3- R
	生活	せい・かつ	L. 4- W
既	既婚者	き・こん・しゃ	L.14- R
客	客	きゃく	L. 2- W
逆	逆に	ぎゃく・に	L.15- R
急	急ぐ	いそ・ぐ	L. 2- W
	急行	きゅう・こう	L. 7- W
級	同級生	どう・きゅう・せい	L. 2- R
	高級	こう・きゅう	L. 6- W
狭	狭い	せま・い	L.15- W
係	係	かかり	L. 8- W
	関係	かん・けい	L.11- W
計	目覚まし時計	め・ざ・まし・ど・けい	L. 2- W
建	建物	たて・もの	L. 5- R ; L.10- W
研	研究室	けん・きゅう・しつ	
			L. 3- R ; L. 5- W
県	県	けん	L. 7- W
限	限る	かぎ・る	L. 6- W
	無限	む・げん	L.11- R
後	午後	ご・ご	L. 1- R ; L. 2- W
	後で	あと・で	L. 2- W
	後略	こう・りゃく	L.11- R
紅	紅葉	こう・よう（or もみじ)	L. 4- R
査	調査	ちょう・さ	L. 5- R ; L.14- W
挨	挨拶	あい・さつ	L.15- R
指	指導	し・どう	L. 5- R
	指差す	ゆび・さ・す	L.13- R
思	思う	おも・う	復
持	持つ	も・つ	復
室	同室	どう・しつ	L. 2- R
	～号室	～・ごう・しつ	L. 5- W
秋	秋	あき	L. 4- W
柔	柔らかい	やわ・らかい	L.12- R
重	体重	たい・じゅう	L. 4- R
	重要	じゅう・よう	L. 5- W
	重荷	おも・に	L.14- R
祝	お祝い	お・いわ・い	L. 7- W
春	春	はる	L. 4- W
盾	矛盾	む・じゅん	L.13- R

省	文部省	もん・ぶ・しょう	L. 3- R
乗	乗る	の・る	L. 6- W
	乗車	じょう・しゃ	L.10- W
城	城	しろ	L.10- R
食	食べる	た・べる	復
	日本食	に・ほん・しょく	復
信	信用	しん・よう	L.15- W
神	神社	じん・じゃ	L.10- W
	神戸	こう・べ	L.10- R
	精神	せい・しん	L.11- W
	神奈川	か・な・がわ	L.14- R
是	是非	ぜ・ひ	L.15- R
政	政治	せい・じ	L. 3- R; L.10- W
宣	宣伝	せん・でん	L. 6- R
専	専攻	せん・こう	L. 1- W
泉	温泉	おん・せん	L.10- R
洗	洗う	あら・う	L.10- W
	洗濯	せん・たく	L.11- R
前	前	まえ	L. 1- W
祖	祖先	そ・せん	L. 8- R
相	相手	あい・て	L. 2- W
	相談	そう・だん	L. 5- R
	相撲	す・もう	L. 7- R
	相違	そう・い	L.11- W
荘	別荘	べっ・そう	L.13- R
送	送る	おく・る	L. 3- W
待	待つ	ま・つ	復
	招待	しょう・たい	L. 7- W
耐	耐える	た・える	L.14- R
単	単位	たん・い	L. 3- R
	単語	たん・ご	L.11- W
段	一段と	いち・だん・と	L.15- R
茶	お茶	お・ちゃ	L. 6- W
	喫茶店	きっ・さ・てん	L.11- R
昼	昼食	ちゅう・しょく	L. 6- W
	昼間	ひる・ま	L.14- W
珍	珍しい	めずら・しい	L. 4- R ; L.13- W
点	いい点	いい・てん	L. 5- W
度	今度	こん・ど	L. 1- W

将	将来	しょう・らい	L. 5- R
消	消費税	しょう・ひ・ぜい	L. 6- R
症	症状	しょう・じょう	L.12-W
笑	笑顔	え・がお	L.11- R
	笑う	わら・う	L.13-W
振	三振	さん・しん	L. 7- R
	身振り	み・ぶ・り	L.11-.R
真	写真	しゃ・しん	L. 4-W
	真美	ま・み	L.11- R
席	席	せき	L. 6-W
素	素人	しろうと	L.12- R
速	速い	はや・い	L. 4-W
	早速	さっ・そく	L. 8-W
恥	恥ずかしい	は・ずかしい	L.13-W
秩	秩序	ちつ・じょ	L.10- R
通	普通	ふ・つう	L. 3- R
	通訳	つう・やく	L. 8-W
庭	家庭	か・てい	L. 3- R ; L. 8-W
展	発展	はっ・てん	L.15-W
徒	生徒	せい・と	L. 5-W
倒	面倒	めん・どう	L. 6- R
唐	唐	とう	L.13- R
島	無人島	む・じん・とう	L. 5- R
	島	しま	L. 5-W
討	討論	とう・ろん	L.15-W
特	特に	とく・に	L. 3-W
悩	悩む	なや・む	L.14- R
納	納得	なっ・とく	L.11- R
破	難破	なん・ぱ	L. 8- R
	破綻	は・たん	L.14- R
馬	馬	うま	L.10-W
	馬鹿	ば・か	L.15- R
俳	俳優	はい・ゆう	L.13-W
配	心配	しん・ぱい	L. 5- R;L. 6-W
倍	五倍	ご・ばい	L. 4-W
般	一般的	いっ・ぱん・てき	L. 2- R
疲	疲れ	つか・れ	L.10-W
被	被害	ひ・がい	L.10- R
病	病気	びょう・き	L. 2- R

	病死	びょう・し	L. 8-W
浜	横浜	よこ・はま	L.10- R
勉	勉強	べん・きょう	復
眠	眠る	ねむ・る	L. 1- R
	眠い	ねむ・い	L. 2-W
娘	娘	むすめ	L. 1- R;L.11-W
容	美容院	び・よう・いん	L. 6- R
浴	浴衣	ゆかた	L.10- R
	浴びせる	あ・びせる	L.12-W
流	一流	いち・りゅう	L. 5- R;L.14-W
	流れ着く	ながれ・つ・く	L. 8- R
	流す	なが・す	L.11-W
留	留学	りゅう・がく	L. 1-W
旅	旅行	りょ・こう	L. 6-W
料	授業料	じゅ・ぎょう・りょう	L. 3- R
	料理	りょう・り	L. 4- R;L. 6-W
涙	涙	なみだ	L.11-W
恋	恋人	こい・びと	L. 9-W
連	連れる	つ・れる	L. 1- R;L. 4-W
	連絡先	れん・らく・さき	L.10- R
浪	浪人	ろう・にん	L. 5- R

⑪画

悪	悪い	わる・い	L. 3-W
	悪循環	あく・じゅん・かん	L. 9- R
異	異なる	こと・なる	L.13- R
	異文化圏	い・ぶん・か・けん	L.11- R
移	移る	うつ・る	L. 5-W
陰	陰	かげ	L.11- R
械	機械	き・かい	L.14- R
患	患者	かん・じゃ	L.12- R
基	基づく	もと・づく	L.15- R
	基本	き・ほん	L.15- R
寄	寄る	よ・る	L. 3- R
球	野球	や・きゅう	L. 7- R
許	許可	きょ・か	L. 4- R
	許す	ゆる・す	L. 8-W
教	教える	おし・える	L. 1-W
	教育	きょう・いく	L. 2-W

強	勉強	べん・きょう	復
	強い	つよ・い	L.13-W
偶	偶然	ぐう・ぜん	L. 4- R
啓	拝啓	はい・けい	L. 4- R
掲	掲示板	けい・じ・ばん	L. 8- R
経	経済	けい・ざい	L. 3- R; L.10-W
	経つ	た・つ	L. 4- R
	経験	けい・けん	L. 8-W
健	健一	けん・いち	L. 6- R
険	危険	き・けん	L.15-W
現	現代史	げん・だい・し	L. 5-W
	現れる	あらわ・れる	L. 8-W
黒	黒沢	くろ・さわ	L. 7- R
	黒板	こく・ばん	L.13-W
頃	その頃	その・ころ	L.13- R
婚	結婚	けっ・こん	L. 9-W
混	混雑	こん・ざつ	L.10- R
紺	紺	こん	L. 9- R
済	経済	けい・ざい	L. 3- R; L.10-W
	済む	す・む	L. 4- R; L.13-W
崎	長崎	なが・さき	L. 8- R
埼	埼玉	さい・たま	L.14- R
産	産物	さん・ぶつ	L. 9- R
	産む	う・む	L.14-W
	出産	しゅっ・さん	L.14-W
鹿	馬鹿	ば・か	L.15- R
捨	呼び捨て	よ・び・す・て	L.15-W
釈	会釈	え・しゃく	L. 2- R
寂	寂しい	さび・しい	L.14- R
授	授業	じゅ・ぎょう	L. 3- R
	教授	きょう・じゅ	L. 5-W
終	終わる	お・わる	L. 2- R; L. 3-W
習	習う	なら・う	復
	予習	よ・しゅう	L. 5-W
週	週間	しゅう・かん	L. 1- R
	週末	しゅう・まつ	L. 4-W
宿	宿題	しゅく・だい	L. 1- R; L. 5-W
術	芸術	げい・じゅつ	L.10- R
商	商業	しょう・ぎょう	L.10-W
渉	交渉	こう・しょう	L. 3- R
紹	紹介	しょう・かい	L. 1- R; L.13-W
常	非常	ひ・じょう	L. 2- R; L. 9-W
	常に	つね・に	L.11-W
情	情報	じょう・ほう	L. 3- R
	感情	かん・じょう	L.13-W
進	進歩	しん・ぽ	L.13- R
	進出	しん・しゅつ	L.14-W
	進む	すす・む	L.14-W
推	推薦状	すい・せん・じょう	L. 3- R
盛	盛ん[な]	さか・ん[な]	L. 7-W
戚	親戚	しん・せき	L. 9- R
接	面接	めん・せつ	L. 3- R
船	船員	せん・いん	L. 8- R
組	同棲組	どう・せい・ぐみ	L.14- R
窓	窓口	まど・ぐち	L.10-W
族	家族	か・ぞく	L. 1- R; L. 9-W
第	第二次大戦	だい・に・じ・たい・せん	L.10-W
脱	脱線	だっ・せん	L.12- R
	脱落	だつ・らく	L.13- R
探	探す	さが・す	L. 8-W
眺	眺め	なが・め	L.10- R
張	出張	しゅっ・ちょう	L.10-W
鳥	鳥	とり	L. 6-W
転	運転手	うん・てん・しゅ	L. 6- R; L.13-W
都	京都	きょう・と	L. 1- R; L. 9-W
	都	みやこ	L.10-W
	都合	つ・ごう	L.15-W
動	活動	かつ・どう	L. 3- R
	感動	かん・どう	L. 8-W
堂	食堂	しょく・どう	L. 6- R
得	得る	え・る	L.11- R
	あり得る	あり・う・る	L.15- R
	納得	なっ・とく	L.11- R
敗	失敗	しっ・ぱい	L.11-W
婦	主婦	しゅ・ふ	L. 8- R
	新婦	しん・ぷ	L. 9-W
	夫婦	ふう・ふ	L.14-W
符	切符	きっ・ぷ	L.10-W

場	場合	ば・あい	L. 3- R
	野球場	や・きゅう・じょう	L. 7- R
	工場	こう・じょう	L.15-W
森	森山	もり・やま	L. 8- R
診	診る	み・る	L.12- R
	問診	もん・しん	L.12- R
尋	尋ねる	たず・ねる	L.11- R
棲	同棲組	どう・せい・ぐみ	L.14- R
税	消費税	しょう・ひ・ぜい	L. 6- R
絶	絶対	ぜっ・たい	L. 7-W
	絶えず	た・えず	L.10-W
然	全然	ぜん・ぜん	L. 4- R; L. 8-W
訴	訴える	うった・える	L.12- R
尊	尊敬	そん・けい	L.14- R
替	着替える	き・が・える	L.10- R
貸	貸す	か・す	L. 3- R
達	友達	とも・だち	L. 1- R; L. 3-W
短	短い	みじか・い	L.11-W
遅	遅れる	おく・れる	L. 2- R
	遅い	おそ・い	L.11-W
着	着く	つ・く	L. 1-W
	着る	き・る	L. 9-W
	一着	いっ・ちゃく	L. 9-W
	着物	き・もの	L.10-W
朝	朝	あさ	L. 2-W
	今朝	けさ	L.12-W
超	超人	ちょう・じん	L.14- R
痛	痛い	いた・い	L. 3-W
貼	貼り紙	は・り・がみ	L. 5- R
渡	渡す	わた・す	L. 6-W
湯	湯のみ	ゆ・のみ	L. 9- R
等	同等	どう・とう	L.15- R
答	回答	かい・とう	L.14-W
	答える	こた・える	L.15-W
筒	封筒	ふう・とう	L. 3- R
道	北海道	ほっ・かい・どう	L. 8-W
買	買う	か・う	復
飯	ご飯	ご・はん	L. 6-W
番	番号	ばん・ごう	L. 1- R

	一番	いち・ばん	L. 3-W
晩	一晩	ひと・ばん	L. 1- R
	今晩	こん・ばん	L. 4-W
費	消費税	しょう・ひ・ぜい	L. 6- R
備	予備校	よ・び・こう	L. 5- R
富	知識豊富	ち・しき・ほう・ふ	L. 1- R
普	普通	ふ・つう	L. 3-W
雰	雰囲気	ふん・い・き	L.12- R; L.15-W
報	情報	じょう・ほう	L. 3- R
棒	相棒	あい・ぼう	L.14- R
無	無人島	む・じん・とう	L. 5- R
	無茶	む・ちゃ	L.12-W
愉	愉快[な]	ゆ・かい・[な]	L.15- R
裕	余裕	よ・ゆう	L.15- R
遊	遊ぶ	あそ・ぶ	L. 1- R; L.10-W
葉	言葉	こと・ば	L. 2- R; L.11-W
	紅葉	こう・よう (or もみじ)	L. 4- R
絡	連絡先	れん・らく・さき	L.10- R
落	落ちる	お・ちる	L. 5- R
	脱落	だつ・らく	L.13- R
痢	下痢	げ・り	L.12- R
湾	湾	わん	L. 8- R
腕	腕	うで	L. 7- R

❸ 画

意	意味	い・み	L. 2-W
園	果樹園	か・じゅ・えん	L.13- R
遠	遠慮	えん・りょ	L. 7- R
暇	休暇	きゅう・か	L. 1- R
	暇[な]	ひま・[な]	L. 4- R
	育児休暇	いく・じ・きゅう・か	L.14-W
解	難解さ	なん・かい・さ	L.13-W
較	比較的	ひ・かく・てき	L. 5- R
楽	音楽	おん・がく	L. 3-W
	楽[な]	らく・[な]	L. 5-W
	楽しみ	たの・しみ	L. 7-W
勧	勧誘	かん・ゆう	L. 5- R
	勧める	すす・める	L.13- R
幹	新幹線	しん・かん・せん	L.10- R

感	感じる	かん・じる	L. 6-W
漢	漢字	かん・じ	L. 4-W
義	講義	こう・ぎ	L. 5-R
業	卒業	そつ・ぎょう	L. 1-R; L. 5-W
群	症候群	しょう・こう・ぐん	L.14-R
遣	気遣う	き・づか・う	L.11-R
歳	七十歳	なな・じゅっ・さい	L. 7-R
	歳暮	せい・ぼ	L. 9-R
罪	犯罪	はん・ざい	L.10-R
詩	詩	し	L.13-W
試	期末試験	き・まつ・し・けん	L. 3-R
	試合	し・あい	L. 7-W
辞	辞書	じ・しょ	L.15-W
詳	詳しい	くわ・しい	L. 8-R
寝	寝る	ね・る	L. 2-R
新	新聞記事	しん・ぶん・き・じ	L. 4-W
	新しい	あたら・しい	L. 5-W
数	十数時間	じゅう・すう・じ・かん	L. 1-R
	数	かず	L. 3-R
節	季節	き・せつ	L. 9-R
戦	戦う	たたか・う	L. 7-W
	戦争	せん・そう	L. 7-W
想	感想文集	かん・そう・ぶん・しゅう	L.11-R
	発想	はっ・そう	L.15-W
続	続ける	つづ・ける	L.14-W
損	損	そん	L.14-W
駄	無駄	む・だ	L.11-R
暖	暖かい	あたた・かい	L. 4-R
稚	幼稚園	よう・ち・えん	L.15-R
賃	運賃	うん・ちん	L.10-R
鉄	鉄道	てつ・どう	L.10-W
電	電気工学	でん・き・こう・がく	L. 1-W
統	伝統的[な]	でん・とう・てき・[な]	L. 7-W
働	働く	はたら・く	L. 9-R; L.14-W
督	監督	かん・とく	L. 7-R
農	農業	のう・ぎょう	L.10-R
腹	腹	はら	L. 6-R; L.12-W
豊	知識豊富	ち・しき・ほう・ふ	L. 1-R
幕	幕府	ばく・ふ	L. 8-R

魔	お邪魔	お・じゃ・ま	L. 7-R
預	預かる	あず・かる	L.10-R
腰	腰	こし	L. 6-R
溶	溶け込む	と・け・こ・む	L.11-R
話	話す	はな・す	復
	電話	でん・わ	L. 1-W

⓮画

駅	駅	えき	L. 7-W
演	講演	こう・えん	L.15-R
歌	歌う	うた・う	L. 7-R
慣	慣れる	な・れる	L. 6-W
	習慣	しゅう・かん	L. 6-W
関	玄関	げん・かん	L. 5-R
	関係	かん・けい	L.11-W
熊	熊本	くま・もと	L.15-R
語	日本語	に・ほん・ご	復
誤	誤解	ご・かい	L.15-R
際	国際学部	こく・さい・がく・ぶ	L. 3-R
	国際化	こく・さい・か	L.15-W
察	診察	しん・さつ	L.12-R
雑	雑誌	ざっ・し	L. 8-R
	混雑	こん・ざつ	L.10-R
算	計算	けい・さん	L. 6-R
誌	雑誌	ざっ・し	L. 8-R
塾	塾	じゅく	L. 5-R
緒	一緒	いっ・しょ	L. 7-R; L.15-W
精	精神	せい・しん	L.11-W
静	静か[な]	しず・か[な]	L.10-R
説	説明	せつ・めい	L. 2-W
総	総合職	そう・ごう・しょく	L.14-R
層	年齢層	ねん・れい・そう	L.14-R
像	想像	そう・ぞう	L.15-R
増	増える	ふ・える	L. 5-R; L. 9-W
	二ポイント増	に・ぽいんと・ぞう	L.14-W
態	態度	たい・ど	L. 3-R
綻	破綻	は・たん	L.14-R
徴	特徴	とく・ちょう	L.10-R
適	適当	てき・とう	L. 1-R

稲	早稲田	わ・せ・だ	L. 7-R
徳	道徳観	どう・とく・かん	L.13-R
読	読む	よ・む	復
	読本	とく・ほん	L.13-W
認	認める	みと・める	L. 3-R
漂	漂流者	ひょう・りゅう・しゃ	L. 8-R
複	複雑	ふく・ざつ	L.13-R
聞	聞く	き・く	復
	新聞記事	しん・ぶん・き・じ	L. 4-W
暮	歳暮	せい・ぼ	L. 9-R
	暮らす	く・らす	L.11-R
僕	僕	ぼく	L. 1-R; L. 2-W
慢	我慢	が・まん	L.11-R
鳴	鳴る	な・る	L. 2-R
誘	勧誘	かん・ゆう	L. 5-R
	誘う	さそ・う	L. 7-R; L.13-W
様	様	さま	L. 4-R
	様子	よう・す	L. 5-R
僚	同僚	どう・りょう	L. 6-R; L.13-W
歴	歴史	れき・し	L. 3-R
練	練習	れん・しゅう	L.13-W

15 画

噂	噂	うわさ	L. 7-R
影	影響	えい・きょう	L. 9-R
横	東横線	とう・よこ・せん	L. 7-R
課	課長	か・ちょう	L. 7-W
確	確か	たし・か	L.15-R
	正確	せい・かく	L.15-R
歓	歓迎	かん・げい	L. 5-R
監	監督	かん・とく	L. 7-R
慶	慶応	けい・おう	L. 7-R
賛	賛成	さん・せい	L.14-R
質	質問	しつ・もん	L. 2-R; L. 5-W
趣	趣味	しゅ・み	L. 1-R
請	請求書	せい・きゅう・しょ	L. 6-R
線	日付変更線	ひ・づけ・へん・こう・せん	L. 1-R
選	書類選考	しょ・るい・せん・こう	L. 3-R
	選ぶ	えら・ぶ	L. 3-R

誰	誰	だれ	L.14-R; L.15-W
談	相談	そう・だん	L. 5-R
調	調子	ちょう・し	L. 5-R
	調べる	しら・べる	L.10-W
	調査	ちょう・さ	L. 5-R; L.14-W
締	締切	しめ・きり	L. 3-R
徹	徹夜	てつ・や	L. 7-R
導	指導	し・どう	L. 5-R
憧	憧れ	あこが・れ	L. 8-R
熱	熱	ねつ	L. 3-R; L.12-W
箱	箱根	はこ・ね	L.10-R
撲	相撲	す・もう	L. 7-R
摩	摩擦	ま・さつ	L.15-R
魅	魅力的	み・りょく・てき	L.10-R
慮	遠慮	えん・りょ	L. 7-R
寮	寮	りょう	L. 2-R
隣	隣	となり	L. 1-R
論	討論	とう・ろん	L.15-W

16 画

館	会館	かい・かん	L. 5-R
	旅館	りょ・かん	L. 6-W
機	飛行機	ひ・こう・き	L. 1-R
橋	高橋	たか・はし	L. 6-R
興	興味	きょう・み	L. 1-R; L.13-W
樹	果樹園	か・じゅ・えん	L.13-R
親	両親	りょう・しん	L. 1-R; L.14-W
	親子	おや・こ	L. 6-W
整	調整	ちょう・せい	L.15-R
積	下積み	した・づ・み	L.14-R
	積極的	せっ・きょく・てき	L.11-R
薦	推薦状	すい・せん・じょう	L. 3-R
頭	頭	あたま	L. 2-R
薄	薄らぐ	うす・らぐ	L.11-R
避	避ける	さ・ける	L.15-R
編	編集	へん・しゅう	L. 8-R
薬	薬	くすり	L.12-W
頼	頼む	たの・む	L. 3-W
	依頼	い・らい	L.15-R

各課の単語リストにある単語を五十音順に並べた。「会」は
「会話」、「読」は「読み物」、「T」はタイトルページを示す。

あ 行

あいさつ[挨拶]	greeting	L. 2-T
あいだに[間に]	while; during the time when	L. 1-会3
あいて[相手] addressee; the person you are talking to		L. 2-読
あいてをする[相手をする] to keep company with; to be a companion to		L. 8-会2
アイヌ	Ainu	L.10-読
あいぼう[相棒]	one's partner	L.14-読2
あおやま[青山]	(family name)	L. 1-読
あかい[赤い]	red	L.12-会2
あかるい[明るい]	cheerful	L.11-読
あき[秋]	fall	L. 4-会2
あきら[明]	(male given name)	L.12-読
あきらかに[明らかに]	clearly	L. 9-読
あきらめる	to give up	L.13-読
あく[空く]	to become vacant	L.12-会3
あくじゅんかん[悪循環]	vicious circle	L. 9-読
あける[開ける]	to open (v.t.)	L.12-会2
あこがれ[憧れ]	longing; yearning	L. 8-読
あさ[朝]	morning	L. 2-会1
あし[足]	leg; foot	L.11-会3
あした[明日]	tomorrow	L. 7-会3
あずかる[預かる] to keep (something) for (someone)		L.10-会1
あそさん[阿蘇山]	Mt. Aso	L.10-読
あそぶ[遊ぶ]	to play	L. 1-会2
あたえる[与える]	to give	L. 5-T
あたたかい[暖かい] pleasantly warm (with reference to weather)		L. 4-読
あたたかく[温かく]	warmly	L. 8-読
あたま[頭]	head	L. 2-会1
あたまがいたい[頭が痛い] to have a headache (lit., the head is hurting)		L. 3-会4
あたまにくる[頭に来る] to become infuriated		L.14-会3

あたらしい[新しい]	new	L. 5-会1
あたり[辺り]	vicinity	L. 6-会3
あたる[(〜に)当たる]	to correspond (to 〜)	L. 2-読
あつい[暑い]	hot (with reference to weather)	L. 4-読
あつかう[扱う]	to treat	L.14-会3
あつまる[集まる]	to gather (v.i.)	L. 7-読
あつめる[集める]	to gather (v.t.)	L. 7-読
あてさき[宛先]	address to send mail to	L. 3-会2
またあとで[また後で]	See you later.	L. 2-会2
アパートさがし	apartment hunting	L. 1-読
あびせる[浴びせる] to shower (someone) with (something)		L.12-読
あぶない	dangerous	L.15-会1
アホ	fool	L.15-読2
あまくする[甘くする]	to be lenient	L.11-読
アメリカあたり	America, for instance	L.10-読
アメリカがっしゅうこく[アメリカ合衆国] United States of America		L.13-読
アメリカし[アメリカ史]	American history	L. 4-会1
アメリカしき[アメリカ式]	American style	L.14-会1
アメリカりゅう[アメリカ流]	American way	L.11-読
あやまる	to apologize	L.11-T
あらう[洗う]	to wash	L.10-会3
あらかじめ	in advance	L.15-読2
あらわれる[現れる]	to appear (v.i.)	L. 8-読
ありうる[あり得る]	likely to happen	L.15-読2
(〜に)ありつく	to come by (a meal)	L.13-読
ある	certain; some	L. 5-読
あるく[歩く]	to walk	L. 1-読
あるひ[ある日]	one day	L.13-読
あれぇ uttered when something unexpected happens		L.10-会3
あわせる¹[(〜に)合わせる]	to adapt (to 〜)	L.14-読2
あわせる²	to combine	L.14-読2
い[胃]	stomach	L.12-読
いかにも	truly	L.13-読
いがい[以外]	other than	L. 3-読
いがいに[意外に]	unexpectedly	L. 6-読
いきかた[生き方]	way of life; life style	L.14-読2

うし[牛]　cow　L.10-読
うしなう[失う]　to lose　L.14-読1
うすらぐ[薄らぐ]　to fade; to decrease　L.11-読
うた[歌う]　to sing　L. 7-会2
(〜の)うち　within the domain of 〜　L.14-会1
うっかり　carelessly; inadvertently　L.15-読2
うつくしい[美しい]　beautiful　L. 1-読
うつす[写す]　to copy (v.t.)　L.13-読
うったえる[訴える]　to complain of　L.12-T
うつる[(〜に)移る]　to move (to 〜) (v.i.)　L. 5-会2
うで[腕]　arm　L. 7-会2
うでをふるう[腕をふるう]
to use one's skill to the utmost　L. 7-会2
うどん　type of noodle　L. 6-会1
うま[馬]　horse　L.10-読
うまれる[(〜で)生まれる]
to be born (in/at 〜) (v.i.)　L. 1-会3
うみだす[生み出す]　to give rise to　L. 5-読
うむ[生む]
to lay (eggs); to give birth to (v.t.)　L. 6-会1
うむ[産む]　to give birth to (v.t.)　L.14-読1
うる[売る]　to sell (v.t.)　L. 6-会3
うれしい　to be happy; to be glad　L.14-会3
うわさをする[噂をする]
to talk about (somebody)　L. 7-会2
うんがいい[運がいい]　lucky　L.12-会3
うんちん[運賃]　(passenger) fare　L.10-会1
うんてんしゅ[運転手]
driver (by occupation)　L. 6-読
えーと
Well (used when looking for a right expression)　L. 5-会3
えいが[映画]　movie　L. 7-会3
えいきょう[影響]　influence　L. 9-読
えいのすけ[栄之助]　(male given name)　L. 8-読
えがお[笑顔]　smile (on one's face)　L.11-読
えきいん[駅員]　railroad station employee　L.10-会1
えしゃくする[会釈する]
to greet by bowing slightly　L. 2-会1
えどわん[江戸湾]　Edo Bay　L. 8-読

えらぶ[選ぶ]　to choose　L. 3-読
える[得る]　to gain; to learn　L.11-読
えんせいする[遠征する]
to visit a far-away place to compete in sports　L. 7-読
えんりょなく[遠慮なく]
without hesitation (lit., unreservedly)　L. 7-会2
オーエル[OL]
female office worker(s) (lit., office lady)　L. 8-会2
おい　Hey! (a way of getting someone's attention, used most often among male equals)　L. 5-会3
おいわい[お祝い]　celebration　L. 7-会1
おうえんする[応援する]　to cheer for　L. 7-読
おうじる¹[(〜に)応じる]
to agree to; to accept　L.13-読
おうじる²[応じる]　to adapt　L.14-読2
おうべい[欧米]
West (lit., Europe and America)　L. 7-読
おえる　to end; to finish (v.t.)　L.14-読2
おおあめ[大雨]　downpour; heavy rain　L. 2-会2
おおい[多い]　there is/are a lot　L. 1-会1
おおいに[大いに]　much; considerably　L.13-読
おおければおおいほど[多ければ多いほど]
the more (students) there are, the more 〜　L. 3-読
おおげんか[大げんか]　a big quarrel　L.14-会3
おおさか[大阪]　(place name)　L.10-読
おおやま[大山]　(family name)　L. 7-会3
おかえし[お返し]　reciprocal gift　L. 9-読
おかしい　strange; odd; funny　L. 2-会1
おかしな　funny　L.13-会1
おかゆ　hot rice porridge　L.12-会2
おきる[起きる]　to get up　L.12-会3
おくる[送る]　to send　L. 3-会2
おくさん[奥さん]　(someone else's) wife　L. 9-会1
おくりかえす[送り返す]　to send back　L. 8-読
おくりもの[贈り物]　gift; present　L. 9-T
おくれ[遅れ]　delay　L.14-読1
おくれる[遅れる]　to be late　L. 2-会2
おこなう[行う]　to carry out; to conduct (usually in written language)　L. 3-読

かお[顔]　face　　L. 2-読

かおいろ[顔色]　color of a face　　L.12-会1

かかりちょう[係長]
group chief (position right below 課長)　　L.14-会2

かかりのもの[係の者]
person who handles a particular business matter　L. 8-会1

かかる
it takes (with respect to time or money) (v.i.)　　L. 1-読

かぎらない[(～とは)限らない]
not necessarily ～　　L. 6-会3

かぎり[～限り]　as far as ～; as long as ～　　L.13-読

かぎる[(～に)限る]
～ would have to be the best choice　　L.10-読

がくいん[学院]
school (often used for names of schools)　　L. 8-会1

がくせいかいかん[学生会館]
student union building　　L. 5-会3

かくち[各地]　various parts of the country　　L.10-読

がくぶ[学部]　college　　L. 1-会2

カーク・マスデン　Kirk Masden　　L.15-読1

かげで[陰で]　behind someone's back　　L.11-読

かげむしゃ[影武者]　(a movie name)　　L. 7-会3

かこ[過去]　past　　L.13-T

かざん[火山]　volcano　　L.10-読

かじ[家事]　housework　　L.14-読2

かじゅえん[果樹園]　orchard　　L.13-読

かす[貸す]　to lend　　L. 3-会3

かず[数]　number　　L. 3-読

かぜをひく[風邪をひく]　to catch a cold　　L.11-読

かぞく[家族]　family　　L. 1-会2

かた[方]　(honorific form for 人)　　L. 4-読

かたこと[片言]　broken (e.g., Japanese)　　L.13-読

かたづける[片付ける]
to clean; to tidy up (v.t.)　　L. 6-読

かちょう[課長]　section chief　　L. 7-会2

がっかい[学会]　academic conference　　L.15-読2

がっかりする　to feel disappointed　　L.11-会1

かっき[活気]
vigor; liveliness; vitality; energy　　L.10-読

かってなことをする[勝手なことをする]
to have one's own way; to do what one pleases　L.14-会1

カツカレー　curry rice with cutlet　　L. 6-会3

かてい[家庭]　home; family　　L. 3-読

かていきょうし[家庭教師]　private tutor　　L. 8-会2

かとう[加藤]　(family name)　　L. 1-会2

～かな
I wonder (generally used by male speakers)　　L. 5-会3

かない[家内]　(one's own) wife　　L. 7-会2

かながわ[神奈川]　(name of a prefecture)　　L.14-読1

かならず[必ず]　surely　　L. 8-会2

かならずしも～ない[必ずしも～ない]
not necessarily　　L. 3-読

かなり　fairly　　L. 7-読

かのじょ[彼女]　she　　L.11-読

カバーする　to cover up; to make up for　　L.14-読2

かまいません　it's all right; one doesn't mind　L. 4-会3

がまんする[我慢する]
to endure; to put up with　　L.11-会3

からだ[体]　body; health　　L. 4-読

からだをやすめる[体を休める]
to rest (lit. to rest one's body)　　L. 4-読

カルチャーショック　culture shock　　L. 1-読

カルチャーセンター
a kind of adult school (lit., culture center)　　L.14-会1

かれ[彼]　(third-person pronoun for a male)　　L. 8-読

かわいい　cute; lovely　　L. 4-会1

かわり[～代わり]
instead of; on the other hand; while ～　　L. 5-読

かわる[変わる]　to change (v.i.)　　L. 4-読

かわる[(～と)代わる]
to replace someone (v.i.)　　L. 8-会1

かんがえかた[考え方]　way of thinking　　L. 1-読

かんきゃく[観客]　spectators　　L. 7-読

かんけい[関係]　relationship　　L.11-会2

かんけいがある[(～と)関係がある]
to be related (to ～)　　L.15-会3

かんげい[歓迎]　welcome　　L. 5-会3

かんこうきゃく[観光客]　tourist(s)　　L. 9-読

きょうし[教師] teacher		L. 8-会1
きょうしつ[教室] classroom		L. 3-会3
きょうみ[興味] interest		L. 1-会2
きょか[許可] permission		L. 4-T
きょねん[去年] last year		L. 1-読
きりきり(痛む) to have a piercing pain (esp. in reference to a stomachache/headache)		L.12-読
きる[着る] to wear		L. 9-会2
きる[切る] to hang up (a phone) (lit., to cut)		L.12-会3
きわめて[極めて] extremely (written expression)		L.13-読
きをつかう[気をつかう] to worry about; to be careful about		L.12-読
きをつける[(〜に)気を付ける] to pay attention (to 〜); to be careful (of 〜)		L.11-会1
ぐあい[具合] condition		L.12-読
ぐうぜん[偶然] by chance		L. 4-会3
くうこう[空港] airport		L. 1-読
くすり[薬] medicine		L.12-会2
〜くせに although; in spite of		L.14-会2
ぐたいてき(な)[具体的(な)] concrete; definite; specific		L.15-読2
くだもの[果物] fruit		L. 9-読
くち1[口] job opening (lit., mouth)		L. 8-会3
くち2[口] mouth		L.11-会3
くちやかましい[口喧しい] critical		L.11-読
くちをはさむ[口をはさむ] to butt in		L.11-会3
くまもとし[熊本市] (name of a city in Kyushu)		L.15-読1
ぐみ[〜組] group of people doing the some thing		L.14-読2
くやむ[悔やむ] to regret		L.11-読
〜くらいだ such that; to the extent that 〜		L.11-読
くらべる[(〜と)比べる] to compare (with 〜)		L. 5-読
くらし[暮らし] living; life style		L.13-会2
くらす[暮らす] to live		L.11-読
クリスチャン Christian		L. 9-読
くるしい[苦しい] tough; physically strenuous		L.15-会1

くるしみ[苦しみ] suffering		L.14-読2
くろう[苦労] hardship; suffering		L.14-読2
くろさわ[黒沢] (family name)		L. 7-会3
グローバル global		L.15-会2
くわしい[詳しい] detailed		L. 8-会1
くん[〜君] (a form attached to a name in addressing someone)		L. 1-会2
ぐんかん[軍艦] warship		L. 8-読
けいおう[慶応] (name of a university)		L. 7-読
けいぐ[敬具] Sincerely (used at the end of a letter)		L. 4-読
けいけん[経験] experience		L. 4-読
けいご[敬語] honorific language (lit., respect language)		L.13-会3
けいさんする[計算する] to calculate		L. 6-読
けいざい[経済] economics		L. 3-読
けいじばん[掲示板] bulletin board		L. 8-会2
げいじゅつ[芸術] art		L.10-読
けいようする[形容する] to express figuratively		L.11-読
ケーかん[K館] K Inn		L.10-会2
けさ[今朝] this morning		L. 2-会1
けしき[景色] scenery		L.10-読
けっか[結果] result		L. 5-読
けっきょく[結局] finally; in the end		L. 1-読
けっこう fairly; pretty; quite		L. 5-会2
けっこうです That's fine.		L. 3-会1
けっこんひろうえん[結婚披露宴] wedding reception		L. 9-会2
けっして〜ない[決して〜ない] by no means; never		L.11-読
けっしんする[(〜と)決心する] to be determined to 〜; to resolve to 〜		L. 8-読
けっていする[(〜に)決定する] to decide		L. 8-読
げり[下痢] diarrhea		L.12-会2
けん[県] prefecture		L. 7-読
けん[圏] sphere		L.11-読
げん[減] decrease		L.14-読1
けんいち[健一] (male given name)		L. 6-会3

こまる[(〜に)困る]
to have difficulty (with 〜)　　L. 2-読

こむ[込む]　to be crowded　　L. 6-会2

ごめん　Sorry. (informal)　　L. 2-会3

ごめんだ　not acceptable　　L.14-読2

ゴルフじょう[ゴルフ場]　golf course　　L.15-読2

こん[紺]　navy blue　　L. 9-会2

こんがっき[今学期]　this semester　　L. 4-読

こんざつした[混雑した]　crowded　　L.10-読

こんど[今度]　one of these days　　L. 1-会2

こんどの[今度の]　this (coming) 〜　　L. 4-会3

こんばん[今晩]　tonight　　L. 1-読

コンパ　(students') party　　L. 5-会3

さ行

サークルかつどう[サークル活動]
extracurricular activities　　L. 3-読

ザーザーぶり[ザーザー降り]
pouring with rain　　L. 2-会2

サービスりょう[サービス料]　gratuity　　L. 6-読

さい[〜歳]　〜 years old　　L. 7-会1

さいきん[最近]　in recent years; recently　　L. 9-読

さいごに[最後に]　at the end　　L.11-読

さいしょ[最初]　beginning; first　　L.12-読

さいたま[埼玉]　(name of a prefecture)　　L.14-読1

さいだい[最大]　largest　　L.10-読

さいふ[財布]　wallet　　L. 4-会1

サイロ　silo　　L.10-読

さいわい[幸い]　fortunately; luckily　　L. 8-読

さえ　even　　L. 4-読

さかもと[坂本]　(family name)　　L. 9-会3

さかん(な)[盛ん(な)]　thriving　　L. 7-読

さがす[探す]　to look for　　L. 8-T

さきに[先に]　ahead (of someone)　　L. 2-会2

さきほど[先ほど]　a while ago　　L.12-読

さくらじま[桜島]　Mt. Sakurajima　　L.10-読

サクランボ　cherry　　L.13-読

さける[避ける]　to avoid　　L.15-読1

さげる[下げる]　to lower (*v.t.*)　　L. 2-会1

さこく[鎖国]　national isolation　　L. 8-読

さすが　as I expected　　L.13-会3

ざせき[座席]　seat　　L.10-会1

さそう[誘う]　to invite (someone to do something with the speaker)　　L. 7-会1

ざっし[雑誌]　magazine　　L. 8-会3

さっそく〜する[早速〜する]
to lose no time in 〜ing　　L. 8-会3

さっぱり〜ない　not at all　　L. 9-会2

さて　well; now (used when switching to a new, usually more important, topic)　　L.12-読

さとう[佐藤]　(family name)　　L. 5-会2

さびしい[寂しい]　lonely　　L.14-会1

サボる
to loaf on the job; to idle away one's time　　L.13-読

さま[1]〜様]　Dear 〜 (added to the name of the addressee at the end of a letter)　　L. 4-読

さま[2][様]
state; way (a person does something)　　L.11-読

さまたげ[妨げ]　obstacle　　L.11-読

さむい[寒い]
cold (with reference to weather)　　L. 2-読

さむけがする[寒気がする]　to feel a chill　　L.12-会2

さむらい[侍]　samurai　　L. 7-会3

さわむら[沢村]　(family name)　　L. 7-読

さんかする[(〜に)参加する]
to participate (in 〜)　　L.11-読

さんかん[参観]　class observation　　L.15-読1

ざんぎょう[残業]　overtime　　L.15-会3

さんしん[三振]　strike-out　　L. 7-読

さんじゅうく[三重苦]　triple afflictions　　L.14-読2

さんじゅうねんだい[三〇年代]　the thirties　　L. 7-読

さんせいする[(〜に)賛成する]
to agree (with 〜)　　L.14-読2

さんそう[山荘]　mountain cottage　　L.13-読

サンタクロース　Santa Claus　　L. 8-会3

ざんねん[残念]　regret; regrettable　　L. 7-会1

し[詩]　poem; poetry　　L.13-読

しあい[試合]　game　　L. 7-会1

じゅうぶんのいち[十分の一]	one tenth	L.10-読
しゅうまつ[週末]	weekend	L. 4-会3
じゅうよう(な)[重要(な)]	important	L. 5-読
じゅぎょう[授業]	class	L. 3-会3
じゅぎょうりょう[授業料]	tuition	L. 3-読
じゅく[塾]	after-school school	L. 5-読
しゅくだい[宿題]	homework	L. 1-会1
しゅくはくりょう[宿泊料]	hotel charges	L. 6-読
しゅじん[主人]	(one's own) husband	L. 9-会1
しゅちょうする[主張する] to assert; to insist		L.12-読
しゅっさん[出産]	child birth	L.14-読1
しゅっちょう[出張]	business trip	L.10-会2
しゅにん[主任]	a person in charge	L. 8-会1
しゅふ[主婦]	housewife	L. 8-会2
しゅみ[趣味]	hobby	L. 1-会2
じゅんばんに[順番に]	taking turns	L.14-会2
しよう[使用]	use	L.11-読
〜じょう[〜上]	for reasons of	L.11-読
しょうかい[紹介]	introduction	L. 1-T
しょうがっこう[小学校]	elementary school	L.13-読
しょうぎょう[商業]	commerce	L.10-読
しょうこうぐん[症候群]	syndrome	L.14-読1
じょうし[上司]	one's superior	L. 9-会1
じょうしゃけん[乗車券]	passenger ticket	L.10-会1
しょうしょう[少々] a little; short (time) (formal for 少し)		L. 8-会1
しょうじょう[症状]	symptom	L.12-読
しょうすう[少数]	minority	L. 9-読
じょうず(な)[(〜が)上手(な)]	good (at 〜)	L. 1-会2
しょうたいする[招待する]	to invite	L. 7-会2
じょうだん[冗談]	joke	L.10-会3
しょうひぜい[消費税]	consumer tax	L. 6-会3
じょうほう[情報]	information	L. 3-読
じょうやく[条約]	treaty	L. 8-読
しょうらい[将来]	in the future	L. 5-読
じょうりくする[(〜に)上陸する] to land (on 〜)		L. 8-読
しょくじ[食事]	meal	L. 2-読

しょくじをだす[食事を出す] to offer a meal		L. 2-読
しょくどう[食堂]	dining room	L. 6-読
しょくよく[食欲]	appetite	L.12-会2
じょげん[助言]	advice	L.11-読
じょし[助詞]	particle(s)	L.13-会3
じょせい[女性]	woman	L. 1-会3
ショック	shock	L. 4-読
しょるい[書類]	document	L.14-会2
しょるいせんこう[書類選考]	screening by application forms; selection by examining one's papers	L. 3-読
しらせる[(〜に…を)知らせる] to inform (someone of something)		L.11-会2
しらべる[調べる]	to check; to look for	L.10-会2
しりつ[私立]	founded with private funds	L. 7-読
ジル	Jill	L.11-読
しるし	token; sign	L. 9-会1
おしろ[お城]	castle	L.10-読
しろうと[素人]	layman	L.12-読
しろくじちゅう[四六時中]	all the time	L.12-読
しんかんせん[新幹線]	bullet train	L.10-会1
じんこう[人口]	population	L. 4-会2
しんさつ[診察]	examination of a patient	L.12-読
じんじゃ[神社]	Shinto shrine	L.10-読
しんしゅつ[進出]	advancement	L.14-読1
しんせき[親戚]	relative(s)	L. 9-読
しんにゅうせい[新入生]	new student	L. 5-会3
しんの[真の]	true	L.11-読
しんぱいする[心配する]	to worry	L. 6-読
しんぱいだ[心配だ]	to be worried	L. 5-会2
しんぶんきじ[新聞記事]	newspaper article	L. 4-読
しんぷ[新婦]	bride	L. 9-読
しんぽ[進歩]	improvement; progress	L.13-読
しんようする[信用する]	to trust	L.15-読2
しんるい[親類]	relative(s)	L. 8-会2
しんろう[新郎]	groom	L. 9-読
すいせんじょう[推薦状] letter of recommendation		L. 3-会2
ずいぶん	quite a lot	L. 1-読

ぜんぜん〜ない[全然〜ない]　not at all　L. 4-会2

せんたく[洗濯]　laundry　L.11-読

せんちょう[船長]　captain of a ship　L. 8-読

せんてをうつ[先手を打つ]　to make a move before the other person does it　L.11-読

せんでんする[宣伝する]　to advertize　L. 6-読

セントラル・リーグ　Central League　L. 7-読

ぜんはん[前半]　first half　L. 7-読

ぜんぶ[全部]　all　L. 3-読

ぞう[増]　increase　L.14-読1

そうい[相違]　difference　L.11-読

そうかといって[そうかと言って]　but; and yet　L. 5-会2

そうごうしょく[総合職]　regular position　L.14-会2

そうぞうする[想像する]　to imagine　L.15-読2

そうだんする[相談する]　to consult (someone) about (something)　L. 5-会2

そごをきたす[齟齬を来す]　to cause a conflict; to suffer frustration; something goes wrong　L.15-読2

そせん[祖先]　ancestor(s)　L. 8-読

そだつ[(〜で)育つ]　to grow up (in 〜) (v.i.)　L. 1-会3

そだてる[育てる]　to raise (v.t.)　L.14-読2

そつぎょうする[(〜を)卒業する]　to graduate (from 〜)　L. 1-会3

そと[外]　outside　L. 2-会2

そのうち　before long　L. 1-読

そのうちの　among then　L.12-読

そのかわりに[その代わりに]　in place of that　L. 2-読

そのご[その後]　since I saw you last; since that time　L. 4-読

そのころ[その頃]　in those days　L.13-読

そのた[その他]　and others　L. 7-読

そのほか　besides; in addition　L. 3-読

そばや[そば屋]　noodle shop　L. 6-会1

ソファー　sofa　L.12-会1

それから　and then; after that　L. 1-読

それぞれの　of each; respective　L. 7-読

それに　moreover; besides　L. 2-会2

それにしても　even so　L.13-読

それにたいして[それに対して]　in response to that　L. 2-読

そんをする[損をする]　to be to one's disadvantage　L.14-読2

そんけいする[尊敬する]　to respect　L.14-読2

た 行

たいかい[大会]　(big) tournament　L. 7-読

だいがくいん[大学院]　graduate school　L. 1-会2

だいがくいんせい[大学院生]　graduate student　L. 1-会2

たいけん[体験]　personal experience　L.13-T

だいじ(な)[大事(な)]　important　L. 2-読

だいしぜん[大自然]　Mother Nature (*lit.*, mighty nature)　L.10-読

たいした[大した]　significant; great　L.13-読

たいしたことない[大したことない]　not too good; not great　L. 7-会2

(〜に)たいして　toward　L.14-読2

たいしょう[対象]　target; object of　L. 8-会1

だいじょうぶ　all right　L. 3-会4

たいじゅう[体重]　(body) weight　L. 4-読

たいする[(〜に)対する]　toward 〜　L. 8-読

たいせつ(な)[大切(な)]　important　L. 5-読

たいせん[対戦]　competition; game (written expression)　L. 7-読

だいたい¹　approximately　L. 3-読

だいたい²　in general; in most cases　L. 6-読

だいたい³[大体]　to begin with　L.15-読2

たいど[態度]　attitude　L. 3-読

だいとし[大都市]　very big cities; metropolis　L.10-読

だいにじたいせん[第二次大戦]　WW II　L.10-読

たいはん[大半]　most of　L.13-読

だいひょう[代表]　representative　L. 7-読

だいぶ　fairly well; to a large extent; pretty much　L. 4-読

だいぶつ[大仏]　big statue of Buddha　L.10-読

たいへいようせんそう[太平洋戦争]　Pacific War　L. 7-読

ちゅうかりょうり[中華料理] Chinese food　L. 6-会3

ちゅうこうせい[中高生]
junior and senior high school students　L. 8-会1

ちゅうごくご[中国語] Chinese language　L.13-読

ちゅうしょく[昼食] lunch　L. 6-会2

ちゅうしん[中心] center　L.10-読

ちゅうねん[中年] middle-aged　L. 1-読

ちゅうもんする[注文する] to order　L. 6-T

ちゅうりゃく[中略] the middle part omitted　L.11-読

ちょうさ[調査] survey; investigation　L. 5-読

ちょうし[調子] condition; state　L. 5-会2

ちょうじんてきに[超人的に] superhumanly　L.14-読2

ちょうじんぶり[超人ぶり]
being like a superman　L.14-読2

ちょうせいする[調整する] to adjust　L.15-読2

ちょうだい　(colloquial form of ください; most often used by children or women)　L.11-会1

ちょうど exactly　L. 9-読

チョコレート chocolate　L. 9-読

ちらし a kind of sushi (a box of sushi rice covered with small slices of fish)　L. 6-会2

つうやく[通訳] interpreter　L. 8-読

つかいわけ[使い分け] difference in use　L.15-読2

つかれる[疲れる] to become tired　L.10-会3

つきあい[付き合い]
socialization; friendship; association　L. 5-読

つきあう[付き合う]
to keep (a person) company　L.14-会1

つぎのとし[次の年] the following year　L. 5-読

つく[(〜に)着く] to arrive (at 〜)　L. 1-読

つくえ[机] desk　L.10-会1

つごうがある[都合がある]
to have some personal business　L.15-会3

つづける[続ける] to continue　L.14-会2

つたえる[伝える] to convey (a message)　L.15-会3

つとめる[(〜に)勤める]
to work (for 〜); to be employed (at 〜)　L. 1-会3

つねに[常に] always (written expression)　L.11-読

つま[妻] wife　L.14-会1

つまり namely; in other words; in short　L. 2-読

つよい[強い] strong　L.13-読

つれていく[連れていく] to take someone to　L. 1-読

であう[(〜に)出会う] to run into (someone)　L. 2-会3

デート
date (in the sense of 'social engagement' only)　L. 5-読

テーマ topic; theme　L.15-読1

ていしょく[定食] fixed-price lunch/dinner　L.13-読

ていちゃくする[定着する] to take root　L.14-読1

ていねい(な) polite　L. 1-読

ディンクス DINKs (double income no kids)　L.14-読2

てがみ[手紙] letter　L. 2-会3

てがみをだす[手紙を出す]
to send mail/a letter　L. 2-会3

てきおうする[(〜に)適応する]
to adapt (to 〜)　L.14-読2

てきとう(な)[適当(な)]
appropriate; suitable　L. 1-読

(〜が)できる to be ready; to be done　L.10-会1

でぐち[出口] exit　L. 7-会2

てじゅん[手順] procedure　L.12-読

てっとりばやい[手っ取り早い]
quick and simple　L. 8-会2

てつどう[鉄道] railway　L.10-読

てつや[徹夜] staying up all night　L. 7-会3

てなれた[手慣れた] familiar; well-practiced　L.12-読

てぶり[手振り] (hand) gesture　L.11-読

〜てほしい
to want (someone) to do (something)　L.15-会3

てまえ[(〜の)手前] this side (of 〜)　L.13-会2

てら[寺] Buddhist temple　L.10-読

てりやきマックバーガー teriyaki Macburger　L. 6-会3

てん[点] mark; score; grade; point　L. 5-読

でんきこうがく[電気工学]
electrical engineering　L. 1-会2

てんきん[転勤]
transfer (to another office of a company)　L.14-会3

てんさい[天才] genius　L. 8-読

でんせつ[伝説] legend　L. 8-読

とる[取る]　to take　L. 1-会3

とるにたらない[取るに足らない]
not important　L.15-読2

とんカツ　pork cutlet　L. 6-会1

どんどん
quickly and steadily; at a rapid pace　L.11-会1

どんぶりもの[丼もの]　(bowl of rice topped with things like fried pork cutlet or fried shrimp)　L. 6-会1

な行

～ない[～内]　within ～　L. 9-読

なおす[直す]　to correct (*v.t.*)　L.13-会3

なおる[治る]
to get better; to recover from illness (*v.i.*)　L.12-会2

ながい[長い]　long　L. 4-読

ながい[永井]　(family name)　L.12-読

ながさき[長崎]　(name of a city)　L. 8-読

なかなか～ない　not easily　L. 2-会2

なかみ[中身]　content　L.13-読

なかよくなる[仲良くなる]
to become good friends　L.15-読1

ながの[長野]　(name of a prefecture)　L.13-会1

ながめ[眺め]　view　L.10-会2

～ながら　but; although　L.13-読

ながれつく[(～に)流れ着く]　to drift ashore　L. 8-読

～なきゃ　(contraction of ～なければ)　L. 9-会3

～なきゃならない
have to ～ (contraction of ～なければならない)　L. 7-会3

なげる[投げる]　to pitch　L. 7-読

なごやはつ[名古屋発]　leaving Nagoya　L.10-会1

なつ[夏]　summer　L. 4-読

なっとくする[納得する]
to understand; to be convinced　L.11-読

なみ[並]
(sushi serving of) the medium quality/price　L. 6-会2

なみだをながす[涙を流す]
to weep; to shed tears　L.11-読

なやむ[悩む]　to agonize　L.14-会2

なら[奈良]　(place name)　L.10-読

ならいたての[習いたての]
thing which one has just learned　L.11-読

ならぶ[並ぶ]　to stand in line (*v.i.*)　L. 7-会3

ならべる[並べる]　to put (things) side by side　L.15-会3

(～と)ならんで　side by side (with ～)　L.14-読2

なりた[成田]　Narita (International Airport)　L. 1-読

～なりに　in ～'s own way　L.14-会1

なる[鳴る]　to ring (*v.i.*)　L. 2-会2

なるべく　as ～ as possible　L. 3-読

なるほど　I see.　L. 6-会1

(～に)なれる　to be accustomed (to ～)　L. 4-読

なん～も[何～も]　many ～　L. 7-読

～なんか　＝～など　L. 7-会3

なんかいさ[難解さ]　difficulty to understand　L.13-読

なんだ　Why! (not "Why?"; used when one's assumption turns out to be wrong)　L. 7-会3

なんだか[何だか]　somehow　L.11-会2

なんて　things like　L. 4-会3

なんていっても[何て言っても]
whatever else migh be said; after all　L.13-会3

なんといっても[何と言っても]　undeniably; no doubt; by any account　L. 7-読

なんとか　somehow　L.12-読

なんとなく[何となく]　somehow　L.12-会2

なんど～ても[何度～ても]
no matter how many times ～　L. 7-読

なんどとなく[何度となく]　many times　L.11-読

なんぱする[難破する]　to be shipwrecked　L. 8-読

なんぶ[南部]　the South　L.13-読

なんべい[南米]　South America　L.15-会1

なんぼくに[南北に]　from north to south　L.10-読

にあう[似合う]
to suit; (something) becomes (a person)　L.11-読

にがて(な)[(～が)苦手(な)]
not good/skilled (at ～)　L. 7-会2

～にくい　hard to ～; difficult to ～　L. 1-読

にしょくつき[二食付き]　with two meals　L.10-会2

にちべい[日米]　Japan and the U.S.　L. 2-読

にっき[日記]　diary　L. 1-読

にている[(〜に)似ている]　to resemble (〜) L. 4-会1

〜にとって　for 〜　　　　　　　　　　L. 5-読

にばんめに[二番目に(大きい)]
second (largest)　　　　　　　　　　L. 4-会2

にほんかする[日本化する]
to Japanize; to become Japanese　　　L. 6-会3

にほんきんかい[日本近海]
Japanese waters; off the coast of Japan　L. 8-読

にほんごどくほん[日本語読本]
Japanese reader　　　　　　　　　　L.13-読

にもつ[荷物]　luggage; baggage　　　L. 6-読

にゅうがく[入学]　admission to school　L. 3-読

にゅうがくしけん[入学試験]
entrance examination　　　　　　　　L. 5-読

にゅうこく[入国]　to enter a country　L. 8-読

にゅうせきする[入籍する]　to have one's name enter-
ed into the family register　　　　　L.14-読2

にわり[二割]　20 percent　　　　　L.14-読1

にんきがある[人気がある]　popular　L. 7-読

にんげん[人間]　person; human being　L.11-会2

ぬし[主]　owner　　　　　　　　　　L.13-読

ねつ[熱]　fever　　　　　　　　　　L. 3-会4

〜ねばならない　have to　　　　　　L.14-読2

ねぼうする[寝坊する]　to oversleep　L.11-会3

ねむそう(な)[眠そう(な)]　looking sleepy　L. 2-会2

ねむる[眠る]　to sleep　　　　　　　L. 1-読

ねる[寝る]　to sleep; to go to bed　　L. 2-会2

〜ねんまえから[〜年前から]　since〜years ago　L. 1-会1

ねんまつ[年末]　end of the year　　L. 9-会1

ねんれいそう[年齢層]　ago group　　L.14-読1

ノー・カット　uncut　　　　　　　　L. 7-会3

ノースカロライナ　North Carolina　　L.13-読

のうぎょう[農業]　agriculture　　　　L.10-読

のこる[残る]　to remain (v.i.)　　　　L.10-読

のちほど　later (formal expression)　　L.12-会3

のど　throat　　　　　　　　　　　　L.12-会2

のべる[述べる]　to state　　　　　　L.13-T

(〜に)のぼる　to rise to　　　　　　L.14-読1

のみこむ[飲み込む]　to swallow　　　L.12-会2

のらりくらり(と)　noncommittally; evasively　L.12-読

のりこえる[乗り越える]　to overcome　L.15-読1

のる[(〜に)乗る]
to ride (in/on 〜); to take (a taxi, a bus, etc.)　L. 6-読

のんびりした　carefree; slow-moving　L.13-読

は 行

〜は[〜派]　a group of people who hold a similar belief,
opinion, etc.　　　　　　　　　　　L.14-読1

は[歯]　tooth　　　　　　　　　　　L.12-会3

パート　part-time job　　　　　　　L. 8-会3

ばあい[(その)場合]　in that case　　L. 3-読

〜ばい[〜倍]　〜 times (as much)　　L. 4-読

はいけい[拝啓]　(formal greeting used at the beginning
of a letter)　　　　　　　　　　　　L. 4-読

はいゆう[俳優]　actor/actress　　　　L.13-会2

(〜た)ばかり　have just done 〜　　L. 1-会1

ばかをみる[馬鹿をみる]
to be disappointed; to make a fool of oneself　L.15-読2

はく[吐く]　to throw up　　　　　　L.12-会1

はくじん[白人]　Caucasian　　　　　L. 8-読

ばくふ[幕府]　the Shogunate　　　　L. 8-読

はげます[励ます]　to encourage　　　L.13-読

はこね[箱根]　(place name)　　　　L.10-会2

はこぶ[運ぶ]　to carry　　　　　　　L. 6-読

パシフィック・リーグ　Pacific League　L. 7-読

はじめ[(〜を)始め]　starting with 〜; including〜　L. 7-読

はじめて[初めて]　for the first time　L. 1-T

〜はじめる[〜始める]　to begin 〜ing　L. 7-読

ばしょ[場所]　place　　　　　　　　L. 5-会1

はしる[走る]　to run　　　　　　　　L.10-読

バス　bath　　　　　　　　　　　　L.10-会2

パス　pass　　　　　　　　　　　　L.10-読

パスする　to pass (an exam)　　　　L. 5-読

はずかしい[恥ずかしい]　embarassing　L.13-読

はずす　to remove; to get rid of　　　L.14-読2

はたらく[働く]　to work　　　　　　L. 9-会1

はたんする[破綻する]　to break up　L.14-読2

はつおん[発音]　pronunciation　　　L.13-会1

はっきりする	to become clear	L. 3-読
はっそう[発想]	idea; way of thinking	L.15-読2
バッター	batter	L. 7-読
ばったり	(to meet) by chance	L.11-会1
はってんする[(〜に)発展する] to grow/develop (into 〜)		L.15-読2
はっぴょうする[発表する]	to announce	L. 5-会1
はなしかける[話しかける]	to talk to	L. 1-読
はなしこむ[話し込む] to become absorbed in talking		L.11-会1
はなれる[離れる]	to be apart	L.15-読1
はやい[速い]	fast; quick	L. 4-読
はらう[払う]	to pay	L. 3-読
はら(が)へる[腹(が)へる] to be hungry (used by men)		L. 6-会3
はらをたてる[腹をたてる]	to get angry	L.12-読
ハリウッド	Hollywood	L.13-会2
はりがみ[貼り紙] paper posted (on a board, a wall, etc.)		L. 5-会1
はる	to paste; to attach	L. 3-会2
はる[春]	spring	L. 4-会2
ハロー	Hello!	L.15-読1
ばんごはん[晩ご飯] dinner (*lit.*, evening meal)		L.11-会1
はんざい[犯罪]	crime	L.10-読
はんたい[反対]	opposite	L.13-会3
はんたいに[反対に]	in contrast	L.14-読1
はんにちかんじょう[反日感情] anti-Japanese sentiment		L.13-読
ヒーロー	hero	L. 7-読
ひかり	(name of a bullet train)	L.10-会1
ひがい[被害]	damage	L.10-読
ひかくてき[比較的] comparatively; relatively		L. 5-読
ひこうき[飛行機]	airplane	L. 1-会3
ひさしぶり[久しぶり] for the first time in a long time		L. 4-会3
ビジネス・レター	business letter	L.14-会2
ひじょうに[非常に]	extremely; very	L. 2-読

びっくりする	to be surprised	L. 1-読
ひっこす[引っ越す] to move to a new place of residence		L. 1-読
ひっしに[必死に]	frantically; desperately	L.14-会3
ひつじ[羊]	sheep	L.10-読
ピッチャー	pitcher	L. 7-会1
ひつようない[必要ない]	not necessary	L. 6-読
ひづけへんこうせん[日付変更線] International Date Line		L. 1-読
ひていする[否定する]	to reject	L.14-読2
ひていてき[否定的]	negative	L.14-読1
ひどい¹	terrible; awful	L. 4-読
ひどい²	unfair; cruel	L.14-会1
ひとこと[一言]	one word	L.12-読
ひとなみ(な)[人並(な)] average; ordinary; like normal people		L.13-読
ひとばん[一晩]	one night	L. 1-会3
ひとりあるき[ひとり歩き]	walking alone	L.10-読
ひにく(な)[皮肉(な)]	ironic	L.15-読1
ひはんする[批判する]	to criticize	L.10-読
ひび[日々]	days	L.11-読
ひまなとき[暇な時]	free time	L. 4-読
ヒマじん[ヒマ人] a person with lots of free time		L.15-読2
びよういん[美容院]	beauty salon	L. 6-読
びょうき[病気]	sickness	L. 2-読
ひょうごけん[兵庫県]	Hyogo Prefecture	L. 7-読
びょうしする[病死する] to die from an illness		L. 8-読
びょうじょう[病状] the condition of a disease or illness		L.12-T
ひょうりゅうしゃ[漂流者] a person who goes adrift on the ocean		L. 8-読
ひるま[昼間]	daytime	L.14-会1
ひろい[広い]	wide; broad	L.15-読2
ひろし[弘]	(male given name)	L. 1-読
〜ぶ[〜部]	club	L. 5-会3
ファースト・ネーム	first name	L. 1-読
ぶいん[部員]	member of a club	L. 5-会3

ほっかいどう[北海道]
(the biggest island in the north of Japan)　L. 8-読

ほとんど　almost　L. 7-読

ほとんど〜ない　hardly　L. 3-読

ボランティア　volunteer　L. 8-会1

ほんきにする[本気にする]
to take (something) seriously　L.15-読2

ほんしゅう[本州]　(main island of Japan)　L.10-読

ほんとうに[本当に]　really; truly　L. 4-会3

ホンネ　one's real intention　L.15-読2

ほんのすこし[ほんの少し]　nothing much　L. 9-会1

ぽんぽん(言う)　(to speak) without reserve or in machine gun fashion　L.12-読

ほんやく[翻訳]　translation　L. 8-会2

ほんらいの[本来の]　original　L. 9-読

ま行

まあ　well (used when making a modest or hesitant statement)　L.13-読

〜まい[〜枚]　(counter for thin, flat objects)　L. 3-会1

まいる[参る]　(humble form of 行く/来る)　L. 6-会2

まえだ[前田]　(family name)　L. 1-会3

(〜に)まかせる
to entrust (something) to (someone)　L.14-読2

(〜に)まけない　comparable (to 〜); equal (to 〜) (lit., not to lose to 〜)　L.14-読2

まける[負ける]　to lose (a game) (v.i.)　L. 7-読

まさつ[摩擦]　friction　L.15-T

ますます　increasingly　L. 9-読

まず　first of all　L.13-読

また　and; furthermore　L. 5-読

まだまだです　(I am) not good yet.　L. 1-会2

まち[町]　town; city　L. 1-読

まちがう[間違う]　to make a mistake　L. 4-会2

まちで[街で]　in town　L.11-会1

まつだ[松田]　(family name)　L.14-読2

まったく〜ない[全く〜ない]　not at all　L.11-読

まつもと[松本]　(family name)　L.11-読

まどぐち[窓口]　(ticket) window　L.10-会1

まなぶ[学ぶ]　to learn; to study　L. 8-読

まねく[招く]　to invite　L.13-読

まみ[真美]　(female given name)　L.11-会3

まもなく　not much later; soon　L. 7-読

まゆみ　(female given name)　L. 1-会2

まわりの(ひと)[周りの(人)]
(people) around oneself　L.15-読1

みえる[見える]　(polite form of 来る)　L.12-会3

みきれない[見切れない]　can't see them all　L.10-読

みぎの[右の]　the above; the preceding　L. 5-読

みこんしゃ[未婚者]　unmarried person　L.14-読1

みじかい[短い]　short　L.11-読

みじか(な)[身近(な)]
(person or issue) one feels close to　L.15-読1

みしらぬ[見知らぬ]　unfamiliar　L.13-読

みずうみ[湖]　lake　L. 4-会2

みせ[店]　shop; store　L. 6-会1

みそしる[みそ汁]　miso soup　L.11-読

みた[三田]　(family name)　L. 1-会1

みちお[道雄]　(male given name)　L.14-読2

みちこ[みち子]　(female given name)　L. 4-読

みつかる[見つかる]　〜 is found (v.i.)　L. 1-読

みつける[見つける]　to find 〜 (v.t.)　L. 1-読

みっともない　indecent; unsightly　L.11-会3

みとめる[認める]
to recognize; to approve; to notice　L. 3-読

みどり　(female given name)　L.11-読

みなさん[皆さん]　all of you　L. 4-会2

みなみ[南]　south　L.10-読

みにくい[醜い]　ugly　L.10-読

みのまわりのせわ[身のまわりの世話]
care in one's home life　L.14-読2

みぶり[身振り]　gesture　L.11-読

みみ[耳]　ear　L. 5-読

みみのいたいはなし[耳の痛い話]　something one is ashamed to hear; news that makes one ashamed of oneself (lit., a story that hurts one's ears)　L. 5-読

みやこ[都]　city; capital　L.10-読

みりょくてき(な)[魅力的(な)]　attractive　L.10-読

みる[診る]　to examine (a patient)　L.12-会1

や 行

ゆうしょく[夕食]　dinner (*lit.*, evening meal) L. 4-会3

ゆうじん[友人]　friend (formal word for 友達) L. 2-読

ゆうせんする[優先する]
to give priority; to prefer　　　　　L. 3-読

ゆうめい(な)[有名(な)]　famous　　L. 4-会2

ゆかい(な)[愉快(な)]　pleasant　　L.15-読2

ゆかた[浴衣]　informal cotton kimono L.10-会3

ゆっくり　leisurely　　　　　　　　L.10-読

ゆのみ[湯のみ]　tea cup　　　　　L. 9-会3

ゆびさす[(〜を)指差す]　to point (to 〜) L.13-読

ゆみ　(female given name)　　　　L. 1-会3

ゆもと[湯本]　(place name)　　　L.10-会2

ゆるす[許す]　to allow　　　　　　L. 8-読

よい　＝いい　　　　　　　　　　L. 2-読

よう[用]　errand; business (to take care of) L. 9-会1

ようご[用語]　terms　　　　　　　L. 2-読

ようし[用紙]　form　　　　　　　L. 3-会2

ようすをみる[様子を見る]
to see how it goes　　　　　　　　L. 5-会2

ようちえん[幼稚園]　kindergarten　L.15-読1

(〜の)ように　like 〜　　　　　　L. 4-読

〜ようにする
to try to 〜; to make an effort to 〜　L. 7-会2

よく[翌]　the next (day/year/etc.)　L. 8-読

よく[良く]　well　　　　　　　　L.15-読2

よくぼう[欲望]　desire　　　　　　L.13-読

よこ[横]　side　　　　　　　　　L.11-会3

よこはま[横浜]　(place name)　　L.10-読

よこやま[横山]　(family name)　　L. 8-会1

よしだ[吉田]　(family name)　　　L. 2-会3

よしゅう[予習]　preparation (for class) L. 5-会2

よそもの[よそ者]　outsider　　　　L.15-会2

(〜に)よって　depending on 〜　　L. 2-読

よっぽど
onsiderably; really; to a great extent L.13-会2

よてい[予定]　plan; schedule　　　L.15-読2

よのなか[世の中]　society; world　L.14-読2

よびこう[予備校]　school designed to prepare students
for college entrance exams　　　　L. 5-読

よびすて[呼び捨て]　way of addressing someone by
using his/her name only　　　　　L.15-読1

よびとめる[呼び止める]　to flag down　L. 6-読

よぶ[(〜を…で)呼ぶ]　to call 〜 by ... L. 1-読

よやくする[予約する]　to make a reservation L.10-T

よゆう[余裕]　excess; surplus　　　L.15-読2

よる[寄る]　to stop by　　　　　　L. 3-会4

(〜に)よると　according to 〜　　　L. 5-読

よろこぶ[喜ぶ]　to rejoice　　　　L. 9-読

よろこんで[喜んで]　gladly, with pleasure L. 7-会1

(〜に)よろしく　Say hello (to 〜) for me. L. 4-読

ら 行

らく(な)[楽(な)]
easy; comfortable; leading an easy life L. 5-読

〜らしい　it seems that; evidently　L. 1-読

らしょうもん[羅生門]　(a movie name) L. 7-会3

ラッシュアワー　rush hour　　　　L.10-読

ラナルド・マクドナルド　Ranald McDonald L. 8-読

らん[乱]　(a movie name)　　　　L. 7-会3

り[李]　(Chinese family name)　　L.13-読

リーグ　league　　　　　　　　　L. 7-読

りえ　(female given name)　　　　L.14-会3

りかいする[理解する]　to understand L.13-読

りくち[陸地]　land　　　　　　　L. 8-読

リクルートリサーチ
(company name; *lit.*, Recruit Research) L.14-読1

りっぱに[立派に]　splendidly　　　L. 8-読

りゆう[理由]　reason　　　　　　　L.11-読

りゅうがくする[留学する]　to study abroad L. 1-会1

りゅうがくさき[留学先]
school where a foreign student studies L. 5-会1

りゅうがくせいがかり[留学生係]　person who deals
with matters pertaining to foreign students L. 8-会3

りゅうがくせいべっか[留学生別科]
special division for foreign students L. 3-読

りょう[寮]　dormitory　　　　　　L. 2-会2

りょうきん[料金]　fee; fare　　　　L.10-会1

りょうしん[両親]　parents (*lit.*, both parents) L. 1-会3